中国人民大学科学研究基金重大项目（中央高校基本科研业务费专项资金资助）
“新时期欧美戏剧理论译介与影响研究（1980—2019）”（项目编号 2021030015）的资助

视像人文馆系列

技术、市场与中国的文艺问题

当代大众文化的观察与反思

Technology, Market and Chinese Literary Problems:

Observation and Reflection of Contemporary Popular Culture

陈奇佳 ◎ 著

中国戏剧出版社
CHINA THEATRE PRESS

图书在版编目（CIP）数据

技术、市场与中国的文艺问题：当代大众文化的观察与反思 / 陈奇佳著. — 北京：中国戏剧出版社，2022.10
ISBN 978-7-104-05252-4

Ⅰ.①技…　Ⅱ.①陈…　Ⅲ.①文化产业-研究-中国
Ⅳ.①G124

中国版本图书馆 CIP 数据核字（2022）第 120243 号

技术、市场与中国的文艺问题
当代大众文化的观察与反思

责任编辑： 邢俊华
策划编辑： 王松林
责任印制： 冯志强

出版发行： 中国戏剧出版社
出 版 人： 樊国宾
社　　址： 北京市西城区天宁寺前街 2 号国家音乐产业基地 L 座
邮　　编： 100055
网　　址： www.theatrebook.cn
电　　话： 010-63385980（总编室）　010-63381560（发行部）
传　　真： 010-63381560

读者服务： 010-63381560
邮购地址： 北京市西城区天宁寺前街 2 号国家音乐产业基地 L 座

印　　刷： 北京九州迅驰传媒文化有限公司
开　　本： 787mm×1092mm 1/16
印　　张： 17.75
字　　数： 300 千字
版　　次： 2022 年 10 月　北京第 1 版第 1 次印刷
书　　号： ISBN 978-7-104-05252-4
定　　价： 108 元

前　言

这个文集收集了十余年来我关于文化产业及艺术市场化问题的主要论文。我的主要专业精力是集中在文学、艺术理论方面，却也一直分心做一些文化产业研究，这除了对大众文艺一向的偏爱（主要是《日本动漫艺术概论》《被围观的十字架——基督教文化与中国当代大众文学》等著作中话题的自然延续），还基于以下两个方面的问题思考。

第一，如何理解市场（商业）与艺术之关系？

在市场（商业）与艺术的关系讨论中，持极端观点的人其实不多：很少人坚持说一部艺术作品可以全然不顾其市场价值，但也很少人认为一部作品的商业价值就等于其艺术价值（尽管某些商人内心可能就持这样的观点，但市场的不确定性、艺术市场成功经验的不可复制性使得他们并不敢在公开场合发表类似高论）。但问题一旦深化，如果我们继续追问市场与艺术的交集究竟在何处时，学界观点的对立性就比较尖锐了，并没有想象的那么心平气和。主张艺术为上的，可能会强调艺术的特殊性，它的商业价值来自其自身的魅力，商业价值可能与艺术价值产生一定的偏离，但归根结底服从艺术自身的规律性要求，艺术价值决定商业价值（就像价值规律起作用的方式一样）。这样，商业因素其实就是艺术活动一个枝节性的派生形式而已，是其自为的游戏属性、教育功能等在市场环境作用的综合显现。但强调商业为上——或者说认为商业因素无法被艺术因素覆盖的论者们认为：前一种是典型的结果论，总是以既得的事实修改艺术的内涵与范畴以满足艺术优先的论调。明显的证据就是艺术史上很多经典，甚至可以说大部分至今颇具市场价值的经典，在它们流行的当年，通常并不见容于彼时主流的艺术观念。我们今天所谓正统艺术观念，就是随着流行、市场元素的逼迫，不断变迁而来。因此，我们如何能够以当前的艺术观念来论断当前艺术的市场性问题呢？至少，非常谨慎地说：就艺术品、文化品的生产而言，艺术、市场是两股分立的力量，各有自身的问题域，但也有所交集云云。

这两派观点事实上还可以细分很多的支脉，有很多具体的论争。

这种论争本来主要只是一种理论上的论争，于现实的影响不算很大：因为就人性而言，极少作家能够完全无视市场效应；而在一个制度建设较为成熟、文化事业较为发达的社会中，人们也自然会保留一些适合“纯艺术”探索的空间。这种平衡关系，文化界已达成某种实践上的默契。

但随着文化产业的深度发展，更由于AI技术的发展，这个理论问题其实日益变成了一个紧迫的实践性问题：在尝试设计一种能够供AI深度学习的艺术写作模式（或市场预测模型），我们究竟怎样来设计艺术或市场的权重参数？从实践的角度来说，市场因素的数据最容易获得，也容易精确化、建模。这是目前相关研究的主流。围绕着这一问题方面现在已有很多成果。① 但根据笔者个人见解，这种模型设计有一个天然的逻辑破缺：我们如何能够知道当前已有的票房经验已经穷尽了一切可能的文化产品生产模式？我们如何能够知道这些票房分析的模块设计就是对已有成功文本合理的模块拆解（这里且不问真正的艺术品能否按时下叙事分析的类型套路被模块化的问题）？基于这样的认识，笔者不能不认为当前诸多的“IP”改编实践，用直白的话来说就是“跟风”“炒冷饭”而已。这方面，好莱坞及其吹鼓手们其实开了很多恶劣的先河。

但艺术研究又能在这一大潮中做什么呢？当我们采用分析哲学或其他一系列流行的学术话语时，会发现在这个时代追问“艺术是什么”时总不免空乏的虚无感。模拟孩童的艺术学习，艺术在何种程度上是可被学习的？这种学习何种程度上能够作定性研究？它有哪些要素能够进入定量研究环节？上述这些东西何种程度上、有无可能与外化的市场反应构成逻辑联系，把艺术运作的逻辑至少在某一个侧面上以商业化的数据模型表现出来？……这些问题都很令人困惑不解。何况在进入这些问题之前，还有很多基本的概念需要厘清，一些关乎市场数据积累的基础性工作需要得到澄明（比如说如何判定

---

① 自2016年以来，《当代电影》《电影艺术》《北京电影学院学报》等国内重要电影学术期刊在这方面已刊发了大量的学术论文及译文，在此不一一枚举。

当前某些产品的数据表现是人为操控的、何种信息是冗余的等）等。

文集中不少论文就表明了我在这些问题上的思考与困惑。

第二，现代技术、市场与悲剧文化是何关系？

在十多年的悲剧研究中，我的主要精力固然集中在左翼剧学理论及相关文化现象方面，但也常常思考现代技术、市场与悲剧文化之关系问题。因为自文艺复兴以来，西方戏剧家们固然时常鼓吹“回到古希腊”，按古希腊的方式复排古希腊悲剧，但在另一个方面，技术的革新，尤其是市场因素推动下的技术革新，却经常也是西方悲剧文化发展、变化的动力源泉之一（如几个世纪来西方剧场设计为顺应观众要求的灯光照明技术的革新、观剧空间布局变革等）。近代以来，从瓦格纳到莱因哈特、布莱希特直到晚近的罗伯特·威尔逊（代表作有《爱因斯坦在海滩》《给维多利亚女皇的一封信》等）、朱莉·泰摩尔（代表作有《琼·达里安》《俄狄浦斯王》等），他们在戏剧界的引领地位，都和其敏锐的新科技运用意识有关。

这种技术与艺术（悲剧）的关系，可以从两个方面展开研究。

一是考量技术对悲剧表现手段的拓展，如奥尼尔《琼斯皇》的最后幻听场景，如不借助现代技术就很难激起充分有力的戏剧高潮。贝克特晚年的实验剧《呼吸》《那一回》，不借助现代声响或摄影技术，就更无法实现了。这类戏剧实践很多，但需要研究者对舞台实践有相当了解，这非我能力所及，因此并未触及这方面话题。

二是考察现代技术被人掌握、运用后，将可能构建一种怎样的新的精神形式。戈德曼的《隐蔽的上帝》是这方面的开先河之作。他揭示了这样的精神现象：当近代数学观念被帕斯卡这样的思想大家内化成为一种精神观念的基础后，形成了怎样的新的悲剧体验形式。无穷的概念、概率论的概念，使得他对上帝的永恒、必然不能不发生一种根本意义上的虚无体验并转化成为一种至为深沉的精神焦虑。越往现代，科学技术（及相关观念）内化成为人类精神基本构造的现象就越发显得突出。比如说当人们第一次看到火车进站的镜头，或吓得奔逃；第一次看到蒙太奇剪辑，不能理解那些不相干镜头之间是何关系，但到今天，一个学龄前儿童就可能对电视中蒙太奇镜头要传达的意义一目了然了。格洛托夫斯基强调“质朴戏剧”唯二重要的戏剧元素就是演员与观众，可是，他的《卫城》《浮士德博士》《先人祭》等，离开了现代人直观的蒙太奇式空间想象能力恐怕就很难理解。蒙太奇当然是最重要也是最典型的一种普遍内化了的技术性精神形式，但除此之外，我们今天习以为常的精神运动方式是来自或渗透了现代技术的改造？它们产生或可能产生怎样的精神体验？或者还可以追问：人类原初的精神状态中，具有怎样的抗拒这类技术化思维进逼的力量？

文集中的部分论文较粗浅地触及了这一方面的问题。不过由于笔者是文科生，于现代科技掌握实在有限，绝大多数的意见也只能是泛泛而论，敬请批判指正。

文集中有些文章发表年代较早，收入文集时保留了原始状态，未调整一些明显过时的结论与数据，正可为这十多年来中国飞速发展的产业状况做见证。文集中有少数几篇文章曾收录于《边缘的批评——左翼文艺与大众文艺论稿》（人民出版社 2017 年版）一书中，收入本书时，都根据新材料做了订正与修改。

陈奇佳

2022 年 5 月

目录

一

文化生产问题

快感的考古消费：文博类文创产业的产品特性研究①

一、文博产业价值

自20世纪90年代末以来，② 我国大规模、成系统的文创产业已走过了20余年的发展历程，取得了世所公认的成就。但比较世界范围内文创产业的发达国家如美国、日本、英国等，我国的相关产业明显还处于发展中国家的水平：虽然整体规模不小、发展潜力大，但产品结构单一、经营效益有待改善，国际竞争力较弱、市场完成度还不高。③ 考察制约我国文创产业发展的因素，

---

① 本文与廖亦奇合作完成，曾发表在《江苏行政学院学报》2020年第1期。发表时有删节。选入本文集时略有修改。

② 笔者认为，在20世纪末期，尽管时有争议，我国的文化业界已经发生了明显的产业化转向。以2000年10月11日中国共产党第十五届中央委员会第五次全体会议通过的《中共中央关于制定国民经济和社会发展第十个五年计划的建议》为标志，文创产业开始正式被纳入国家整体国民经济战略体系中。

③ 《文化部"十三五"时期文化产业发展规划》指出："到2020年，……文化产业成为国民经济支柱性产业。"根据艾媒咨询出具的《2018—2019中国文化创意产业现状及发展趋势分析报告》，2017年，我国文化及相关产业增加值34722亿元，占GDP比重4.2%，全国5.5万家规模以上文化及相关产业企业实现营业收入91950亿元，比上年增长10.8%，增速提高3.3个百分点。在2019年的中国企业家论坛第十九届年会上，时任故宫博物院院长单霁翔表示，故宫博物院的文创产品收入在2017年就已达15亿元。

根据美国国际知识产权联盟（International Intellectual Property Alliance，简称IIPA，其版权产业大体相当于我国的文创产业）及其成员与美国政府合作发布《美国经济中的版权产业（2016）》报告，2015年，美国版权资源的对外销售额近1770亿美元，高于化工业（不包括制药和药品）1358亿美元，航空航天业1346亿美元，农产品629亿美元，食品业603亿美元，制药和药品业583亿美元（数据来自http://www.iprdaily.cn/article_18461.html，2019年8月31日访问）。而最新的数据显示，日本动画产业2017年总收入约为2.15万亿日元，游戏

其中涉及的问题方面很多，我们在此希望借助对文博类文创产业产品特性的研究，略触及文创产业内在的产业细分问题。

不难注意到，我国当前文创产业的发展几乎遍及社会文化活动的方方面面。除了公众辨识度最高的文学艺术产业诸领域，当前的文创产业与传媒、体育竞技、文娱综艺、电子游戏、旅游（如主题公园开发）、会展、博物馆、教育、宗教、公益、环境保护、科普、地方及区域文化（包含各种富有地域特色的节日与庆典文化开发）、餐饮及其他相似的公众识别度较高且较有参与热情的行业等，均发生了较为深入的勾连关系。这表明文创业界已有意识地挖掘、创制这些领域可文化符号化的经济潜能，将其裹入当代的文创发展大潮中。唯其如此，我们认为文创业界有必要对这些不同领域、形态各异的产品开发，形成相应的、具体的产业细分认识，以避免一哄而上、长官意志，或过高估计商业营销手段对文创产品的决定性作用。诚然，文创业归根结底是一种经济活动，以满足人类的欲望需求为产业活动宗旨；①但人们必须要注意到，此种欲望满足主要建基于消费者内在的精神欲望，基本上也不是一种刚性需求，因此它特别依赖生产者所拥有的、对于某特定领域文化内涵提炼乃至创造赋值的能力。从业者如果忽视文创业这一基本特性，把文创业相对实体经济而言非刚需的一面当作其“务虚”的本质，企图以金融投机的思维和单纯商业操作的方式“以小博大”“无中生有”，那必然就会引发一系列灾难性后果。

本文以文博产品入手，将其作为文创业产业细分的个案研究对象主要基

产业2017年总收入约为1.57万亿日元，电影票房2017年全日本电影票房收入约为2286亿日元，旅游业2017年总收入约为4.4万亿日元，舞台剧和音乐剧2017年总收入约为5151亿日元等。其他大众的文创产业如电视剧、电视综艺、文艺体育类节目等未见来源可靠的数据（此间数据，来自日本观光厅、日本动画协会发布的《动画产业报告2018》、《Famitsu游戏白皮书2018》、日本电影制片人协会。由张芷然小姐提供，特致谢忱）。要言之，我国文创业的体量规模虽已赶上或接近日本的水平，但人均产值及影响力还是大有不如的。

① 文化部、国家发展改革委、财政部、国家文物局2016年5月制定的《关于推动文化文物单位文化创意产品开发的若干意见》指出：“文化文物单位主要包括各级各类博物馆、美术馆、图书馆、文化馆、群众艺术馆、纪念馆、非物质文化遗产保护中心及其他文博单位等掌握各种形式文化资源的单位”，国家鼓励这些部门单位“依托文化文物单位馆藏文化资源，开发各类文化创意产品”。国家强调：“推动文化创意产品开发，要始终把社会效益放在首位，实现社会效益和经济效益相统一。”本文主要讨论文创产品如何更好地实现其经济效益的问题，故有此论说。

于以下几个理由。其一，自2013年以来，以故宫①为代表的文博类文创产品异军突起，获得了长足发展，并引领形成了此类产品生产的“长尾效应”，总体来说发展态势良好，值得进一步关注。② 其二，在我国文创产业发展的大潮中，文博类文化产品的热卖可视为文化产业发展的一个阶段性成果。在一般民众的认识中，博物馆及相关行业大致都有较强的文化距离感，但是在当代文创产业人自身的努力下，民众越来越把博物馆及相关产业与当代社会生活充分地融合在了一起。这样不但取得很好经济效应，也取得了很好的文化效应，甚至与我国“文化自信”“一带一路文化走出去”文化发展战略都能形成良好的辅助性作用。在我国既有的社会构成中，类似博物馆一类专业性、自足性较强而实际内蕴深厚的部门其实不少，如若经过恰当转化，也应当能完成经济与文化建设的双丰收。其三，也是本文重点展开讨论的部分：我们认为，开发者对文博类文创产品的特性有较为深入的认识与体认，是故宫文创产品为代表的文博类文创产业开发之所以能取得较好产业效应的重要（关键）因素，有关其发展过程中各得失成败的经验均值得我们做深入的思考与总结。

文博类文创产品主要是依托于现代博物馆之上开发、拓展的，如要得到合理且长远的开发，创意者需要对现代博物馆制度的精神内涵有相对深入的了解与体认：③ 例如它在现代社会体系的地位、功能、作用以及与现代人精神生活之关系等，这是文博类文创产品特色之根据、存在的依托。创意者在此

① 故宫文创的经营单位很多，著名的有故宫文化服务中心（故宫博物院于1998年成立经营管理处，对外称故宫文化服务中心）和北京故宫文化传播有限公司（故宫博物院下设故宫出版社的下属公司，于2008年成立）等，可以参见毛丽娜《为了卖月饼，故宫再演“九子夺嫡”，但我开始对文创倦了》（https://mp.weixin.qq.com/s/Q7aVM7VVF3H5rQzsdcg9Ig，2019年8月31日访问）。以下为行文方便，均略称为“故宫文创”。

② 仅2017年，故宫博物院在文创方面一年的收入就是15亿［张泽炎、朱玥怡：《故宫文创15亿营收背后：跨界+IP+网红》，2019年2月20日，《新京报》（http://www.xinhuanet.com/fortune/2019-02/20/c_1210063518.htm）］。同时大白兔奶糖、泸州老窖等商业品牌也纷纷开发联名日化类文创产品，进行跨界合作。

③ “文博类”当是我国“文物和博物馆系统类”的简称。许多文物单位和博物馆的功能职责差别甚大，但就其文创开发而言，其核心要素则大体类同于博物馆，如颐和园的文创开发就与故宫相似。因此，本文的讨论主要就集中于博物馆的相关问题。《关于推动文化文物单位文化创意产品开发的若干意见》指出：“文化文物单位主要包括各级各类博物馆、美术馆、图书馆、文化馆、群众艺术馆、纪念馆、非物质文化遗产保护中心及其他文博单位等掌握各种形式文化资源的单位”，可参看。

方面若没有特殊的见解，文博类产品将只剩下空洞的名号——或许有炒作的机缘，但喧嚣过后多半只余下一地鸡毛。

那么，现代博物馆制度又有什么本质性的精神内涵呢？我们结合文创产业的需要，认为有以下三方面的功能内涵特别值得重视。首先，现代博物馆“是文艺复兴时期人文主义、18 世纪启蒙运动和 19 世纪民主制度的产物”①，是现代人文精神与社会变革的自然表征；因此，它天然有面向大众、鼓励大众参与以建立知识公共空间的职责。其次，博物馆在现代民主体制中的独特地位主要体现在：它是现代知识体系的重要赋权机构之一，通过陈列展品、筑造展览空间等行动定义了现代知识体系，是知识体系的外在表现。在很多场合，现代个体知识体系的确定都会以博物馆所展示、标定的“年代顺序”为权威参照物，审视各种知识对象并据此研究其主题内容，从而发现技术、技巧、物质材料的革新与继承，进而判断出对象的哪些“变化反映了生活和思想方式的深刻变革”②。最后，博物馆虽然有着权威的面孔，但它并不因此神圣化自己的知识体系。事实上，博物馆的知识框架和现代个体世俗感官的需要有着紧密的和应关系，以至于有学者不无激进地说：“一般说来，教堂人越少，博物馆的人就越多。在法国，一个世纪以来，周日做弥撒的人数减少和大型艺术展览观众的人数增加，二者之间大致存在某种关联。……克莱尔说得好：‘博物馆数量成倍增加，体现的似乎不是精神上的完善而是没落，就像罗马神殿增多代表的不是一个伟大文明的巅峰而是其终结，同样的肯定。’”③

正是基于现代博物馆这样一些独特内涵，那些运用、发扬这些精神内涵而产业化了的产品也就具有了相应的特殊属性。本文简略称之为“快感的考古消费”。所谓快感、消费，是指文博类文创产品的基本经济属性：它是一种消费性人类制造品，以迎合某种人性的欲望满足为指向、以实现经济效益为目的。任何在经济上失败的文创产品，原则上说即失败的产品。不过这方面问题学界讨论已多，本文就不展开。而“考古”则代表了文博产品的特殊文

---

① ［美］爱德华·P. 亚历山大、玛丽·亚历山大：《博物馆变迁：博物馆历史与功能读本》，陈双双译，译林出版社 2014 年版，第 6 页。

② ［法］茨维坦·托多罗夫：《个体的颂歌：论文艺复兴时期的佛拉芒绘画》，苗馨译，华东师范大学出版社 2013 年版，第 1 页。

③ ［法］雷吉斯·德布雷：《图像的生与死》，黄迅余、黄建华译，华东师范大学出版社 2014 年版，第 229 页。

化蕴含，或者说表现了这类产品特殊的经济生长点。本文所使用的“考古”这个词借之于福柯的思想理论，它不是通常所谓历史学科建制意义上的诸如田野考古、实地挖掘的意思，而是指以一种观念史的态度分析现代知识体系权力话语、意识形态的坐标，使得光滑整饬、秩序井然的知识话语在各方面都暴露出受权力话语支配的断裂性特征，“考古学更多地谈论断裂、缺陷、缺口、实证性的崭新形式乃至突然的再分配”①。在研究文博类文创产品的特性时，在进入其一般的商业产品经济属性研究之前，我们有必要对这种特殊的文化属性——“考古性”内涵的展现方式做一番勾勒。根据当前的创意实践来看，文博类的创意生产除了需要充分调动一般的文创产业手段，如纪念性、艺术性（审美性）、体验性、联想性、符号性等，还需要有意识地在产品中加入知识性、叙事性、场景性的精神内容。

二、知识性内涵

文博类文创产品所包蕴的知识性内涵是其最主要的、直接可辨识的产品特性。

17 世纪末开始，博物馆逐渐步入公共生活，而当时的博物馆就和大学有着千丝万缕的关系。1671 年，第一座大学博物馆在巴塞尔建成；12 年后，牛津大学成立了著名的阿什莫林博物馆。18 世纪的人们开始热衷于探索宇宙和人类的基本自然法则，当时的知识分子希望在博物馆内收藏人类的艺术品、科学产品以及自然标本。他们希望这些藏品能够教育人类，并推动人类逐步走向完善。② 19 世纪末的美国人则认为，物品和文字一样是智识和价值的源泉。③ 通观博物馆的发展历程，博物馆在社会生活中起到了启迪民智、满足民众求知欲、提供知识的作用。因此任何博物馆开发的衍生产品都应当具有知识性的属性，这既符合人们的一般心理认知，客观上也是博物馆本质属性的显现。

当然，此种知识性内容的展示绝不能是对博物馆陈列物说明书的照搬照

① ［法］福柯：《知识考古学》，谢强、马月译，生活·读书·新知三联书店 2003 年版，第 188 页。

② ［美］爱德华·P. 亚历山大、玛丽·亚历山大：《博物馆变迁：博物馆历史与功能读本》，陈双双译，译林出版社 2014 年版，第 6 页。

③ ［美］史蒂芬·康恩：《博物馆与美国的智识生活，1876—1926》，王宇田译，生活·读书·新知三联书店 2012 年版，第 2 页。

抄或粗陋汇编。它不必陷入学究式的烦琐考证，但需要具有一种相应的创造转化才能、一种“考古”的才情：“考古学不会自行消失在阅读的模棱两可的朴实性中，这种阅读让遥远的、微弱的、几乎看不见的一缕光明从其渊源返回。考古学不是什么别的东西，仅仅是一种再创作：就是说在外在性的固有形式中，一种对已写出的东西调节转换。这不是向起源的秘密本身的回归；这是对某一话语——对象的系统描述。”① 一般说来，文博类文创产品的知识属性将涉及教育、权威、权力批判等几个方面的内涵。

教育性是此类产品最具辨识度的一种属性。一般说来，文博类产品的营销与消费者“寓教于乐”的心理有关，这也是公共博物馆的核心功能的直接体现。尽管博物馆学家们对博物馆的定义仍然存在争论，例如一些博物馆是以展品为核心，另一些博物馆是以体验为主，这些区别往往会影响博物学家做出一个让大家都满意的定义，但是博物馆的“教育”功能则是被广为认可的。美国 1969 年发表的《贝尔蒙特报告》认为博物馆根本上是教育机构，与图书馆、公立学校相得益彰，互相补充。政府对博物馆的官方认可极大地推动了博物馆的创新型教育项目，② 催生了美国博物馆的教育运动。博物馆，尤其是科学和艺术博物馆是视觉教育的先驱。③ 通过展览物品的陈列，博物馆进行知识的展布，展开大众教育、传播现代科学人文常识。④

但一般大众接触博物馆中物品的机会总是有限的。博物馆陈列空间的有限性实际上已先天地限定了这一点。在这方面，文创产品就非常有力地起到了辅助博物馆教育功能的作用。它将博物馆那些不易被普通人接触到的展品日常化，直观地将它们展示在大众面前。一方面，这相当程度上具现了历史文化情境，激发了人们的求知热情，生动体现出物品比语言更能有力地揭示历史的含义；⑤ 另一方面，它也能有力触发这些物品直接秉含的教育内容。比

① ［法］福柯：《知识考古学》，谢强、马月译，生活·读书·新知三联书店 2003 年版，第 154 页。

② ［美］爱德华·P. 亚历山大、玛丽·亚历山大：《博物馆变迁：博物馆历史与功能读本》，陈双双译，译林出版社 2014 年版，第 287 页。

③ ［美］休·吉诺韦斯、玛丽·安妮·安德烈编：《博物馆起源》，路旦俊译，译林出版社 2014 年版，第 156—178 页。

④ 2007 年国际博物馆协会在最新修订的《国际博物馆协会章程》中将博物馆定义为：“一个为社会及其发展服务的、向公众开放的非营利性常设机构，为教育、研究、欣赏的目的征集、保护、研究、传播并展出人类及人类环境的物质及非物质遗产。”教育的功能被列在首要的地位。

⑤ ［美］史蒂芬·康恩：《博物馆与美国的智识生活，1876—1926》，王宇田译，生活·读书·新知三联书店 2012 年版，第 154 页。

如故宫文创产品中大卖的雍正奏折御批便是一个有代表性的例证。自 20 世纪 90 年代以来，雍正帝在中国社会大众中具有相当的认同度，有不少传说流传。但绝大多数的人并没有渠道近距离地接触这位帝王的日常，故宫的雍正御批书签、胶带、折扇一定程度上生动且具象地满足了人们的这种好奇心。例如雍正帝御批系列书签，这些书签上的灵感来自勤政的雍正帝在奏折上的朱批，共有五款，分别印上："立志做一人物""莫移初心""凡事勤学多问""他人是倚仗不得的""朕笑而览之"五条不同的"雍正帝金句"。这些"金句"不但可促使人们进一步探求历史的过往面相，还能符合当下人们的心境，风趣且文雅地运用在自己的生活工作当中，有些印在书签上还有激励人心的作用。

恰当运用博物馆的知识蕴藉，能够向大众传播介绍一些知名度不太高的历史文物，展拓文创产品的创新渠道。以前，《十二美人图》这一故宫馆藏的知名度并不高。《胤禛美人图》（《十二美人图》）原本是圆明园"深柳读书堂"围屏上的装饰画。因雍正帝对其十分欣赏，为了妥善保管才将它们从屏风上拆下。故宫博物院开始研发创意产品以来，致力于从馆藏产品中寻找灵感，《十二美人图》被开发成了多种文创产品：例如"十二美人系列糕点"本来是普通的红豆乳酪酥，配上《十二美人图》和"立持如意簪花戴，姹紫嫣红还金蓓"的诗句，吸引了许多消费者。此外，故宫和国产日化品牌佰草集合作了一套护肤品。故宫将《十二美人图》的元素应用在了该护肤品的外观设计上，盒装的十二美人限量版太极丹则沿用了《十二美人图》原本的包装结构设计，包装盒在关闭时犹如一卷抱合的竹简书，打开后舒展站立时犹如一张精美的中式屏风，整套产品仿佛是缩小版的十二美人屏风。通过开发文创产品，《十二美人图》逐渐为大众所知，让人们了解到清朝宫廷女子的服装、首饰、妆容等传统文化；同时，它还帮助人们从感性层面认识到清代人像画对西方绘画画法、技巧的借鉴，获得某种艺术史视界的拓展。从这个角度说，以故宫文创为代表的文创产业一定程度上践履了自己的初心：一方面，运用专业的手段，知识考古的方式，使当下的民众了解历史知识、提高文化素养，有机会对民族传统发生具体的、物质性的、有趣味的接触和认知；另一方面，又使得古代的文化和经典得以传播和继承，并在新的现实境遇中有所发展和创新。

当然需要指出的是，我国文博类文创产品对于其教育功能的开发目前还处于草创阶段，从内容到形式仍存在着诸多亟待完善的方面。其中，一个突出的问题是儿童科普教育类产品在内容上的匮乏。目前我国的儿童类文博产品还停留在一些较普通的出版物上，例如《你好呀，故宫》这类较为平面化的带音频讲解的图书。而在西方，儿童读物的出版早已是文博文创工作深度推进的重心之一。美国儿童博物馆的先驱安娜·比林·加鲁浦早就指出，博物馆针对儿童的教育项目可以补足家庭和学校教育的不足，博物馆一方面要吸引和激励儿童，另一方面则要制定一套教育体系，让儿童通过自己的主动参与，获得有益的收获。[①] 这样的观念在西方早已成为产业共识。大英博物馆和大都会博物馆都有一条儿童产品线，它们都利用自己的馆藏开发出了丰富的儿童产品：大英博物馆利用自己的本土儿童作家碧翠丝·波特的图书《彼得兔的故事》开发了一系列妙趣横生又适合儿童的玩具，有玩偶、婴儿汤匙、毛绒玩具、袜子、童装等多个系列，当英国家长给年幼的孩子使用这类产品时，也是在向孩子们讲述自己国家最有名的儿童文学。大都会博物馆则利用自己的馆藏优势开发了一系列针对儿童的艺术类产品，其中较受欢迎的是一套画家人偶，博物馆将画家的形象制成小人偶，与几幅该画家的代表性画作复制品打包出售，画家人偶可以让儿童自行安装，甚至可以对这些艺术巨匠进行改装，例如改变达利胡子的形状或者给达·芬奇戴上一顶帽子或者把他的胡子变成夜光胡子。在这一游戏过程中，儿童也得到了艺术教育。

文博类文创产品的知识性特征还需要借助某种“权威”的光晕。以传播知识为卖点的文创产品很多，但在权威性方面能与文博产品比肩的则非常少。

博物馆本来就是形成现代知识谱系的权威性机构，吉诺韦斯在《21 世纪博物馆哲学》中指出：博物馆要想更好地应对 21 世纪的挑战，博物馆工作者就必须开展一些学术研究，并针对这些问题进行探讨和写作。博物馆对知识的追求与博物馆在民众心中高水准、专业场馆的印象紧密相连。在研究的过程中，要确保知识的准确性、真实性和专业性。[②] 按照福柯的说法，博物馆系统的知识建构将包含一系列权威话语身份的合法性认定：“包含着能力和知识的标准、机制、系统、教育规范，确保知识实践和试验的合法条件。”[③] 这是

① ［美］休·吉诺韦斯、玛丽·安妮·安德烈编：《博物馆起源》，路旦俊译，译林出版社 2014 年版，第 156—162 页。

② Genoways & Hugh H. , “To members of the museum profession”, in *Museum Philosophy for the 21st Century*, eds. Hugh H. & Genoways & Lanham, MD: AltaMira Press, 2006.

③ ［法］福柯：《知识考古学》，谢强、马月译，生活·读书·新知三联书店 2003 年版，第 54 页。

由博物馆在现代知识体系建构中的实际地位所决定的。比如说一位学问再渊博不过的艺术史家，他也必须按照艺术博物馆所标定的知识体系展开思考，① 他可能对这知识体系的局部、个别问题提出争议，但不可能挑战博物馆知识体系本身。相对于现代知识系统的庞大、精密、繁多，任何一个个体的知识蕴涵都显得微不足道。

专业的知识人士尚且如此，对于一般的社会大众来说博物馆的权威性更是自不待言。文博类文创产品显然有必要凸显其产品蕴藉的知识具有某种难以比拟的专业权威性。对此种专业权威知识的考古属性，将能使消费者获得难以替代的快感享受。故宫博物院开发的一系列高仿文物复制品就体现了对此种权威性的运用。

2009 年，故宫开展了对院藏的《清明上河图》《中远帖》《伯远帖》的高仿书画监制项目；2010 年开展对《兰亭序》《千里江山图》《梧桐双兔图》《富春山居图》《韩熙载夜宴图》等作品的书画高仿监制项目。除了书画作品之外，故宫还有大量复刻展品的文创产品，其中有一套复刻明朝德化陶瓷艺术大师何朝宗的产品：分别为“白釉夔龙纹双耳三足鼎”“白釉象耳弦纹尊”“白釉观音坐像”“白釉达摩立像”等。在这一复制过程中，故宫充分发挥了其绝对的权威地位：首先是掌握了这些作品的真迹，使得其高仿复制具有不证自明的公信力；其次，博物馆系统对这些作品的深入研究，则保证了仿制品已尽可能地保留了原作之精髓。以德化白瓷产品为例，故宫方面宣称，在复制之初先对原文物进行三维扫描建模，力求提高还原度；再由德化著名中国陶瓷艺术大师许兴则指导监制，选用高岭土，每一尊都采用手工制作。而书画的还原过程则更为精细，以黄庭坚的《草书诸上座帖》为例。故宫博物院首先对原文物进行精扫，用德国 CRUSE 高解析大平台扫描仪，精度可达 6 亿像素，逼真地再现原作的细节。在复制时，再由故宫博物院团队的专家亲自与原作进行对比、校色，还采用了纳米微喷和定型定色技术保证色彩的持久度。这些精心打磨的文物仿制品在故宫文创产品中被当作国礼之选。正是故宫在研究、修复文物等方面的专业权威水平，向社会大众奉献了高质量的系列文创产品。

① ［法］茨维坦·托多罗夫：《个体的颂歌：论文艺复兴时期的佛拉芒绘画》，苗馨译，华东师范大学出版社 2013 年版，第 1 页。

但文博机构的专业权威性并不是无远弗届的，绝不是在产品上贴上“××博物馆”的标签就能自动增添权威性分量。其产品开发需要创意者根据博物馆的收藏实际展开“考古性”想象。同样是日化类文创产品，泸州老窖开发了一款香水，名为顽味·香水，只是在香水瓶的设计上借鉴了酒瓶的外观，而自身依然是一瓶中规中矩的花香型香水。关于这一点消费者们并没有太多苛求。然而作为文博机构的故宫、颐和园等机构推出彩妆产品后，网络上批评的声音一直存在——这是自然的，故宫、颐和园等本身并不以化妆品的研制见长。再比如故宫彩妆在上线一个月之后就宣布停产，原因在于产品质量还不过硬、产品还有待升级与优化。笔者认为，这款故宫彩妆传达的专业历史知识其实是不够到位的，这一产品通过彩妆传达的文博专业内容仅在于提取博物馆中著名展品的颜色，例如“仙鹤腮红”，其颜色来源于故宫博物院珍藏文物“画珐琅长方盆玉石珊瑚菊花盆景”，但也仅此而已。人们在消费过程中无法通过彩妆产品深度体验历史上宫廷女性真实的妆容、化妆用具用品的作用，更谈不上领略相应的古典审美、古代生活等方面传统文化知识了。换言之，即使拥有“故宫博物馆”品牌的加持，当其产品实际并没有达到相应权威性高度的时候，消费者就不愿意“把故宫文化带回家”了。①

相形而言，西方某些专业博物馆的产品开发思路及其专业精神值得我国文创业学习、借鉴。以英国湖区凯西克小城的铅笔博物馆为例，这是一家相对而言规模不大更不具备国际名望的小型地区博物馆，但它充分发挥了其铅笔方面的优势，开发出一系列文具、文创产品如铅笔套装、颜料套装等，并因制作专业、产品精良而形成了一个颇有影响力的文具品牌——得韵（Derwent）。顺便还应该指出，优秀而具有专业性的文创产品也有助于提高博物馆在人们心中的地位，有助于树立该博物馆专业、权威的形象。

文创产品的教育内涵不仅通过实体文创产品体现。腾讯公司的新文创板块就是博物馆与互联网联手并通过网络进行文博教育的一个重要样本，也是目前我国文创产业自我创新的一项重要尝试。腾讯已经与故宫博物院、敦煌

① 此外，故宫口红的滞销可能还有目标群体定位不准等方面的问题。对于一部分消费者来说，口红是他（她）们所拥有的奢侈品中价格较低廉的那一类产品。口红既是生活方式的体现，也是身份地位的象征。和市面上的大牌口红相比，故宫口红缺乏奢侈品属性，而这是口红等产品天然的属性。故宫口红所传达的文化分量是无法胜过消费者对这类产品最基本的需求的（包含对于奢侈品消费的虚荣心）。当然，这属于商业开发方面的研究问题，这里就不再展开。

研究院等机构合作并开发了“玩转故宫2.0”“云游敦煌”等小程序，让人们无须亲临现场在手机上即可观展，也为博物馆搭建了一个接触更多游客的媒介平台。2021年5月28日，腾讯与三星堆博物馆达成了战略合作，双方将通过游戏、网络文学、音乐等不同手段探索三星堆文化IP的活化与共建方法。腾讯将在“QQ飞车”“王者荣耀”“乱世王者”等游戏中开发三星堆主题内容，寓教于乐，唤醒年轻人对古蜀国文明的好奇心。同时，腾讯还将在自己的音乐平台中创作、传播三星堆宣传主题曲，并通过其网络文学机构起点中文网、起点国际、QQ阅读等平台联合发起关于三星堆的网络文学征集计划。这一合作是文创行业将知识与产业结合的新创意，是博物馆的权威知识与网络、娱乐的碰撞。尽管这一合作刚刚起步，尚未有成型的案例，但我们足以发现，文创产业的未来是科技与文化的结合，文创产业的核心在于文博机构所承载的知识传承。

最后需要指出的是，我们在前文中强调现代博物馆在现代知识体系的系统性、权威性的地位，但这不意味着博物馆所展布的知识座架就是无可争议的、一成不变的，更不应给人形成一种固化、僵化的印象。尽管客观上现代博物馆有时会被塑造成规训社会的一种工具，① 但关于现代博物馆的主流思想一般都强调，应当由整个社会大环境决定其知识座架中财富、权利、知识和品位的设计与分配，并且应当时时提醒公众对博物馆知识的批判意识：博物馆应当向公众传递什么信息？传递的信息由谁来决定？为什么传递某些信息而不是另外一些信息？主次由谁来决定？观众是否应当参与到这种信息的选择与决定中来？② 从这个角度来说，文创产品的知识性内容也应当具有某种批判性向度。

事实上，由于商业运作的关系，当前文博类文创产品的开发已经不可避免地出现了某些固化的倾向。就像梵高博物馆，《向日葵》《盛开的杏树》等作品在博物馆这一空间之中占据了中心地位，在其文创产品商店以这几幅画作为灵感设计的文创产品也是种类最多的。像《盛开的杏树》等则被设计成丝巾、杯子、行李箱、手机壳等多种产品。而梵高的其他画作，例如他描绘

① Hooper-Greenhill & Eilean, “The Museum in the Disciplinary Society”, In *Museum Studies in Material Culture*, Ed. Pearce & J. 63, Leicester: Leicester University Press, 1989.

② ［美］爱德华·P. 亚历山大、玛丽·亚历山大：《博物馆变迁：博物馆历史与功能读本》，陈双双译，译林出版社2014年版，第287页。

的荷兰城市、风俗等就很少进入文创研发者的视线。这在无形中给参观者这样一种印象：作为权威的博物馆最为认可的梵高作品就是这几幅，观众们必须懂得欣赏它们，甚至懂得欣赏它们就算得到了梵高艺术的“精髓”，否则有品位不高之嫌。

当代文创工作者认识到了此种固化形象的危险，有意识地在文创产品中增强对既有知识体系的批判性姿态，从而刺激消费者对“考古性”的参与热情。其中常见的创制手法有两种。

其一，打破传统认知中“中心与非中心”的印象，让某些传统上非中心的文物走向前台，博取人们关注。如大英博物馆针对镇馆之宝埃及木乃伊和罗塞塔石碑开发了大量文创产品。然而在其天猫店铺里最热门的文创产品却是一款冰箱贴，取材自刻于12世纪的路易斯棋，被制作为文创产品后成了新晋“网红”——因为它看起来酷似一个人被打脸后捂脸的表情，被网友称为“你竟然打我”。

其二，增强产品与观众、消费者的互动，将文创产品中充分融入某些现代审美元素。这一方面吸引消费群体的关注，另一方面也颠覆了博物馆及其衍生品固有刻板的、威严不可侵犯的形象。故宫博物院打造“萌IP”，甚至将古代统治者们搬出来卖萌，一定程度上就包含了这样的意思。这方面较有代表性的还是对与雍正帝相关的文创开发。故宫博物院开发的折扇、胶带等一系列文创产品印上了雍正奏折中的批语，如“朕就是这样汉子”“朕亦甚想你”“朕实在不知怎么疼你”。2014年，“故宫淘宝”微信公众号发布了一篇文章《雍正：感觉自己萌萌哒》，这篇文章利用现代图像处理技术将《雍正行乐图》改成了动态版，原来坐在溪边的雍正经过动画图像处理后看起来像是在洗脚，文中还为雍正配上了内心独白：“啊，感觉脚痒……”这篇文章一经发布就大受欢迎，读者们纷纷转发、点赞。故宫其他一些设计也多走卖萌路线。如一款抱枕上就印着两个大字——抱朕，既谐音“抱枕”，又通过“卖萌”拉近了和消费者之间的距离。在营销过程中，“卖萌”这一方式更是让故宫博物院获得了不少拥趸。获得此类成功后，当前的故宫已从以往的正襟危坐，越来越往严肃卖萌的方向发展。

当然，无论是非中心化还是“萌化”，其对博物馆的知识中心的解构效果都是很有限的。但我们也不应把文创产品的批判性功能过于扩大，它与真正博物馆学的批判性研究毕竟是两码事。对于文创工作者而言，知识批判的真正意义可能在于它准备了知识考古的热情与动力，为他们获取商业诉求与艺术创意的平衡点提供了一个较高的精神台阶。

三、叙事性特征

文博类文创产品还应自然地葆有某种叙事性的特征。

这和现代博物馆知识展布的基本方式密切相关。早在19世纪末，建立博物馆的思想理念便有这样一种假设：即物品能够向未经专业训练的参观者讲故事。1894年，一位美国博物馆官员就曾对《费城日报》说："我们有一个共同的理念，从这些展品中发现故事，让这些故事在那些未经训练的参观者面前展开。"① 在博物馆中，一个简单的物品陈列即包含着文本性、历史秩序性和可阐释性等叙事内容，那么一个优秀的文创产品亦当具有某些近似的精神内涵。

文本性，就是指我们所接触的博物馆陈列物（展品及其衍生制品）具有可透视、分析、思考的精神内容，它将迫使人因循某种因果逻辑，探寻该物品与周边、世界的关系。简言之，任何博物馆之陈列物都不能被简单视作那一个特定的物本身，它不会仅以其质地、外观形状及其空间位置与观看者打交道。例如，在博物馆的展品陈列规划中，往往会有两种方式：第一种方式是，将展览看作一个主题，通过仔细研究和分析，再把这一主题分成几个子主题，然后再去寻找展品，并以不同的展览单位进行布展来表现这些主题。第二种方式是，展览首先始于一些藏品，从这批藏品中构想出一个主题和子主题。一般而言，博物馆在策划展览时，往往也会用到这两种方式，接着绘制出一个故事梗概图表，即主题表。② 但无论是哪一种方式，每一个策展的过程是一个叙事文本完成的过程，每一个主题就是不同的故事，每一件展品都是这个故事文本完成不可被忽视的节点。费城商业博物馆的创建者威廉·威尔逊曾说："博物馆里的任何一个展品都应该能够在人们看到它的第一眼就展现出关于自己的故事。它应该是一本打开的书，能够清晰地讲述自己的故事，

① ［美］史蒂芬·康恩：《博物馆与美国的智识生活，1876—1926》，王宇田译，生活·读书·新知三联书店2012年版，第2页。

② ［美］爱德华·P. 亚历山大、玛丽·亚历山大：《博物馆变迁：博物馆历史与功能读本》，陈双双译，译林出版社2014年版，第266—267页。

而这一点是任何外在的描述都无法比拟的。”①

文创产品文本性之根基就来自于此。但与博物馆陈列物不同的是，文创产品相对来说是一种提取物、是被制作的，研发者们具有更灵活的叙事方式来构造文本：即可以以仿制的博物馆展品为轴，内在地嵌入相关故事，也可以赋予这些产品一条新的叙事因果关系。故宫根据2017年“千里江山——历代青绿山水画特展”推出的系列产品是一个较成功的案例。在该特展中，故宫展出了包括《千里江山图》在内的200余幅历朝历代青山绿水画卷。根据这一展览，故宫博物院研发了40余种产品，包括文具、玩具、家具用品、食品等。其中的明星产品是千里江山礼盒，其中以《千里江山图》中山峦为原型的琉璃镇纸既可以做摆件也可用来镇纸，礼盒中还有限量邮折一枚、便笺和信纸各两枚。② 这一礼盒既较为雅致地传达了寄寓于青绿山水画中的中国诗意传统（及各具体的人物故事），又根据现代人的精神困惑与需要，谱写了新的主题：鼓励人们重拾书信交流之趣。

叙事性的彰显还应包含着历史秩序感的建构内容。

博物馆的发展带有浓重的私人色彩，展品陈列的方式多种多样，从极强的私人特色到依照美学原则或风格上的技术分类原则进行展出等，不一而足。但随着社会民主大众化的进程，按照历史时期排布陈列物成为一般博物馆的主流形式。③ 这是因为人们越来越认识到：在博物馆的叙事性展布中，对各种历史遗留物的梳理就是历史秩序的见证，由此人们可以断想人类与人性的基本历史发展轨迹：“历史是上千年的和集体的记忆之明证，这种记忆依赖于物质的文献以重新获得对自己的过去事情的新鲜感，历史乃是对文献的物质性研究和使用（书籍、文本、叙述、记载、条例、建筑、机构、规则、技术、物品、习俗，等等），这种物质性无时无地不在整个社会中以某些自发的形式或是由记忆暂留构成的形式表现出来。”历史于是就成了“一门人类学”。④

从这个角度说，出色的文博类文创产品亦当具有标定、复现某种历史秩

① ［美］史蒂芬·康恩：《博物馆与美国的智识生活，1876—1926》，王宇田译，生活·读书·新知三联书店2012年版，第2页。

② 王亚明：《故宫文创记》，河北大学出版社2018年版，第70—73页。

③ ［美］爱德华·P. 亚历山大、玛丽·亚历山大：《博物馆变迁：博物馆历史与功能读本》，陈双双译，译林出版社2014年版，第11页。

④ ［法］福柯：《知识考古学》，谢强、马月译，生活·读书·新知三联书店2003年版，第6页。

序感的内涵。我们前文所提到的千里江山礼盒就具有一定程度上反思现代生活秩序的意识。它在习惯了钢筋混凝土丛林的生活中、在现代工业对大自然山水的剥夺中、在城市生活的紧张焦虑中，重申中国传统美学的慰藉作用。这方面，较有代表性的一个案例则应是美国大都会博物馆和钟表制造商欧米茄（Omega）合作的一款太空手表。这款手表名为“第一只进入太空的欧米茄”（First OMEGA in Space）。其设计灵感来自 1962 年宇航员在执行“水星计划”任务时佩戴的手表。与其他欧米茄手表不同，文创工作者选择了一个戏剧性的节点将它凝缩成一个象征物，向人宣称仿佛戴上这只太空手表就能同时分担人类探索宇宙的那份历史重担。历史的重大事件、欧米茄的品牌意识、贵重的象征物（欧米茄的手表属于高档奢侈品之列）、富有沉重意味的姿态造型，在此较好地融汇在了一起。

文博类文创产品的叙事特征还体现在它的可阐释性方面。

这也和博物馆中陈列物的特性相关。博物馆的陈列物都有很强的被阐释的空间。学者埃莱娜这样描述博物馆的阐释性：博物馆与其藏品、所有权以及保护的关系将会发展变化，博物馆将会针对藏品的信息提供多种观点并附加丰富的科学性知识（可能有些观众认为这是杜撰），在阐释方面，博物馆可以不再依赖藏品来传递故事，反而可以借助其他表现形式。① 这在艺术博物馆尤其显得突出：阐释不断发生，对每一件艺术品的阐释、对艺术品背后故事的挖掘，将逐渐独立于博物馆和展品，将形成一种新的叙事方式。如当人们看到一幅画，就会联想其创作背景、背后的故事，从而形成一套关于这幅画的新的叙事，该叙事并不完全取决于这幅画本身。艾琳·胡珀－格林希尔用阐释学中“阐释学循环”（Hermeneutic circle）来解读博物馆的阐释策略。阐释学循环是指在对文本进行解释时，理解者根据文本细节来理解其整体，又根据文本的整体来理解其细节的不断循环过程，理解的循环运动沿着文本来回移动，在文本被完满理解时才趋于衰弱并可能消失。——但事实上，在一个足够长的历史阶段里，这种文本与阐释的循环互动当是持存的，不会轻易消失。

在阐释学中，受众不是一张白纸，受众对信息的反应与他们的经历、知识背景等息息相关。艾琳·胡珀－格林希尔用阐释学的理论讲述了博物馆如

---

① Gurian & Elaine Heumann, “Blurring the boundaries”, *Curator*, No. 1 (1995).

何自我阐释。在过去，博物馆提供权威信息，参观者被动接受这些信息；当下，学者们已经意识到受众是主动的，同时，阐释圈循环也提供了一个思路，即阐释的过程也就是理解的过程。当下进行阐释的重点不再是单方面的灌输，而是在博物馆和受众之间建立对话机制。① 这种阐释的效应有时反过来对陈列品本身赋以全新的价值意义。②

我国的研发人员也对博物陈列中的阐释性原则有一定认识，他们在研发文化创意产品时格外注重研发互动性强和具备阐释功能的产品。故宫博物院在2018年底和2019年初推出的互动图书《谜宫·如意琳琅图籍》是一个较好的范例。这本活动图书在未上市之前就被看作本土版的《S. 忒修斯之船》。它既是一本互动书，也是一本解谜书，自带十余种随书道具，可以依书解谜。更关键的是，《谜宫·如意琳琅图籍》讲述了中国古代的文化故事，融入了许多珍贵的藏品资源，使读者可以破解纯正的中国文化元素谜题。故宫博物院试图通过这本书阐释宫廷文化故事、传达传统文化知识的意图非常明显。《谜宫·如意琳琅图籍》利用新科技和手机应用还具有丰富的游戏性，可以配合手机应用“谜案馆”进行解谜。正因为《谜宫·如意琳琅图籍》的特性基本满足了博物馆进行阐释与参观者达成对话的要求，这本集解谜、阅读、游戏于一体的互动书获得了大量关注：自故宫官微在2018年10月24日首次为它发声以来，已经累计转发15745次，评论5035条，收获21719次赞，阅读量超过2000万次。③ 截至2019年6月，这本问世仅半年的《谜宫·如意琳琅图籍》销量已超35万册。

四、场景性蕴藉

文博类文创产品通常还具有场景性的蕴藉。场景性是指某种具有戏剧意味的情境展示，它包含着诸如展演、姿态的造型、矛盾冲突的召唤、呼吁观

---

① Gurian & Elaine Heumann, “Blurring the boundaries”, *Curator*, No. 1 (1995), pp. 50 – 51.

② 比如瓦尔堡图书馆曾收集了许多中世纪的图像资料。这些图像资料原来被认为没有大的价值意义：因为它们图像既不精美，其他如材质、制作技术等也没有什么代表性，长时间未得到重视。但意大利学者阿甘本在《宁芙》等作品中，考古式研究了数十块貌似相同的宁芙女神的画板，进而探讨中世纪记忆方式及对记忆问题的特殊性，赋予了这些藏品深刻的观念史价值。

③ 王亚明：《故宫文创记》，河北大学出版社2018年版，第1页。

者介入的请求等内容。

研究者指出，博物馆的陈列展示先天地具有场景性因素：“在希腊悲剧里，‘城市变为舞台’（韦尔南/维达尔－纳凯语）。在昨天希腊化的滑稽模仿中，或在今天的现代主义的仿效里，舞台都梦想着成为城邦。而现在一座西方城市里的活舞台，就是它的博物馆。”① 因此不难理解，1960 年以后的新博物馆运动需要凸显博物馆由“过去导向、物品导向”转向“观众导向、体验导向、未来导向”的理念。② 未来、观众、体验的导向与博物馆的场景属性是契节相符的。文博产品的场景化就是对博物馆这一属性的考古式化用。就我国当前的实践来说，展演与造型是场景性内容较多体现的方面。

现代博物馆自诞生之日起就经常运用展演的方式，利用戏剧化场景，吸引观众参与互动，以更好地履行其教育机构的职责。美国的皮尔博物馆就是一个有名的例子。③ 夏农·麦克唐纳因此在《博物馆参观者的文化想象》里写道：博物馆展览就像一门关于想象的技术，④ 博物馆在展演过程中，激发观众的参与热情与想象性认同——像皮尔博物馆就在其戏剧展演过程中向参观者们传达其政治理念：自然史的发展与美国的民主政治同生共长⑤——尽管自然科学史与国家政治的联系从逻辑上而言并非自然而然的。

博物馆文创产品采用同样的策略让人们产生文化认同与共鸣，从而发挥博物馆的公共教育功能。故宫博物院文创产品的宣传语是“把故宫文化带回家”，即通过购买和使用文创产品，消费者在家中也能建设一个场景，充满宫廷生活方式和紫禁城的生活美学。现在的人们生活方式和古代已经大不相同，

---

① ［法］雷吉斯·德布雷：《图像的生与死》，黄迅余、黄建华译，华东师大出版社 2014 年版，第 230 页。

② 张誉腾：《全球村中博物馆的未来》，稻乡出版社 1994 年版，第 2 页。

③ 皮尔博物馆由查尔斯·威尔逊·皮尔创立，是美国第一家自然历史博物馆，1786 年，皮尔展出了一批与过去（过去博物馆主要展出画像等展品）完全不同的展品，增加了化石、动物标本和地质标本，并开设了自然历史方面的讲座。（参见［美］史蒂芬·康恩：《博物馆与美国的智识生活，1876—1926》，王宇田译，生活·读书·新知三联书店 2012 年版，第 39 页。）

④ 该博物馆通过互动展览，向观者证明，自然历史它既不专属于受过良好教育的人，也不是有闲有钱阶级的玩物，它本来就属于社会大众；普通美国人在接触自然历史过程中，也有助于自己完成自我教育，获得美国式的成功。这样，博物馆就把博物馆陈列方式与公众政治理念结合在了一起。（可参见 Sharon Macdonald, “Cultural Imagining among Museum Vistors”, in Hooper-Greenhill & Eilean (eds.), *The Educational Role of the Museum*, p. 269.）

⑤ ［美］史蒂芬·康恩：《博物馆与美国的智识生活，1876—1926》，王宇田译，生活·读书·新知三联书店 2012 年版，第 39 页。

但通过虚拟场景的展演，人们可以嗅得一丝古代的气息。2015 年，故宫博物院为配合《石渠宝笈》特展推出了一系列承载紫禁城生活美学的文创产品，就鲜明地突出了其展演性质。设计师们将设计过程戏剧性地呈现在大众面前，他们声称那些文创产品已将古代画卷中的元素进行了还原和再创造，如把绘画中出现过的纸伞设计成油伞台灯、将画中的篷船设计成香插，以现代工艺展现古代美学等。[①] 这样，文创产品所包含的古典文化内涵就直接、感性地复现在了消费者眼前。故宫的文创设计团队对故宫中皇室、贵族生活用品的复刻，其销售也通常采用展演的方式。溪茗壶的制作就是一个范例：德化瓷溪茗壶产品原型来自故宫博物院收藏的御用茶壶藏品，该产品采用德化上等高岭土制作，壶身光素，手工修胎烧制，其壶身呈八字造型，曲线柔和流畅，造型浑厚朴拙，工艺精美秀巧。其名称则来源于乾隆御诗："溪烟山雨相空蒙，生衣独坐杨柳风。"[②] 文创研发者用考古式的细致耐心，将皇室器具的制作过程及其原初的使用场景貌似真实的还原，一一展示在大众面前。此情此景诱惑大众产生联想，仿佛他们对溪茗壶的拥有与享用，就像在家中也创造了一个皇室生活场景似的。

场景性有时还包含着独特审美的姿态造型要求。文博类文创设计师需要注意到：一方面，他们要把产品所仿制的对象从原来的话语情境中抽离出来，以考虑它与产品自身的关系（产品的用途、材质、IP 转化的授权范围等）；另一方面，他们又要尊重仿制对象的既有内涵，即所谓"颠覆解构"，这就需要设计师对既有对象具有特殊的考古审视眼光。而这两方面的平衡就要求设计者具有一种戏剧性的造型平衡能力，"各种张力织就了一张复杂的网，其细节掩盖在沉重的华服之下。这张网是……启发性舞台呈现的源泉。"[③] 借用狄尔泰的话说，即：

> 造型力规定作品的形象。就像在有机体的成长中那样，在文学创作上可以被区分的这些个别要素均由生活经验发展而来：这些要素中的每一种都在作品的关联中完成一种功效。所以，每一种文学创作是一种具

---

① 王亚明：《故宫文创记》，河北大学出版社 2018 年版，第 72 页。

② 王亚明：《故宫文创记》，河北大学出版社 2018 年版，第 95 页。

③ ［意］巴尔巴：《纸舟——戏剧人类学指南》，连幼平等译，中国戏剧出版社 2018 年版，第 19 页。

有自己特性的、生动的创造物。倘若达到了对一位作家的最高的理解，我们便可以揭示作家身上和作家身外的各种条件的总和，在这些条件下产生了规定他的创作的经历、理解和经验的变体，我们还可以概括这种从变体出发塑造母题、寓言、性格和表现手段的关联。①

狄尔泰在此讨论虽是文学作品的问题，但也能解释一般艺术创造过程的“造型力”问题。

故宫文创团队在这方面有较明确的认识。在产品开发过程中，他们通过较深入的造型设计，平衡文创产品的文化渊源与实际用途的矛盾关系。他们早在研发阶段就对展览和游客进行全方位的调研。以随展产品为例，“对展览主题、展览展品、展览调性、游客数量、年龄段、消费力、消费需求和消费场景进行了深入的了解……不仅要完成文创产品设计和功能性的全面优化，并且要精准匹配游客需求。”② 故宫文创研发团队在深入了解消费者的群体细分后，打造了不同的文创消费品。其中有价格低廉，较有创意的小型文创产品，例如印有“肃静”“回避”“如朕亲临”“奉旨游玩”等字样的行李牌，这些文字和图案既具有故宫特色，又非常适合行李牌的使用场景。冰箱贴是大多数博物馆必备的纪念品，但故宫文创的冰箱贴更具特色，匾额系列立体树脂冰箱贴上印着故宫各地的名称，例如御膳房、养心殿、东宫、内务府等。

进行类似探索的还有敦煌研究院的文创研发团队。敦煌文化与佛教文化紧密相关，于是敦煌研究院在开发文创产品时，特意开发了一条产品线：禅意家居，这条产品线内包括线香、心经胶带等产品，均与佛教有关，形成了一个个与佛教相关的家居场景。除此之外，敦煌研究院文创产品中较有特色的是敦煌藻井瓷砖贴纸。藻井是中国古代建筑中宫室内部屋顶上用方木叠套而成的方井结构和装饰手法，“交木为井，绘以藻纹”。在莫高窟的石室中，“藻井”位于最中央的一部分，表示“天外之天”的意境。藻井图案在古代就是建筑装饰，当代文创设计者将藻井图案设计成瓷砖贴纸，依然符合古代的使用场景，但因其独特的美学原则，藻井贴纸进入现代家庭装饰后形成了

① ［德］狄尔泰：《体验与诗》，胡其鼎译，生活·读书·新知三联书店 2003 年版，第 166 页。

② 王亚明：《故宫文创记》，河北大学出版社 2018 年版，第 43 页。

将古典与现代合一的效果。像藻井贴纸这样的文创产品将古典元素自然地融入了现代生活场景。①

这种造型设计实际上还平衡区分了不同消费阶层的产品需要。在家里的沙发上摆上故宫抱枕，在冰箱上放上冰箱贴，可以创造一种故宫场景；藻井贴纸则可以制造一种敦煌的场景。不同的产品会打造不同的场景，这些不同的场景正是由不同的产品造型区分的。不同群体的人在不同消费诉求上会有重叠，但大多数的场景设计还是能够切实适应不同群体各自对审美、阶层及品质的追求。

但博物馆利用戏剧化场景，吸引观众参与互动的文创策划未必都是成功的。故宫曾在2019年元宵节举办了“紫禁城上元之夜”主题文化活动，这次活动是故宫建院九十四年以来第一次“灯会”，也是紫禁城古建筑群首次在晚间向公众开放并大规模点亮。故宫本有在元宵节通过“灯会”重现古代上元佳节场景的意图，然而这次“点灯活动”却因灯光秀过于炫目而使人感觉低廉、效果与紫禁城整体氛围不匹配而广受批评。少数预约到“上元之夜”门票的观众表示：参观夜间故宫的感觉仿佛是在城墙上蹦迪。博物馆文创开发场景化的核心目的是需要借此传达博物馆陈列物内含的历史文化底蕴，也即需要一些考古精神的，如果侧重点变成了现代科技的声光电秀就不免遭到“只注重博眼球”的讥评，距离“故宫”自身的初心很远了。

故宫夜间秀和夜游颐和园等活动已经表明，文创产业的场景性越来越侧重体验。人们迫切渴望还原文博机构展示的古老生活，渴望通过场景性的体验来重温历史，这种消费需求促使文化酒店业的新发展。安缦酒店在全球进行此类尝试：其热衷于在知名文化遗产附近建造酒店，给旅客以更为深入的文化体验。以建造于颐和园东门的颐和园安缦酒店为例，酒店的网站宣传只要入住这家酒店就可以通过一条私人通道进入这所皇家园林，酒店的客房院落坐落于一百多年前慈禧太后接见大臣之所在，而且其装修设计也沿用颐和园的旧有风格，使用了碧竹帘和木屏风。安缦酒店将颐和园作为最大的卖点，实际上并未与颐和园有任何实质性合作，但字里行间和其宣传册页都让人感

① 博物馆进行文创研发时，不能只把展品简单粗暴地印在产品上，而应灵活运用博物馆内的馆藏元素，将历史的、经典的元素化用在现实生活场景中，将博物馆的馆藏与现代审美相结合。国家博物馆于2014年推出了敦煌梅花包但反响平平，2018年，设计师将藻井纹饰应用在梅花包的肩带设计上，使得整体设计符合现代人的审美，吸引了很多年轻的消费者。

到：入住安缦酒店即住进了皇家园林颐和园。酒店业对文博资源的利用将文创产品场景性的体验功能进行了进一步的挖掘。

文博类文创产品的特性研究还应涉及许多方面的问题：如不同类型、不同性质、不同规模的博物馆，其文创产品的设计理念应有较大的区别；再如，本文所讨论的产品基本属于实体、个案类型，其产品形态能否与当代会展、演出、公益、环境保护、影视作品乃至主题公园构建等形成更深入的融合；此类产品的开发相当依赖口碑效应，如何保持深度开发防备品牌滥用（随意贴牌、授权加盟店及过度宣传等）① 等都有必要展开系统研究。限于篇幅，本文对这些问题只能暂且略过不谈。

① 于此，毛丽娜《为了卖月饼，故宫再演“九子夺嫡”，但我开始对文创倦了》（https://mp.weixin.qq.com/s/Q7aVM7VVF3H5rQzsdcg9Ig，2019 年 8 月 31 日访问）的分析有一定代表性，可参看。

试论“IP +”产业的集群化问题

——兼及文化产业的供给侧结构性改革①

尽管中国的文化产业还是一种新兴的产业业态，② 但它同样深刻地折射了中国传统经济体制固有的经验与教训，它也需要在供给侧方面展开结构性改革以应对“三期叠加期”③ 这一“新常态”④ 带来的机遇与挑战。

本文所欲重点讨论的问题如下：文化产业供给侧改革的特殊性、“IP +”产业在文化产业供给侧改革中的独特地位、地方政府职能与发展“IP +”产业集群化的关系以及相关的对策、建议。

---

① 本文与肖远合作完成，曾发表在《江苏行政学院学报》2017 年第 4 期，原题为《论“IP +”产业的集群化——文化产业的供给侧结构性改革》。发表时有删节。

② 改革开放以后，文化的产业化最初还只是被视作一种自然的产业现象，其地位、价值、合法性等都有较大争议。20 世纪 90 年代以后，“文化产业”这一概念才渐为各界社会人士接受。直到 2000 年 10 月 11 日，中国共产党第十五届中央委员会第五次全体会议才在《中共中央关于制定国民经济和社会发展第十个五年计划的建议》中明确要“推动有关文化产业发展”。文化产业至此才在国家意义上明确成为一种独立的产业形态。2002 年 11 月江泽民同志在十六大报告《全面建设小康社会，开创中国特色社会主义事业新局面》中，则更为明确地指出了文化产业的积极作用：“完善文化产业政策，支持文化产业发展，增强我国文化产业的整体实力和竞争力。”从此，文化产业开始步入快速发展阶段。因此，文化产业作为一个经济部类而言，其历史还是相当短暂的。

③ “三期叠加期”是指我国经济发展同时步入三种时期：一、经济增长速度换挡期，我国经济处于从高速换挡到中高速发展时期。二、结构调整阵痛期，结构调整刻不容缓，直接影响经济发展走向。三、前期刺激政策消化期，前期政策对经济发展产生的效果不断累积，需时间来化解积压的矛盾，即消化期。

④ 国家发改委经济研究所副所长宋立在接受中国经济网记者采访时表示，“新常态”是一个现实态，不是理想态，在“新常态”下中国经济新的发展动力能否形成还具有不确定性。（详见 http://www.ce.cn/xwzx/gnsz/gdxw/201408/20/t20140820_3388026.shtml。）

一、改革的特殊性

21世纪以来，中国文化产业获得了巨大发展，取得的成就举世瞩目。[①]当然，在这发展过程中中国文化产业也包含着不少的问题，其中相当多的问题是和中国经济格局中的整体结构密切相关，某些问题的出现、存在具有一定的历史必然性。

学界已普遍认识到，中国文化产业存在着多种结构性的问题，[②]它们突出地表现为以下方面。

第一，高端产品供给不足，低端产品供给过剩，重复建设项目太多。

如在出版领域，从2004年到2014年10年间，我国图书市场库存数量增长近25亿册，而总印数增长18亿册；2014年，全国图书市场纯销售为777.99亿元，库存则为1010亿元。[③]图书出版中的无效供给由此可见一斑。又如在电视剧领域，作为世界电视剧产量大国，2015年，中国生产完成并获发行许可的电视剧剧目共计394部16540集，但播出量只有8000集。[④]而在这么多的播出剧中，情节荒谬、趣味低下的作品委实不少。类似“裤裆掏手雷”“手撕鬼子”的“抗日神剧”固然已经少见，却又有太多编剧离开“盗墓”“小鲜肉”“卖腐搞基”等元素似乎就无法展开故事了。在电影、游戏、动漫、会展、演出、主题公园等文化产业领域，低端产品积压的情况都是严重的。

第二，国内产品的需求与国外产品的消费呈现反比增长的趋向，需求外移的速度也不断扩张。

这一问题在某些行业领域表现得较为突出。以旅游消费为例，2013年，中国大陆接待入境游客人次同比下降2.51%，2014年，接待入境游客同比下

---

① 短短10余年间，中国文化产业发展规模和质量得到有效提升，发展日新月异。2014年增加值达到2.4万亿元，比2010年翻了一番，占GDP的比重达到3.76%。（参见范周、周洁《正确理解文化领域供给侧结构性改革》，《东岳论丛》2016年第10期，第5页。）

② 这部分问题的讨论，较多借鉴了齐骥《供给侧与需求侧协同视角下的文化产业发展研究》［《深圳大学学报（人文社会科学版）》2016年第6期］一文中的观点，特致谢忱。

③ 可参见刘拥军《中国图书市场与库存现状及对策》（《中国出版传媒商报》2015年12月29日）、范军《出版物库存超过警戒线了吗》（《中国新闻出版广电报》2016年9月26日）等。

④ 2016年1月至9月，中国电视剧制作的数量已暴涨至892部共34946集，全年制作总量是2015年的2倍还有余。但播放量的增长肯定不到2015年的2倍。供给过剩的情况更加严重了。（详见 http://media.people.com.cn/n1/2017/0108/c40606-29006212.html。）

降0.45%；而2014年中国出境旅游规模为1.09亿人次，境外支出总规模达到1648亿美元。① 又以奢侈品消费为例，2014年我国消费者全球奢侈品消费达到1060亿美元，同比增长4%。其中，本土消费额为250亿美元，同比下降11%；境外消费810亿美元，同比增长超过9%。也就是说，我国消费者76%的奢侈品消费发生在境外。② 影视等行业同样有此类情况。2015年，中国电影发展取得突破性成果，全国电影总票房达440.69亿元。其中，国产影片收入票房271.36亿元，占总票房的61.58%，海外影片票房则占总额的38.42%；2016年，全国电影总票房为457.12亿元，国产电影票房为266.63亿元，占票房总额的58.33%，海外影片票房占总额的41.67%，后者增长幅度已呈赶超之势。③

第三，高端技术领域投入明显不足，产品缺乏国际竞争力。

有专家指出，"长期以来，我国经济发展过度依赖劳动力、土地、资源等一般性生产要素投入，人才、技术、知识、信息等高级要素投入比重偏低，导致中低端产业偏多、资源能源消耗过多等问题"④。这种情况在文化产业界同样存在。仍以电影业为例，VR⑤、AR⑥ 等技术的拓展及广泛应用是近年来

① 傅勇涛、周琳、凌军辉、邓中豪：《中国出境游人数连续3年全球第1，购买力外流严重》，《经济参考报》2015年11月5日。

另据旅游局网站官方数据显示，2017年春节期间，我国公民出境旅游总量约615万人，同比增幅近7%。携程联合中国旅游研究院日前发布的《2017春节旅游趋势报告与人气排行榜》显示，2017年春节中国游客通过携程预订出境团队、自由行产品人均消费9000元，同比增长12%。以旅游费用加上目的地购物消费人均1.5万元计算，中国游客春节出境花费将达1000亿元，再次刷新纪录。

"十二五"时期，我国社会消费品零售总额年均增长13.9%，比"十一五"期间回落4.2个百分点；"十二五"期间消费增速逐年回落，从2011年的17.1%回落到2015年的10.7%左右。我国消费市场呈现出的变化及问题表明，商品和服务有效供给不足、流通体系效率不高、消费环境欠佳等是消费结构升级面临的主要问题。

② 新华社财富品质研究院：《我国消费者购买奢侈品近八成消费发生在境外》，《消费日报》2015年2月3日。

③ 详情可参见 http://www.sudaban.com/Html/ent/hwys/1726020170203094306.html。

④《结构性改革：改什么，怎么改——访国务院发展研究中心资源与环境研究所副所长李佐军》，《经济日报》2015年11月23日。

⑤ VR：虚拟现实（Virtual Reality，简称VR），虚拟现实技术是一种可以创建和体验虚拟世界的计算机仿真系统，它利用计算机生成一种模拟环境，是一种多源信息融合的、交互式的三维动态视景和实体行为的系统仿真使用户沉浸到该环境中。VR技术包含了很多高新科技的融合与应用问题，代表了当前视觉技术与艺术的最前沿方向。

⑥ AR：增强现实（Augmented Reality，简称AR），是一种实时地计算摄影机影像的位置及角度并加上相应图像、视频、3D模型的技术，这种技术的目标是在屏幕上把虚拟世界套在现实世界并进行互动。

视觉艺术最前沿也最具市场效应的领域（当然也是大投入、回报周期比较长的领域），但国内（至少是大陆）业界开拓业务的雄心明显不足。几年来，除了《寻龙诀》《捉妖记》等少数个案，大部分都打着“数字3D”[①]幌子却在技术上乏善可陈。事实上，市场对此的反应是相当敏感的。2016年，一系列美国大片如《疯狂动物城》《魔兽》《美国队长3：英雄内战》《功夫熊猫3》《星球大战：原力觉醒》等取得了较好票房成绩，大胜国产同类题材作品，就和它们较好的视觉效果有关——这符合了现代观众偏爱视觉刺激的选择性消费偏好（其实这些作品的故事情节都相当粗糙，有时可称幼稚，未见得胜过一般的国产片）。

第四，行政权力介入不得法，常表现为供非所需，效能低下。

这一点在公共文化服务建设中表现得相当突出。有研究者批评说：“各地各级政府文化管理部门在投入公共文化服务建设中经常以执行上级命令、满足硬性指标为导向，忽视公众实际需求，导致大量公共文化基础设施闲置浪费，政府良好意愿的实际效果不尽如人意。以农家书屋为例，作为一项国家重大文化惠民工程，这一政策得到全国64万个行政村的支持和落实，经过5年多的艰苦努力和近200亿元的财政和社会资金投入，‘农家书屋村村有’的目标提前三年完成。然而，这些按照标准化建设的公共文化场所却出现书屋无人使用、书刊无人借阅的普遍现象，文化惠民沦为无效供给。”[②]而在实务性的产业部门，各级地方部门行政权力的介入有时也很不得法，像很多地方一拥而上的文化产业园、主题公园[③]、地方特色文化旅游（居然有地方在争夺“西门庆故里”的头衔！），等等，都呈现出长官意志的痕迹。

此外，类似产品类型趋于同质化，市场管理混乱，区域性贸易壁垒与地

---

① 这里指假3D。所谓“假3D”，即由2D转化为3D的电影作品，计算机会根据2D电影中景物应有的景深数据，把两幅图像进行平移，造出粗糙的3D体验图像，这样的成本远低于3D电影的拍摄。2012年上映的3D版《泰坦尼克号》就是最好的例子。

② 范周、周洁：《正确理解文化领域供给侧结构性改革》，《东岳论丛》2016年第10期，第9页。

③ 根据前瞻产业研究院发布的《中国主题公园行业发展模式与投资战略规划分析报告》显示，目前全国已累计开发主题公园旅游点2500多个，投入资金达3000多亿元，一座城市拥有多达10个主题公园的现象亦不少见。然而，十余年来，已倒闭的主题公园约占80%，当前仍在运营的主题公园中，有70%处于亏损状态，20%收支持平，仅有10%能维持较好的经营业绩，“一年兴，两年旺，三年平，四年下，五年关”竟成为我国主题公园建设的“魔咒”（范周、周洁：《正确理解文化领域供给侧结构性改革》，《东岳论丛》2016年第10期，第8页）。

方保护政策阻碍文化资源的流通，等等，[①] 也都是文化产业与其他经济部类具有共性的问题所在。

但与其他经济部类相比较，文化产业的供给侧结构性改革又自有其鲜明的特殊性。本文主要强调两方面的问题：一为人力资源，二为要素资源（主要指自然资源方面）。

当前中国经济之所以出现“三期叠加期”这一“新常态”，供给侧结构性改革之所以成为中国经济发展历程中的必然需要，和中国经济基础四十年来巨大的变革密切相关。近四十年的改革开放给中国人民带来了巨大福祉，彻底改变了中国贫穷落后的面貌，但也积累了相当多的历史遗留问题。人力资源的衰退就是一个无法回避的严峻问题。2010 年后，中国的人口红利基本被消耗殆尽，“刘易斯转折点”[②] 已然出现。而同时，中国经济部类“要素资源的供给约束日益加剧。过去三十多年，我国过度依靠投资和外需的经济增长模式，已使得能源、资源、环境的制约影响越来越明显。据统计，目前我国淡水、一次能源、钢材、水泥、常用有色金属等五类主要资源的平均消耗强度高出世界平均水平约 90%，是世界上国内生产总值能耗最高的国家之一。石油、铁矿石、铜精矿、铝土矿等重要矿产资源的对外依存度均超过 50%，进口压力不断增大。”[③]

但就文化产业而言，其所遭遇的问题状况却有其特殊性。

人口红利拐点的出现，对一般的经济部类至少会带来三大后果：一是劳动力成本上升，劳动力成本比较优势逐步减弱；二是由于老龄人口增加，人口抚养比提高，储蓄率将会下降，推高资金成本；三是劳动力人口总量减少，带来“民工荒”等用工短缺现象。这三大后果直接导致中国潜在经济增长率的降低。[④] 而对文化产业来说，劳动力成本本来就是相对偏高的，所需工人一

---

① 张晓明、王家新、章建刚：《文化产业发展进入“换挡期”》，《中国文化报》2016 年 5 月 14 日。

② 在发展中国家中普遍存在二元经济结构，在剩余劳动力消失之前，社会可以源源不断地供给工业化所需要的劳动力，即劳动力的供给是无限的，同时工资还不会上涨。直到有一天，工业化把剩余劳动力都吸纳干净了，这个时候若要继续吸纳剩余劳动力，就必须提高工资水平。否则，农业劳动力就不会进入工业部门，这个临界点就叫作“刘易斯转折点”。

③ 《为什么？——供给侧结构性改革的背景和思路》，人民网理论频道（http://theory.people.com.cn/n1/2016/0216/c402459-28127989-3.html）。

④ 《为什么？——供给侧结构性改革的背景和思路》，人民网理论频道（http://theory.people.com.cn/n1/2016/0216/c402459-28127989-3.html）。

般也是平均文化素质较高的技术工人，因此，用工荒、劳动力成本提升对整个产业来说冲击相对偏小。而老龄人口增加、人口抚养比提高，对文化产业的发展整体来说还可能是一种利好的、潜在的刺激因素。这意味着更多的人拥有文化消费的需要与闲暇，也意味着文化产业需要更为细致的产业分化：这样才能满足不同年龄阶段、不同教育背景、不同性别的人日益增长的不同趋向的文化消费需要。因此，人口红利拐点的出现和文化产业发展速率的降低也许没有直接的强相关性关系。

至于要素资源的供给约束，对文化产业部门的冲击似乎就更小了。诚然，现代文化产业的发展也无法离开水、电、土地、高科技等基本生产资料和生产条件的制约，不过，它更为根本的、决定性的生产资料，是那些属于文化领域观念意识形态上的东西。怎样界定这些“生产资料”的特殊性质，学界历来众说纷纭，不过万变不离其宗，它们大抵都与19世纪初期的俄籍德裔经济学家施托尔希所谈论的“内在财富”相关。施氏指出“健康、灵巧、才智、趣味、德行、宗教崇拜、安全、闲暇，就构成了我们称为内在财富的概念，即文明”①。马克思曾高度评价施托尔希的这种观点，认为他的学说揭示了斯密生产理论所未及的市场生产机制的某些重要侧面。马克思说，根据施氏的洞察，市场体制财富的积聚与资本再生产存在着一种较为特殊的方式：“然而原始的内在财富决不会因为它们被使用而消灭，它们会由于不断运用而增加并扩大起来，所以，它们的消费本身会增加它们的价值。……内在财富也像一般财富一样，可以积累起来，能够形成资本，而这种资本可以用来进行再生产……”② 萨伊也高度评价施托尔希的观点（虽然也有很多批评）。

根据马克思、施托尔希的基本论断，我们容易发现文化生产和其他经济部类生产方式的根本不同之处。普通的经济生产，无论利用多么先进的技术，它总要消耗一定的原材料与能源。这些生产资料一经耗费，其作为生产资料的物质形式即不存在，即归于虚无。其生产与消费的过程，就是破坏生产资料的既有形式、消耗有限资源的过程。可以说，经济生产的过程，就是一个有限资源

① 施托尔希：《政治经济学教程》（Heinrich Friedrich von Storch, *Cours d'économie politique, ou Exposition des principes qui déterminent la prospérité des nation*, Paris: J. P. Aillaud, 1823, 4 vol. in-8），萨伊1823年评注版，（第3卷）第223页。

② ［德］马克思：《剩余价值理论》（第一册），《马克思恩格斯全集》（第26卷第1册），人民出版社1972年版，第297页。

绝对减少的过程（工艺的改进、替代资源的发现在绝对意义上，并不能逆转这一进程）。但这一物质生产的铁律体现在文化产业方面就没有这么绝对的制约意义。在艺术生产上这一点表现得尤其明显。越是经典的、反复被演绎的作品，越容易获得市场上的影响力。有一种情况在艺术生产领域从不会出现：由于一个作品市场曝光率太高了，以至于它作为文化资本的内涵因此被消耗殆尽，于是，它就像一个老旧的、完成了历史使命的工厂一样，只能被废弃。莎士比亚是“说不尽的”，对中国人来说，四大名著等也是“说不尽的”。事实上，在文化产业领域，对既有文化资源的消费通常还是其内在财富积聚、增殖的开始。

因此，文化产业的供给侧改革不能按照一般经济部类那样部署展开，需要寻找属于文化产业的矛盾聚焦点和突破点。

二、“IP +”产业作为突破口

笔者认为，就中国文化产业当前发展的阶段、水平和国际国内现实情况来说，实现“IP +”产业的集群化或许是展开供给侧结构性改革的一条可行通道。本文在此尝试着对 IP 产业、“IP +”产业、“IP +”产业集群这三个概念略加讨论。

首先来讨论“IP”产业的基本内涵。

“IP”这一概念来自法律专业用词，是“Intellectual Property”的缩写，意指“知识产权”。从字面上看，IP 产业就是指以知识产权转化为基础的产业，可以泛指经济领域内一切涉及知识产权转化的生产活动。不过，在国际上，IP 产业的概念似乎一般和传统意义上文化创意产业的范畴有所重合，但更为强调这一产业形态的高科技蕴涵（如数字技术、VR 技术），跨（多）媒介转换与兼容的性质，以互联网作为产品展示、运输的主要平台等。当然，如果站在中国的立场来谈论 IP 产业的基本性质，我们认为它还至少包含了以下三种含义。第一，它从明确的司法意义上强调了对知识产权的尊重。中国社会通常对自然科学、金融管理等方面的知识产权较为尊重，而对文化产业方面涉及的知识产权较为忽视乃至漠视，有时甚至会以“点子”这样的说法随意打发从业人士的辛勤精神劳动。强调“IP”是从根本权益上保护了文化产业从业人士的核心利益。第二，它彰显了产业的国际性。在全球化的时代，文化产业开拓、服务的对象不可能只停留在国内市场。国际融资、版权的引进或输出等，均是产业发展的基础。但所有这些都必须以明晰的知识产权观念以及相关服务作为前提条件。第三，它彰显了产业自然的多元价值属性。也就是说，在IP产业的发展过程中，大量的文化惯例不再被当作一种先验的价值预设，强调多样化视角的生命力及其价值属性，如女性视角、少数民族文化的视角、日常视角等。简言之，能够经得住市场体制考验的视角，只要不违背国家的法律法规和社会基本风俗伦理，各种价值观念都可以被纳入至知识产权转化的运作系统中来。

我们当然也注意到，自IP概念走进中国开始，围绕着IP产业就有络绎不绝批评的声音。2015年，当所谓“IP热”刚露苗头的时候，就有媒体讽刺说：“果子摘完了，该种地了。”① 而当IP大火大热之际，有论者就批评它是毁掉文艺市场基础的“拿来主义”。② 还有学者认为源自网络文坛的IP产业，“与其说是作为源头的网络文学本身，倒不如说是变换形式对小说的粉丝进行深度的榨取”。③ 另有学者称“网络小说一旦和‘IP’联系起来，就要考虑‘市场的口味’，作者出现‘为IP而创作’的倾向，创作者的独立思考和使命感消失了”。④ 还有评论认为“不断地炒作现有的IP‘冷饭’，导致原创能力不断流失，并且加重整个电影行业链的浮躁气氛”。⑤ 这种种批评，有的是源于无知，有的是源自观念的保守，但不能不承认，大多数的批评都言之有物，切中了中国当前所谓“IP产业”的要害。确实，当一部又一部影响力很平常的网络小说的影视改编权叫价动辄900万元人民币以上（还声称是“友情价”），当一个网红随便就能拿到上千万的融资甚至获得近两亿的套现⑥，当业界的权威人士居然大言不惭地宣称“我们现在的方式完全是颠覆性的，我们不会再请专业编剧”⑦ ……的时候，这一行业的情状已不能简单用“盲

① 详见《影视界抢购网络小说达白热化：果子摘完了，该种地了?》，凤凰网娱乐版（http://ent.ifeng.com/a/20150428/42388025_0.shtml）。

② 详见《IP中的拿来主义，正在毁灭中国电影市场》，新浪专栏（创事记）（http://tech.sina.com.cn/zl/post/detail/i/2016-08-04/pid_8508137.htm）。

③ 杨早：《IP背后：网络文学的商业逻辑》，《团结报》2016年2月20日第5版。

④ 韦聚斌：《警惕影视圈的“IP泡沫”》，《南方论坛》2016年第2期，第29页。

⑤ 祖纪研：《莫用“IP”炒冷饭》，《人民日报》2016年1月31日第7版。

⑥ 2016年3月19日，微博红人“Papi酱”正式与“逻辑思维”CEO罗振宇签下盟约，获得1500万的融资；2016年12月8日，上市公司美盛控股以2.175亿元收购同道文化72.5%的股权，微博红人“同道大叔”减持股份近60%，套现约1.78亿元。

⑦《阿里影业副总徐远翔让编剧圈炸了锅，他说错了吗?》（http://money.163.com/15/1129/10/B9J41RTC00253G87.html）。

目”、“榨取”或“浮躁”等字眼来形容了。

但必须指出的是，上述IP产业的浮躁现象及其相关争议，根本的一点其实是来自业界人士对IP产业偏狭化的理解与构设。他们通常是用一种线性的思路来谈论“IP”，过分看重剧作改编在IP产业中的核心地位，以至于把其他产业活动都当成IP的下游产业。但这是一个很大的认识误区。因是之故，我们在此要引入“IP+”产业这一概念。

从根本上说，IP产业就是“IP+”产业。IP产业之所以能够被视作一种富有生机和活力的现代产业类型，并不是因为它有一个炫酷的名称，能够用一种特异的方式来表述著作权转化这一商业文化现象，而是因为它揭橥了一个普遍的产业现象。就是说，当文化产业发展到一定阶段后，自然会出现产业细分，知识产权和文化产品生产之间会出现复杂的网状联系，而不是简单的线性因果关系。马歇尔曾经谈到一般经济部类存在的复合需求和连带供给问题：

> 任何商品的总需求是……由需要它的那些不同集团的需求所组成。但是现在我们可以把复合需求这一概念推广到几组生产者所需要的生产必需品上。
>
> 几乎各种原料和几乎各种劳动都被应用在许多不同的工业部门，生产出许多各式各样的商品。其中每种商品都有它自己的直接需求①；从那种需求中可以求出它生产中所用的任何一种东西的派生需求，而这种东西照我们所曾述的方式“分配在它的各种不同的用途上”，这些不同的用途是彼此竞争的；相应的派生需求是彼此竞争的需求。但是在同产品供给的关系上，它俩是相互合作的；“合成”那汲尽供给的总需求，如同几个社会阶级对成品的局部需求加在一起合成它的总需求一样。②
>
> ……

① 关于“直接需求”“派生需求”，马歇尔的定义是：“面包直接满足人的需要。它的需求叫作直接需求。但是借以制造面包等的面粉机和烘炉间接满足人的需要，它们的需求叫作间接需求。一般说来：原料和其他生产资料的需求是间接的，是从借助它们而生产出来的那些可以直接使用的产品的需求中派生出来的。面粉机和烘炉的服务共同联结在成品面包中，因此，它们的需求叫作速带需求。此外，……有一种对其中任何一种辅助品在生产某种直接满足需要、从而有直接需求的产品时所提供的服务的连带需求。”（［英］马歇尔：《经济学原理》（下卷），陈良璧译，商务印书馆1965年版，第69—70页。）

② ［英］马歇尔：《经济学原理》（下卷），陈良璧译，商务印书馆1965年版，第75页。

现在我们可以考虑连带产品：这就是说，它们是不易独自生产的，是并存于同一来源的，因此，可以说具有一个连带供给，像牛肉与牛皮或小麦与麦草。这种场合是和有连带需求的那些东西的场合一致的……如同那些共同使用在同一个目的上的东西有连带需求一样，具有同一来源的那些东西也有一个连带供给。出于同一来源的单一供给可以分成许多来自它的那些东西的派生供给。

例如，……在澳大利亚的产毛区，羊肉的价格有一个时候是很低的。羊毛输出，羊肉只得留在本国消费；因为羊肉的需求不大，所以羊毛的价格不得不抵偿几乎全部肉与毛的共同生产费用。后来，低廉的肉价刺激了肉类加工出口工业的发展，现在澳大利亚的肉价比以前有所提高。①

当文化产业发展到需要凸显“IP”价值的时代，IP产业亦将生成非常复杂的产业业态与产业行为，形成复杂的“复合需求—连带供给”效应（版权授受是它原始发展阶段的主业）。套用马歇尔的澳大利亚羊毛与羊肉价格理论，我们完全能够设想IP产业可能出现的一种情景：某电影作品需要一种特殊的视觉效果，电影公司开发了一套制作软件，由于投入过大，以致公司在电影发行上的利润几乎都用来贴补软件开发。后来，由于该软件杰出的制作效果，它的使用授权倒使公司大大从中获利。更不用说在实际的生产实践中，还有更多跨国别、跨地域、跨部门、跨公司的合作转化IP的现象。凡此种种都说明，在当代产业活动中，IP经常成为一个自发性的聚焦点，来整合不同技术背景、不同利益诉求的力量。正是从这个意义上，我们认为当代IP产业就是“IP+”产业：IP产业总是需要联合、整合（也就是“IP+”）其他产业部类（部门）才能获得核心竞争力。

“IP+”产业涉及的业务部门很多，根据其性质，大体可分为四类。一为核心部门，如电影、电视剧、网络文艺、游戏、动漫、真人秀、主题公园、特色文化旅游、剧艺表演、会展等。这是IP产业的立足之本，也是该产业立足于人类的内在财富以满足人们各种文化消费需要的主要实现通道。其中尤其值得一说的是电影业。虽然表面看起来电影业自身的营销总额度或利润在“IP+”产业体系中都未必居于前茅，但它的综合影响力至今没有任何一个产

① ［英］马歇尔：《经济学原理》（下卷），陈良璧译，商务印书馆1965年版，第76—77页。

业部门能够比拟，它对其他产业部门连带的影响力和整合力也没有其他任何一个产业部门能够比拟。从现有情况看，它已成了整个IP产业兴盛与否及发展态势的风向标，并且这种行业地位还将持续相当长的一段时间。可能冲击电影业地位的，是游戏业。不过游戏业的发展极大程度上取决于相关科技发展的水平，社会各界对它接受程度和美誉度还需要时间来培育。第二类“IP+”产业部门可称为辅佐性生产部门，如科技开发、法律保障、教育、融资、营销、进出口贸易、人力资源等。这些部门严格说来都是独立于IP业之外的经济门类，当代IP产业必须强化与它们的合作，资源共享，优势互补，才可能获得一个较大的发展。第三类是流通部门，如互联网平台、传统宣发渠道、物流等。第四类是周边及下游生产部门。文化产业的周边生产讨论者已经很多，在此我们不多做展开了。图2-1是“IP+”产业所可能涉及的业务部门示意模型。①

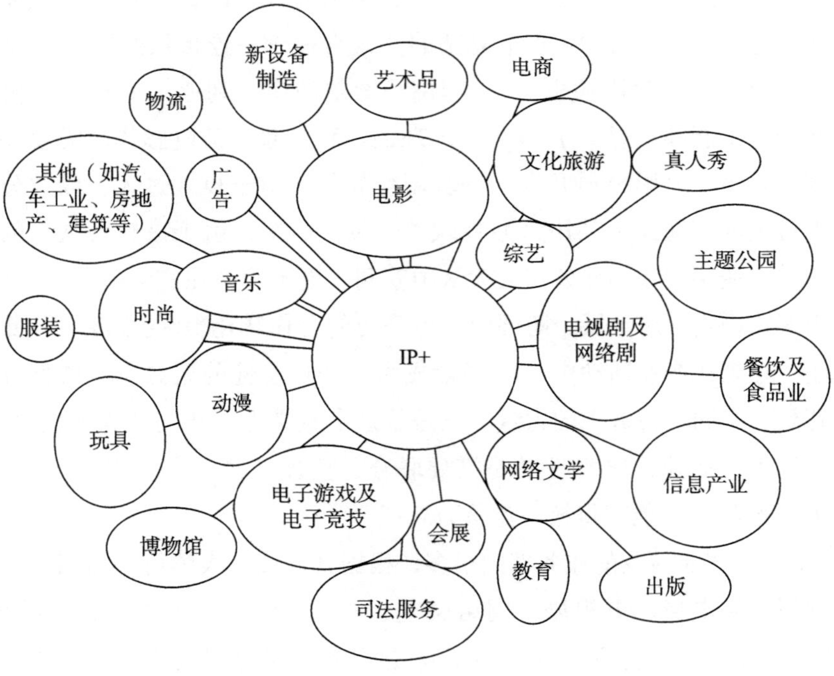

图2-1 “IP+”产业示意模型

根据以上讨论，引入“IP+”产业集群这一概念就有相当必要性了。容

① 本图参考了香港大学文化政策研究中心许焯权博士课题组的“文化产业带动和影响其他产业的爆轰模型”[《香港创意指标研究》(2005年)]。

易看出，在"IP+"产业系统的实际运作过程中，所谓辅助性生产部门、流通部门和周边生产绝不是核心部门的下线，它们和核心生产部门的关系不是一种"众星拱月式"的关系，并不紧密围绕核心生产部门而展开，而有相当独立的自我价值逻辑。① 即使是所谓"核心部门"，在具体实践中也有一个主次、轻重的问题，能够平行开展电影、电视剧、网络文艺、游戏、主题公园、特色文化旅游等业务的超级公司或地方政府是极其罕见的；通常情况下，一个公司、一个地方政府总是以一个或几个核心部门联动其他产业部门形成互动合作的产业网络，这个产业网络就可以称为"产业集群"。② "集群即指在某一特定区域下的一个特别领域，存在着一群相互关联的公司、供应商，关联产业和专门化的制度和协会。"③ 曾在里根总统产业竞争委员会任职的哈佛商学院教授迈克尔·波特指出，产业集群的基本功能是"优势产业以组群的方式，借助各式各样的环节而联系在一起，而不是平均分散在经济体内。产业集群是相关产业的紧密结合，例如，意大利有四成以上的出口是靠食品、服装和家用品等三大类产业集群，而运输、林业产品、金属等产业集群则占了瑞典总出口的五成以上。由于各个关键要素的运作和互动，我们可以看到强有力的产业集群如何发展。同时，这个架构也可以解释各个产业盛衰兴亡之道"④。产业集群"不仅仅降低交易成本、提高效率，而且改进激励方式，创造出信息、专业化制度、名声等集体财富。更重要的是，集群能够改善创新的条件，加速生产率的成长，也更有利于新企业的形成"⑤。

显然，"IP+"产业如要避免无序混乱的竞争状况，避免大量资源浪费、盲目发展、恶性竞争的现象，根据一种合理的机制来整合那么多的与"IP+"

---

① 如 Hello Kitty，商家是在该卡通形象大卖之后，再围绕这一形象来编织动漫故事的。就是说，所谓核心部门的运作倒是在其周边和下游生产部门之后的了。并且，该品牌运作的重心向来在周边和下游产品领域，其相关的动漫故事倒更像是一个添头了。IP 业这类情况很多，失败与成功的案例均有，在此不细加讨论。

② 确定也许有研究者在此会强调产业链的观念。但产业集群所包括的范围要远远大于产业链，它对地域空间的功能要求也与产业链不同。相关的辨析，可参见王缉慈《关于中国产业集群研究的若干概念辨析》（《地理学报》2004 年 10 月增刊，第 50—51 页）。

③ ［美］迈克尔·波特：《国家竞争优势》，李明轩等译，华夏出版社 2002 年版，（再版介绍部分）第 2 页。

④ ［美］迈克尔·波特：《国家竞争优势》，李明轩等译，华夏出版社 2002 年版，第 124 页。

⑤ ［美］迈克尔·波特：《国家竞争优势》，李明轩等译，华夏出版社 2002 年版，（再版介绍部分）第 3 页。

有涉的产业门类，将成为市场机制必然的选择。从这个角度说，“IP +”产业的集群化是文化产业发展到一定高度后产业体系自身的必然需要。

三、地方政府的责任

对于“IP +”产业集群的建构，在国家相关政策的引导下，地方政府理应也将会担负起更多责任。本部分重点讨论地方政府在发展“IP +”产业集群化过程中的地位、作用。

根据一般的产业集聚理论，以廉价的原料、大量劳动力的灵活性和廉价劳动力为竞争基础，走低端道路和低成本型的产业集群（low road，low-cost-based），是可能根据市场的调配机制和开放性的自由竞争来自发形成的。中国改革开放初期经济的起步就有赖于大量中小企业甚至微型企业相互靠近而且生产相似的产品，并由此形成了很多金属加工、木工、纺织、小商品、电料配件等的行业集群。但“IP +”产业集群明显属于高端道路和创新型集群（high-road，innovation-based），“其现象特征是创新、高质量、功能的灵活性和良好的工作环境：在良好的法规制度下企业间自觉地发展合作关系”①。此类型的产业集群是否也能主要依托自由竞争机制自发形成呢？从中国现阶段的实际发展情况来看，政府公共权力——这一只“看得见的手”的市场调配作用仍然不可低估。

笔者同意当前学界对于市场体制中各种政府不当作为的批评。不过，政府公共权力运用不当和遏制、贬否政府职能作用不是一回事。即使最为强调市场自由竞争的西方经济学家也不会低估政府的职能作用。波特也在强调市场自洽机制的“钻石模型”中政府职能是无法规约又不可低估的一个独立因素：“对政府而言，旧的对无政府主义和干预的区分已经过时。政府的首要任务是要尽力去创造一个支撑生产率提升的良好环境，这意味着政府在有些方面（比如贸易壁垒、定价等）应该是尽量不干预，而在另外一些方面（诸如确保强有力的竞争，提供高质量的教育与培训）则要扮演积极的角色。”② 而

① 王缉慈：《关于发展创新型产业集群的政策建议》，《经济地理》2004 年第 4 期，第 433 页。

② ［美］迈克尔·波特：《国家竞争优势》，李明轩等译，华夏出版社 2002 年版，（再版介绍部分）第 3 页。

在中国现阶段，在中国共产党的领导下，政府公共权力终将深度介入产业集群组合、配置中的各环节、各方面的事务，这是必然的事情。

事实上，真正应该考虑的问题是：应该由何种形式、何种地位、何种职能的政府公共权力介入到“IP +”产业集群的构建中来？根据笔者个人的见解，类似大型城市一级的地方市政府主动介入到这一产业运作中来可能会取得较好效果。中国那么大，历史那么悠久，地域差别那么复杂，可供 IP 转化的文化资源那么丰富，足以支撑多个各具特色，相互竞争，又互为补充合作的“IP +”产业集群。北京、上海会是自然的选择，天津、重庆、杭州、南京、成都、武汉、广州、西安、沈阳等城市在这方面将会具有较强的竞争力，如果情况理想，苏州、厦门、兰州、宁波等城市也有可能发展出具有特色的“IP +”产业集群。

我们主要从三方面来思考大城市的这种特殊职能作用。

第一，产业集群的落地问题。虽然像“IP +”产业这种属于高端道路和创新型集群，通常具有跨地域和跨国界的现象，但就其主体而言，它仍然有个落地的问题，总要落实到某个特定的地域并和该地域形成复杂的、富有地缘个性的联系。这是产业集群一个无法回避的现实问题：尽管在当前“投入要素可以从许多不同的地区获取，运输成本的降低也使许多公司再也没有必要把公司设立在原料来源地或者大的市场所在地”，但“这种公司集聚现象和复杂的公司竞争战略存在着密切的联系，现在还没有被我们所认知。因为在一个地点变得愈来愈不重要的时代，这种现象的确是一个很矛盾的问题，令人深思”；“地点在复杂竞争情况下所扮演的强有力角色与全球化趋势是不一致的”①。

第二，传统区域经济研究中关于“区域”的概念可能太宽泛。中国学界在讨论文化产业和区域经济问题时，“区域”的概念有时可能界定过于宽泛了，一些学者会按照“华东”“华中”“西北”等行政区划来讨论这些地域的文化特质，② 落实到具体问题，有些判断就不免过于大而无当了。以华东而

① ［美］迈克尔·波特：《国家竞争优势》，李明轩等译，华夏出版社 2002 年版，（再版介绍部分）第 3 页。

② 可参见李兴江、孙亮《中国省际文化产业效率的区域差异分析》（《统计与决策》2013 年第 20 期）、郑洪涛《基于区域视角的文化创意产业发展研究》（河南大学 2008 年博士论文）、代光举《区域文化产业竞争力与发展研究——以四川为例》（西南财经大学 2012 年博士论文）、袁海《文化产业集聚的形成及效应研究》（陕西师范大学 2012 年博士论文）等文。

论，浙江人大抵不会认为自己的文化与上海、福建、台湾（有些学者将台湾划入华东文化区）[①] 有太多近似之处（反过来，福建、台湾等地大概也是这么认为的）。就浙江自身而言，要辨析杭嘉湖地区、浙南、浙东、温州等地域文化有何不同，则估计不是费力的事情。根据现有的文献资料，我们注意到，当人们具体地谈论文化产业集群（或近似于集群的产业活动）时，都会突出某一两个城市在其中的核心作用。[②]

---

① 滕堂伟、翁玲玲、韦素琼的《中国文化产业发展的区域差异》（《经济地理》2014 年第 7 期，第 98 页）谈道：

文化区	文化亚区	涵盖省级行政单位
华北文化区	首都文化区、燕赵文化区、三晋文化区、齐鲁文化区	北京市、天津市、河北省、山西省、山东省
东北和内蒙古文化区	关东文化区、内蒙古文化区	辽宁省、吉林省、黑龙江省、内蒙古自治区
华东文化区	吴越文化区、八闽文化区、台湾文化区	上海市、江苏省、浙江省、福建省、台湾省
华中文化区	中原文化区、安徽文化区、两湖文化区、江西文化区	河南省、安徽省、湖北省、湖南省、江西省
华南文化区	岭南文化区、八桂文化区、港澳文化区	广东省、海南省、广西壮族自治区、香港特别行政区、澳门特别行政区
西北文化区	三秦文化区、甘陇文化区、宁夏文化区、新疆文化区	陕西省、甘肃省、宁夏回族自治区、新疆维吾尔自治区
西南文化区	巴蜀文化区、黔贵文化区、滇云文化区、藏文化区	重庆市、四川省、贵州省、云南省、青海省、西藏自治区

注：在胡兆量等人的中国文化区划中，将甘肃省、青海省的藏族分布区划分于西北文化区中，其余的非藏族分布区归入西南文化区。出于数据获取原因，本文对其进行二度划分。除了甘南藏族自治州以外的大部分地区，甘肃省以甘陇文化为主，故暂将其归入西北文化区；青海省除东北部属甘陇文化区外，大部分以藏文化为主，故暂将其划入西南文化区。

该图所列示的“文化区”对其“文化亚区”“涵盖省级行政单位”的统摄力是明显不足的，甚至是无法令人信服的。

② 李森、薛东前的《西安市文化产业与区域经济的空间耦合关系》[《陕西师范大学学报（自然科学版）》2016 年第 2 期] 对西安的讨论，高莉莉、顾江的《江苏区域文化产业竞争力动态分析及思考》（《南京社会科学》2013 年第 3 期）对南京、苏州、扬州等城市的讨论，傅才武的《论文化产业对区域经济社会发展方式转型的作用——以湖北省为例》[《华中师范大学学报（人文社会科学版）》2012 年第 4 期] 对武汉等城市的讨论，刘立云、雷宏振的《产业集群视角下的文化产业与区域经济增长》（《东岳论丛》2012 年第 3 期）对西安的讨论，周末、李东的《文化产业与南京区域经济发展》（《南京社会科学》2007 年第 5 期）对南京的讨论，胡惠林的《关于区域文化产业战略与空间布局》（《山东社会科学》2006 年第 2 期）对杭州的讨论等文献，均可参考。吴威的《创意产业与区域经济增长互动发展研究》（吉林大学 2014 年博士论文）等亦可参考。

另外，“IP+”产业大多与高科技、新兴文化现象紧密相关，产业的转型、转产、变更以及新产业的扶持等，均需政府部门应对敏捷。而在中国，不要说大区，就一个省级行政区，其管理的事物都足够纷繁复杂，从近乎原始阶段的经济形态到最新科技，可能都平行共存，因此也确实不可能提供很多快速的、具有针对性的行政服务。

第三，“IP+”产业集群需要一定的地域容纳体量。“IP+”产业落地之处，所在地需要有较为丰厚的历史文化底蕴（具有国内国际影响力和辐射力）、较发达经济基础（便于吸引人才、融资）、较好的教育基础（提供培养有素质的从业人员）及高科技园地（提供必要技术支持）等。显然，一般规模的城市、地区不可能具有这样的先赋条件，单靠政府的政策扶持将会事倍功半。

当然，中国尽管国土辽阔，文化资源底蕴丰厚，但所能容纳的“IP+”产业集群的大致的体量仍然是有限的。除了北京与上海，其他城市如欲在即将到来的“IP+”产业大整合、大发展中占得先机，率先在文化产业供给侧结构性改革中获得突破，相当程度上则取决于各市政府的有效行政能力。先发优势的重要性自不待言，“对企业而言，市场不分国内、国外，一旦产业结构有所变化。谁能抢先进入就能提高竞争力。能想到新战略并付诸行动的企业经常也能成为产业的全球领导者。……抢先行动的好处可以在全球竞技场中看到。动作快的企业可能先发展全球网络，进而建立商誉、规模并累积经验。这种优势即使无法永久，至少也能持续数十年。尽管英国的产业竞争力正持续下跌，但这个国家的烟草业、威士忌和瓷器业仍遥遥领先已持续达一世纪，原因就在这些企业很早就已拓展到全球的规模。这种情形同样可以在德国的印刷机业、石化业，美国的饮料业、电影业、电脑业及其他产业先进的国家中看到。”①

为争取先发优势，笔者认为，以下几方面的问题是各大城市市政府在筹谋“IP+”产业集群时所需优先考虑的事项。这些事项不但正是各级政府在供给侧结构性改革进程中应尽的职责，② 它们其实还各自包孕着某些不可替代

① ［美］迈克尔·波特：《国家竞争优势》，李明轩等译，华夏出版社2002年版，第60页。

② 李佐军说：“政府的主要职责是把法律、法规、标准和政策制定好，给企业和市场相对稳定的预期，提高其积极性和创造性。”（详见《结构性改革：改什么，怎么改——访国务院发展研究中心资源与环境研究所副所长李佐军》，《经济日报》2015年11月23日。）

的、先发先得的稀缺性文化资源。

首先，是IP运营中的法制建设问题。前文已经谈到，知识产权转换问题是IP产业的核心与基础，但就中国的现状来说，这方面的制度建设无疑是相对落后的，已跟不上形势发展的需要。因此，一个有远见、有责任心的地方政府，有必要依据宪法和国家已有的法律法规，根据现实情况出台有针对性的、具有示范性效应的地方法规。它们至少能够应对三方面的挑战。第一，有效保护国内、国际相关企业的知识产权。文化知识产权模糊地带比较多，连带责任复杂且烦琐，需要政府牵头组织专业人士加以研究，做到产业发展既有法可依，又不至于保护过度，动辄得咎。第二，合理应对区域、国际贸易壁垒与产业纠纷，保护地域内IP产业的应得利益。IP产业走向国际，参与国际竞争是产业发展的必然趋势，也是出路①，国际产权纠纷、诉讼必然增多。此种纠纷通常有着多元的解释空间，所谓“是非”往往和利益诉求直接相关。但中国学术界的研究还相对薄弱。地方政府显然有必要对加大投入，鼓励研究西方相关的诉讼案例、判例，完善法制建设，合理运用国际法中的惯例保护本地区产业的合理利益。第三，完善与IP产业相关的各方面法制法规的建设，明确政府相关工作部门的职责。组建相应的、具有直接针对性的法律研究机构、智库也许是有必要的。

其次，建立IP行业规范及标准。就世界范围来说，未来的产业生产是标准之争、规范之争，IP产业也不例外。但就中国目前的发展状况来看，不要说整个行业的规范及标准，就连较为简单的核心部门的核心数据，现在都还缺乏完备的整理和公认权威的评价尺度。比如电影质量该如何评价（其票房和艺术质量关联性怎样），国内就没有什么权威的标准，弄到现在，豆瓣评分几乎已成为“口碑”的代名词。豆瓣评分的规则当然有其合理性，能够代表部分人的欣赏趣味，在国内各评片体系中，相对来说有较强独立性，受外部因素干扰的程度较小，但它的局限性也很明显：评片人范围较小且不够专业，有一定随意性，评片对象不够全面，数据不够完整，评价国产片时常不够客观等。近来对豆瓣评分的批评，未必都切中要害，但也不算空穴来风。又比如近来涉嫌恶意炒作的“IP热”，其实并没有任何客观、公允的评价尺度。

---

① 王缉慈、林涛：《我国外向型制造业集群发展和研究的新视角》，《北京大学学报（自然科学版）》2007年第6期。

以2016年9月颁布的《中国超级IP－TOP100影响力榜单》① 为例，《19天》《盗墓笔记》《西游记》《斗破苍穹》《尸兄》《一条狗》直到《如果蜗牛有爱情》《橘生淮南·暗恋》等小说及漫画作品分列该榜“超级IP”前100名，每部作品后面还附有令人“不明觉厉”的影响力评分，如排名第1《19天》的总分是103.90，排名第3的《西游记》就只有72.87分，排名第30的金庸的《天龙八部》则到了23.30分，排名第98的《紫川》（该书于2000年前后出现，作者老猪，是中国最早的网络玄幻小说，曾引领一代网络小说的风气）得分是9.59。虽然所谓评分已精确到小数点后两位数，但外界根本不知道该排行榜对所谓“IP”的定义，IP所涉及的时段、国别范围，调查对象取样的人群、设定人群的根据、数据获得的方式，当然，更不知道其评分的设计模式、参照对象之类问题了。② 类似的排名与其说是建立标准，不如说是破坏产

① 2016年9月13日，清华大学新闻与传播学院主办的“IP现象与IP市场”研讨会在清华大学举行。研讨会还同时发布了由《传媒蓝皮书》课题组编撰的《2016中国IP产业报告》，报告选取目前已公开的IP影视项目，通过数据分析模型，对IP的影响力进行评估，并推出“中国超级IP－TOP100影响力榜单”［时光网（http://news.mtime.com/2016/09/14/1559650.html）］。

② 《中国超级IP－TOP100影响力榜单》排行前15名的作品分别是：

	IP	原著作者	原著类型	题材	总分
1	19天	old先	漫画	青春校园	103.90
2	盗墓笔记	南派三叔	小说	恐怖冒险	80.05
3	西游记	吴承恩	小说	仙侠神话	72.87
4	斗破苍穹	天蚕土豆	小说	玄幻奇幻	71.08
5	尸兄	七度鱼	漫画	恐怖冒险	51.76
6	一条狗	使徒子	漫画	玄幻奇幻	51.31
7	凡人修仙传	忘语	小说	仙侠神话	50.28
8	橙红年代	骁骑校	小说	青春爱情	47.38
9	三体	刘慈欣	小说	科幻	45.94
10	SCI谜案集	耳雅	小说	悬疑推理	44.97
11	超级兵王	步千帆	小说	军事战争	42.11
12	农家乐小老板	柴米油盐	小说	青春爱情	41.51
13	鬼吹灯	天下霸唱	小说	恐怖冒险	40.79
14	遮天	辰东	小说	仙侠神话	40.62
15	鲁滨逊漂流记	丹尼尔·笛福	小说	恐怖冒险	40.30

且不论排行榜“题材”划分的随意性，就事论事：像《19天》《尸兄》《一条狗》这样一些名不见经传的作品能坦然位列第1、5、6名，可谓不知所云。《西游记》居然排在第3名！人们又不知《三国演义》《水浒传》《红楼梦》的“IP影响力”究竟弱在哪儿了。《鲁滨逊漂流记》列第15名，算是外国文艺作品“IP影响力”最高的，又可谓非驴非马。如果论经典影响力，它当然不如荷马史诗、莎士比亚等作品，而论一般受众的接受程度，它难道就一定超过了《福尔摩斯探案集》、迪斯尼故事等西方大众文化名作吗？

业界本已十分脆弱的、自发的行业规则了。

因此，在IP产业大发展之际，由强有力的政府公信部门牵头，联合多方研究机构、企业单位、社会团体等建立多元化、权威性的评价体系就不但显得必要，也几乎是当前唯一可行的方案。因为“IP+”产业涉及面如此广，关联利益程度如此深刻，数据如此之多且涉及国家机密，恐怕没有一家单位能够独立完成。根据中国的现实情况，只有政府机关才可能投入巨资、超行业功利地整合如此之多的不同行业的资源。①

城市政府投入巨资建立（或参与建立）IP行业规范与标准，除了确立城市品牌，输出标准等软实力方面的战略意义，也有显然现实的实务价值。以市一级为单位成立IP数据中心与大型评价机构，以“大数据”为基础对城市IP运营提供决策依据，并对全市的IP业务系统进行动态管理、资源配置、市场监控与生产配置，有助于“IP+”产业部门之间加强合作，合理配置资源。此外，城市所建立的行业评判标准，对IP转化价值的细分、市场预期、开发潜力、可持续发展预判等，都能提供高效、实际且具有前瞻性的现实指导意见及行业数据。

最后，重视IP产业与传统行业的叠加效应，以及向移动端转流的技术发展趋向。重视IP产业生产作为互联网产业与传统文化行业的相加，是目前国内“互联网+”概念引导下经济发展新思路的具体实施动作。推进“互联网+”是中国经济转型的重大契机，势必将深刻影响和重塑传统产业行业格局。囊括网络文学阅读、网络终端游戏、网络视频观看等网生娱乐方式现有一个共同的发展趋势：向移动端转流。很多IP产业产品实现的终端（或终端之一），可能都有这样一个趋势。随着手机及平板上网技术的日新月异，这一趋势还有较大的放量增长的空间，移动端主导地位还将不断被强化。因此，急速加快IP产业内容向移动端转流的速度，把握该技术性趋势将是各大城市促进IP产业发展的重要动力源。

除了上述几点，建立、培养有技术前瞻性的人才梯队，关注IP生产的文

① 西方学者也强调政府部门对区域文化产业项目评价的主导性作用。他们认为政府部门较能保证评估结论的公正性和独立性，避免在发现问题、分析原因和做结论时避重就轻云云。独立性标志着评价的合法性。[参见 Paul Krugman，“Increasing Returns and Economic Geography”, *Journal of Political Economy*, 3 (1999): 45-60.]

化安全问题，加强政府的IP市场监管职能，促进城市的各项建设国际化发展、与国际接轨，充分认识IP国际化竞争的复杂性等，也都是各大城市应对“IP+”产业集群化过程中必须正面回应的问题。限于篇幅，本文就不展开讨论了。

对杭州市发展 IP 产业的建议[①]

近年来，随着国内互联网文化产业的不断发展，“IP”概念也应运而生。自 2014 年起，影视、动漫、广告等不同领域对于不同类型的 IP 表现出了极大的关注和热情，而其版权的归属也成了当下各方资本竞争的热点。文化产业内掀起了一股强烈而持久的“IP 热潮”。

我们认为，在不远的未来，中国将以大城市为中心，以发展 IP 产业为突破口，展开一系列涉及文化产业供给侧的结构性改革。IP 产业的优势之处在于，能够以较小的投入化解中国经济发展“三期叠加期”中那些深刻的结构性矛盾，如人口红利的消失[②]、要素资源的约束[③]等。按照中国当前的发展态势，IP 产业的蓬勃发展终将形成 IP + 产业集群的形态。

我们认为，IP + 产业应当成为杭州市产业发展的新业态、新常态。

---

① 本文是 2017 年为杭州市文化创意产业研究中心撰写的《创新发展杭州 IP 产业的思考及对策研究》中的部分内容。

② 人口红利拐点的出现，对一般的经济部类至少会带来三大后果：一是劳动力成本上升，劳动力成本比较优势逐步减弱；二是由于老龄人口增加，人口抚养比提高，储蓄率将会下降，推高资金成本；三是劳动力人口总量减少，带来“民工荒”等用工短缺现象。这三大后果直接导致中国潜在经济增长率的降低。而对文化产业来说，劳动力成本本来就是相对偏高的，所需工人一般也是平均文化素质较高的技术工人，因此，用工荒、劳动力成本提升对整个产业来说冲击相对偏小。而老龄人口增加、人口抚养比提高，对文化产业的发展整体来说还可能是一种利好的、潜在的刺激因素。这意味着更多的人拥有文化消费的需要与闲暇，也意味着文化产业需要更为细致的产业分化：这样才能满足不同年龄阶段、不同教育背景、不同性别的人们日益增长的不同趋向的文化消费需要。因此，人口红利拐点的出现和文化产业发展速率的降低也许没有直接的强相关性关系。

③ 一般经济部类的生产离不开水、电、土地、矿产等生产要素的制约。还有越来越严峻的环保压力。但 IP 产业的核心生产资料是文化资源，甚至对既有文化资源的消费通常还是其再生产、内在财富积聚、增殖的开始。

杭州市一直以来强调发展文化创意产业。所谓“IP+产业”并非新起炉灶或者是寻求替代性的地位。事实上，IP+产业与文化创意产业这两个概念是“一体两面”、互为补充、协同发展的东西。IP强调知识产权保护，文化创意强调创新。过分强调既有的知识产权保护，难免束缚人的思维（有时甚至容易鼓励人们投机取巧，弱化创业开拓的精神），但只强调创意创新，在现时代则不免侵权的风险，容易引发国内国际司法的纠纷，并进而引起一系列社会文化矛盾。两者兼顾，适当平衡，综合考量，是我国经济发展“三期叠加期”新常态对文化产业发展的客观需要。

就目前已掌握的数据及资料来看，杭州政府对于繁荣发展当地文化创意产业与IP产业已给予高度的关注并积累了一定经验，取得了令人瞩目的重大成果。但就长远发展来看，杭州市政府对于IP产业的潜能，对自身在引领IP+产业集群发展过程中职能、作用、地位及具体应对策略的认识上，也还有一些可以研讨之处。因此，我们将基于杭州市文化创意产业的现状，从何谓IP+产业集群、杭州作为地域中心城市的机遇与挑战两方面展开讨论。

一、发展IP+产业集群

【这部分的内容与《试论“IP+”产业的集群化问题——兼及文化产业的供给侧结构性改革》重合，为避免重复，收入本文集时删去。】

二、发挥地域中心优势，打造“IP之都”城市活名片

受互联网+产业发展模式的影响，IP产业已成为文创产业核心层中的核心。IP的高度创造性、转换性、参互性，正将杭州推向互联网时代中文化创意产业发展的全新制高点。

最近几年，杭州地区以信息服务、设计服务、现代传媒、教育培训、文化休闲旅游等行业为主的文创产业（亦即IP产业）核心层都呈现出快速发展的态势。2016年，这些产业实现增加值2107.52亿元，增长22.4%，增幅高于文创产业整体1.2个百分点，核心层增加值占全部文创产业的82.9%，同比提高1个百分点，较2011年提高15.4个百分点。

在客观上，IP+产业在杭州地区已初步形成集群化的产业发展态势，在

一个可以预见的将来，它必将成为当地经济发展和社会综合治理一个新的增长点，一个符合现代环保理念和可持续发展的高端产业业态。

在这里我们要强调的则是，在此种产业发展大势下，杭州地区的公共权力部门应该做什么、能够做什么的问题。这一点与IP+产业集群较为独特的发展模式有关系。我们认为，IP+产业集群发展中的一个核心问题是中心城市的引领模式，其实质是依托区域范围内经济中心的集合力量，收编周边地区文化产业的零散势力形成的“产业集群”。此处的“集群”并不单指在地理意义上的相互靠近并产生关联的企业与机构，同时指处于同一产业领域内具有协同发展关系且具有弥合互补性质的企业单位。这种关系群体包括：劳动者、企业、政府。三方的共生关系促成产业集群的形成。一直以来，空间环境是发展产业集群所强调的重点。对于文化产业中的细化部分IP产业来说也不例外。

根据中国各地政治、经济、文化及历史蕴涵的实际情况，北京、上海可能会自然地形成某种类型特点的IP+产业集群。而由于经济总量的限制和地域辐射效应的关系，天津、重庆、杭州、南京、成都、武汉、广州、西安、沈阳等城市，也可能包括苏州、厦门、兰州、宁波等，将以竞争性方式争夺发展“IP+”产业集群的先发优势。

对杭州来说，这是机遇也是挑战。

杭州市目前已经是国内IP产业的重要集聚地，具有相当明显的竞争优势。这优势体现在杭州既有的经济基础、工业与科技基础、历史文化底蕴、政治地位、国际知名度与影响力、地方特色制度建设、教育资源、交通、人口规模等多方维度之上。

为应对即将到来的更为剧烈、复杂的产业竞争，我们建议杭州市政府有必要在以下方面加大力度，挖掘潜力，推动IP产业集群真正在杭州地区落地生根，使得IP产业成为杭州的活名片，让杭州成为真正意义上的“IP之都”。与此同时，注重杭州“IP之都”的城市符号价值及品牌价值的实现，强化城市文化形象建设，聘请专家设计配套文化宣传方案，提炼出“杭州模式”的IP品牌格调，确定文化核心价值。同时，在城市的视觉形象、主题音乐、宣传标语、品牌符号等方面不断探索，为杭州文创及IP产业设定较为醒目、妥帖、可预期的发展空间。对于“IP之都”的杭州来说，国际化潮流与产业生命力要两手抓，才能吸引世界各地的企业与英才，延续G20杭州峰会效应，让全国乃至全世界的目光聚焦杭州。

在客观上，“IP 之都”作为城市名片能够与国际上其他著名的城市品牌（如伦敦的“开放、迷人、自信和动力无限”品牌等）形成竞争性关系。

（一）发挥地方政府制度优势

首先，高度发挥地方政府公共权力介入的制度性优势，是释放当地文化产业（包括 IP 产业）潜在的制度红利的重要做法。以杭州市为例，其作为地域中心城市，可在未来的文化产业供给侧结构调整过程中以地方政府为基准点，进行有所针对的具体改革措施。如何将地方政府的制度限制由阻碍转化为优势，是当下区域性文化产业发展的重要课题。

杭州市作为中国现代化工业起步较早的文化古都之一，在人才、技术、文化资源上都具有巨大的先发优势，杭州市历届领导班子也都充分认识到文化产业的战略意义，这是作为中心城市所具备的优厚条件。下一步，则需要将地方政府的公共权力优势转化成为发展当地文化产业的动力机制。在重视市场的基础上，政府职能需要重新定位和调整，需要理顺体制机制，实现行政流程再造。将发展文化产业的政府职责进行地方化的性质归属，一改以往文化生产体制改革的“大一统”策略，从区域角度入手，根据地方经济实力与文化特性，同时，在尊重社会主义市场规律的前提下，地方政府宜恰当运用所掌握的公共权力，对于当地文化产业进行细化布局，并对具有巨大市场潜力和时代特征的 IP 产业的前景形成良好战略预判，优化顶层设计、合理布局、整合资源，同时高效地服务相关部门和产业链的各环节，建设“服务型”地方政府，并以此深化以“制度创新”为重点的供给侧结构性改革。在制度阻力向制度优势的转变过程中，地方政府将会是具体动作的重要落实者，面对地方文化产业（包括 IP 产业）的深化改革，我们需要的不仅是勇气与决心，更是在地方政府引导下的系统设计与专业化技术解决方案。

在中国共产党的领导下，政府公共权力必然、必须在经济发展中起到指导性作用。没有必要回避、讳言这一只“看得见的手”的职能作用（如何避免行政权力过度介入市场机制的消极作用，是另一个话题，但毕竟是属于次要作用方面的话题）。

（二）建立大型评价机构

由地方政府牵头建立权威评价体系，确立 IP 行业规范及标准，是对一些导致相关文化生产过程中发生严重问题的制度缺陷具有重大修补性意义的具体工作。以杭州 IP 产业为例，地方政府宜根据当地 IP 生产的特性与实际问题，制定地方性 IP 生产标准与淘汰机制，并牵头联合多方研究机构、企业单位等建立多元化且具有权威性的评价体系。

建立大型的 IP 评价机构是制定其评判标准的重要实现方式。该机构应以数据及市场监测机构的信息采集和分析工作为基础，定期发布《杭州地区网络文学 IP 排行榜》，并依据杭州市地方文化产业发展特征制定具体生产标准。同时，成立相关网络文化产业办公室，并以“政府主导、学者到场、企业参与”的基本组成原则，为当下杭州地区以及浙江省网络文学 IP 产业提供具有现实依据及高度参考性、操作性的 IP 开发与运营方案，通过统一的网络文学 IP 评价价值体系进行作品检选。此外，地方政府还应建立 IP 产业的电子公共服务信息平台，增大当地 IP 行业公共服务的运营效率，并从市级层面对于 IP 的价值评测、市场预期、开发潜力进行可行性建设与可持续发展的预判，以提供高效的、实际的、前瞻的 IP 开发现实指导意见及建议，为杭州地区范围内的 IP 开发及运营工作保驾护航。此大型 IP 评价机构将以政府的公信力作为担保，剔除商业利益的因素，进而提供相对客观、中立、有效的 IP 行业数据，实现该部门服务的精准化、高效化，以最终实现数据、评价、服务一体化开发模式。

（三）成立大型 IP 数据中心

以中心城市为单位成立 IP 产业数据中心，是地方政府可以有所作为的巨大潜在空间。就世界范围来说，未来的产业生产是标准之争、规范之争，IP 产业也不例外。以市一级为单位成立 IP 产业数据中心，以“大数据”为基础对杭州市 IP 产业运营提供决策依据，并以此对全市的 IP 业务系统进行动态管理、资源配置与市场监控，进而减少资源浪费，降低生产成本，使其产品价值得到最大限度的开发。

成立 IP 数据中心，是提升 IP 生产效率、控制 IP 开发风险、优化 IP 产品运营的重要实施手段与基础建设工作。21 世纪以来，我国企业信息化和电子商务的建设得到全面提升。信息系统被广泛应用，信息化建设正在经历着以技术中心向数据中心的快速转变，这一转变以互联网为基础传播渠道正在无形地加速着各个行业信息壁垒的瓦解。“大数据”已经成为当下市场资源走向的重要风向标，它的核心价值就是对海量数据进行储存与分析，而实现盈利的关键则在于对于数据的运用，以求对产业提供决策依据并实现数据的增殖。对于杭州市IP产业的发展来说，突破地方的数据信息壁垒，加快深层次信息建设以及大面积的数据采集已经是行内迫在眉睫的共同任务。建立大型数据收集机构并承担数据分析工作，运用云计算手段，综合杭州地区IP的生产、运营、开发及转化现状，并对其发展潜力给出公正化且具有预见性的评判。同时，建构基于数据中心的数据对比体系与数据服务体系，收集国内其他省市地区IP开发数据信息，并与杭州做比较，以加强数据中心的资源广泛性，使其数据信息服务资源标准化、体系规范化、平台权威化，对部门行业数据进行统一集中的管理，并对数据进行多维、智能分析，为相关决策部门与企业单位提供具有高度真实性的数据资源。

根据杭州目前的现实情况来看，IP产业的生产标准几乎没有得到重视。若短时间内组建相关平台较为困难，那么先从小入手，优先出台相关网络文学作品排行榜、电影评论综合指数排名、IP改编排行榜、游戏产业运营白皮书等举措是必要的，可行的。

（四）打造有特色的龙头产业

任何一个地区发展IP+产业集群都必然有其地域特点的优势产业与龙头产业。杭州的IP产业在当今“泛娱乐”经济链中居于上游位置，成为当下国内文化产业中不可忽视的一股力量。我们认为，以网络文学为中心，推动、打造杭州市有特色的IP龙头产业，可能是另一可行之道。杭州市作为中国网络文学IP的主要生产地之一，以其独特的“杭州模式”巩固着全国IP生产的领导地位。创作类型的全面化发展、高度敏感的市场意识以及强大的作家创作群体，为本地的IP产业奠定了强势的实力基础，为杭州网络IP生产乃至浙江省互联网文化产业的共同进步起到了强力的推动作用，并在国内文化产业中树立了不可动摇的标杆式地位，现在亦走向了国际文化的大舞台。网络文学产业具有投入小，收益大，转型灵活等特点，值得关注。

本研究报告即以杭州市网络文学发展的整体情况及其发展潜力做了较为

深入的个案研究。

在此，我们认为有必要对目前的“文创特色小镇”的建设表示一定的忧虑。特色小镇的思路和模式是好的，杭州地区发展的总体情况也是好的，但还是应该注意避免长官意志、蜂拥而起，应注重对于所谓特色小镇IP品牌价值的评估。以浙江某地以某伟大戏曲家为名的特色小镇建设为例，此戏曲家除了短期任职以外，与该地并无直接联系。对其的投入产出比显然不可能有好的预期。近来，又有一个地方小镇据说在酝酿以本地某一著名现代革命文学批评家为中心，建设一个国家级的文学创作小镇。但该批评家创作成就极其寻常，社会美誉度和影响力也仅限于当地和专门的研究者，其名字能否符号化，成为自然推动当地文化旅游业发展的一个因素，相当可疑。文化特色小镇投入巨大，动辄以十数亿为单位，它们应当摆脱国内文化园“一年兴，两年旺，三年平，四年衰，五年关”的恶性循环周期。政府职能部门应该慎重把握手中的公共权力，对那些明显连“一年兴”都做不到的“特色小镇”，尤应谨慎。

（五）重视IP产业与传统行业的叠加效应及向移动端转流的技术发展趋向

重视IP产业生产作为互联网产业与传统文化行业的相加，是目前国内“互联网+”概念引导下经济发展新思路的具体实施动作。推进“互联网+”是中国经济转型的重大契机，势必将深刻影响和重塑传统产业行业格局。另外，囊括网络文学阅读、网络终端游戏、网络视频观看等网生娱乐方式正在实践着一个共同的趋势：向移动端转流。随着手机及平板上网技术的日新月异，其主导地位被不断强化，急速加快IP产业内容向移动端转流的速度，把握该技术性趋势是促进杭州市IP产业发展的重要动力源。

（六）增强产业国内、国际竞争力

对于IP产业中的合作研究开发工作来说，杭州市政府有较大的提升空间。根据现有材料，有关部门似乎把杭州师范大学当作了主要的创意产业合作研究平台，似乎连浙江大学都少提到，这种工作思路有些可议之处。杭州师范大学的科研能力显然远不足以应对即将到来（事实上已经到来）的IP产业竞争所出现的各种新生的及传统的问题。其实，包括北京、上海在内，也没有一个城市能依托自己单独的力量来解决这类问题。

有关部门还应强化国际竞争的意识。如今的区域性文化产业发展所面临的已不再是国内其他地区的竞争，面向国际的合作与竞争将成为业界常态。对于此，地方性 IP 产业集群的任务不再只是内部的政策调整与资源优化，而是要形成外向性产业集群。对于其相关的法规建设、行业规则、意识形态更替等方面的工作都需要提上日程。面对 IP 具体运营过程中的人才、技术、资金等不同问题，地方政府宜以开放性的姿态制定相应政策，对于台港澳、新马泰、日韩、欧美发达国家以及其他国家和地区形成不同梯度上的建构与分化方案，以使视野更加广泛，姿态更加包容，根据不同城市作出对应的 IP 输出方案调整。面对国际化竞争的大潮，杭州市政府应充分认识到西方制度体系贸易壁垒的顽固性、国内 IP 市场的不成熟、从业人员法制意识的淡薄、知识界能量储备的不足，以及“西方中心主义”观念带来的负面影响等。所以，在国际竞争中，地方政府应重视在合理合法且符合国际惯例、市场惯例的前提下，对 IP 产品进行国际化的推广与引进，在文化产业制度建设的基础上进行 IP 产业体系建设。将作为中心城市的杭州市推向中国乃至世界文化生产的第一线。

（七）发展 IP 产业电商模式

在互联网的时代中，IP 产业的发展与传播得益于当代科学技术进步所制造出的快速、便捷、高效的传播途径，网络社交工具的发达也使 IP 产业不同领域的融合差距变得扁平。而在此种群体性社交工具流行的现状下，电商的产业价值与影响也日益凸显。电商的出现已经改变了互联网时代的消费习惯，网上购物、缴费、充值等方式因此得以完善和成熟。对于 IP 产业来说，电商所蕴含的强大消费惯性动力将牵动 IP 发展的走向。在移动社交的时代，用户对于 IP 的认同感及识别度，将会直接影响 IP 商业模式的形成与 IP 商业价值的提升，由电商输出的 IP 内容，将会在互联网及其平台的格局中持续放大。因此，对互联网核心用户的把握是进行 IP 早期运营的关键，而后通过社交工具进行传播，并发展 IP 产业特属的电商 B2B（Business to Business）与 B2C（Business to Customer）等模式，通过社交平台建立交流环境以促使 IP 价值的无限放大，从而衍生出移动社交电商的良性生态，打造 IP 产业链中成熟的电商推广圈，最终实现跨领域、跨平台的 IP 生产与电商产业协同发展的成熟商业运作模式。

（八）关注 IP 法制建设问题

在当下社会发展阶段，国内知识产权的保护体系正在形成，IP 产业的发展带来了多种新型的现实问题与挑战。作为 IP 运营中心城市的杭州来说，虽然已具备相当高程度的法律维权意识，但整体看来，产业内的相关法制建设工作没有被充分地提上日程。这将增大 IP 产品在开发及国内外推广过程中的风险。因此，无论是出于对 IP 的保护还是打破贸易壁垒的现实考虑，都需要具有针对性的司法上的服务及保护。其中，对于 IP 产权的输出保护是重点，杭州市政府在建立符合本地相应的地方法规的同时，还应完善独立发展的跨区域、跨行业对应专门部门，并组建 IP 产业研究机构，共同致力于 IP 法制建设与知识产权保护的重要工作。值得注意的是，此项举措也应设定限度，预防过度保护。在符合相关法律法规的前提下，简化保护执行程序，并增强其操作性与可控性。杭州市政府应以市级为单位，建立地方性政策法规，以出产高质量的 IP 为目的，不与其他地区恶性竞争，充分发挥地域优势，保证资源分布的合理性与资源整合的协调性，以做好 IP 产业的全国性带头示范作用。如若条件允许，杭州市政府还有必要牵头组织成立与 IP 相关的法律、法规研究机构。

（九）关注 IP 文化安全问题

由于互联网环境的复杂性与其创作的匿名性，互联网线上内容的低俗化、同质化倾向日益显著。由于网络作品质量优劣无明确评判标准，内容也很难审核，网络中的不良信息如细菌般滋生，腐蚀着网络环境的生态健康。因此，建立地区范围内的筛选及淘汰机制就显得十分重要。通过对本土生产的网络文学作品进行筛选、过滤以及评分等相关工作，提炼出本土精品网络文学 IP，并将其推广至其他文化生产领域，以达到全行业的 IP 转换覆盖。据现有资料，对于杭州 IP 产业中的文化安全问题的性质判定与规范条例，尚未形成较成熟的整体方案。如何在遵守相关法制规则的基础之上，为杭州本地及外来的创作者与企业提供相对自由的创作氛围与宽松的创业环境，是发展杭州文化创意产业不可规避的重要课题。

（十）强化政府 IP 市场监管职能

对于杭州来说，无论是文化产业或是 IP 产业，如若谋求大的发展，必定需要政府职能部门进行协调。就杭州的现状来看，政府部门对于该领域仍存在“多头管理”的情况，内容分工不明晰，职责范围未划定。因此，杭州市政府是否需要考虑增设更具权威的政府职能部门来管理、协调 IP 产业相关事务？

对于 IP 市场中的资源垄断、市场泡沫、粉丝炒作等不良市场现象，杭州市应深化政府监管作用，加强政府责任意识，在尊重市场规律的前提下，对于杭州尚未成熟的 IP 运营模式进行官方的政策扶持与市场引导，同时以鼓励杭州 IP 产业个性化发展为基本原则，依据实际运行地方性反垄断机制、制定 IP 资源输出系统、发展 IP 行业“无隙化操作”、定期清理 IP 盗版，并建立 IP 版权责任委员会，完善相关惩戒制度等。

（十一）建立、培养有技术前瞻性的人才梯队

据已有资料显示，杭州市政府在文创及 IP 产业相关人才的引进与梯队建设工作方面虽已在行进之中，但略有盲目之嫌。根据杭州出台的《关于加快文化创意产业人才队伍建设的实施意见》而大力实施的“青年文艺家发现计划”等专项工程，虽已有 4500 万元的专项资金及多种优惠政策出台，但所引进的对象多半并不具备较高的商业价值。以 2016 年重点引进的麦家、余华、赵志刚、蔡志忠、朱德庸等为例：余华的文化地位当然是高的，但影响力集中在精英知识分子阶层，大众接受度很有限，把他当作重要文化人引进是一回事，把他当作重要“创意产业”的人才引进就是另一回事了；麦家、蔡志忠、朱德庸曾经有很大影响，但客观地说，他们在当前年轻人中的影响力已经很有限了，略有过时之嫌；而杭州是越剧人才辈出之地，赵志刚在极盛期也未必能够成为杭州越剧 IP 的担纲者。

还需要指出的是，杭州在人才建设方面，似乎主要只强调了人才的引进一面，而忽视了打破地域界限一面。而在新媒介条件下，有关部门应该拓宽思路，广纳各种对杭州抱有善意、有参与建设的人才力量。浙江、杭州自古以来文风昌盛，又是近代开埠最早地区，各方面人才都很多，遍布海内外，他们未必能够定居杭州，但很多人都愿意为建设乡土出力献策。杭州应该针

对这类人才出台有针对性的互动的工作计划。此种投入，比单纯的人才引进，有时显得事半功倍。——当然，这种合作方式还理应拓展至国际领域。

另外，细化人才梯队、建立相应培育机构也是完善杭州市 IP 产业链的重要基础。鉴于 IP 生产及运营等相关从业人员的专业素质整体偏低，业内专业水平参差不齐，一些常规化、组织化的人才培养和引导工作亟待进行。对于杭州市来说，IP 产业运营中如管理、营销、宣发、技术、法制等不同梯度的人才仍十分缺乏。因此，将 IP 创作、技术开发、运营管理、法制建设等多方并重，细化培养方案，优化资源储备，建立正确完善的人才梯队模式，才能充实杭州市 IP 行业基础并引导 IP 产业走向新高度。

艺术品价格构成因素探究[①]

一、市场情况

中国艺术品市场在近几年经历了一个暴涨阶段，市场体量已从几十亿元人民币攀升至数千亿元人民币。不过和其他细分市场的情况相仿，艺术品市场的急剧动荡在创造了各种机遇的同时，也难免夹缠着不确定因素。其中，一个突出的现象就是：艺术品价格虚高的情况严重。很多时候，一些公认的大师作品并没有得到承认，而一些很成问题的作品，甚至仅仅是玩票性质的作品，却被炒至令人咋舌的高价。[②] 尽管在当前各种天价拍卖价格早非新闻，但人们却很少追踪这些天价拍卖品是否真的已然成交。一个冷酷的事实是：中国拍卖行业最终付款率最近几年都不过是50%出头而已[③]——真可谓假拍盛行。

排除市场经济中难免的炒作、追涨杀跌因素，以及社会中各种不良现象（比如互相做托，哄抬价格等），本文所要指出的一个问题核心则是：中国艺

① 本文曾发表于《江苏行政学院学报》（2016年第3期），发表时有删节。选入本文集时略有修改。

② 马云油画的天价拍卖事件是一个非常有代表性的案例：2015年10月4日晚，在香港的苏富比拍卖会上，马云和曾梵志合作的油画《桃花源》，以130万元港币起拍，最后被一位神秘买家以3600万元港币拍下。最后成交价是起拍价的27.69倍。不过此次拍卖所得款项据说将全部捐赠给桃花源基金会，用于环境保护公益事业，因此本次拍卖或许还有些艺术品售卖之外的因素。

③ 中国人民大学经济学院黄隽教授指出：中国拍卖业最终的付款率在2011年是51%，2012年是56%，2013年是56%，2014年是54%。（黄隽：《在“2015艺术品价值与价格国际学术研讨会”上的发言》，2015年9月25日，四川大学艺术学院、成都清源际艺术中心主办。亦可参见其《艺术品价格指数如何用》，《21世纪经济报道》2015年1月26日。）

术品价格容易出现虚高、倒错的情况与我们缺乏有足够公信力的解释艺术品价格剧烈浮动的理论有关，至少从深层次的中国社会运作机制来看是如此。可以想见，在一个发育较为完善的市场体系中，一位理性个体在参与市场活动时，他能够运用一种或几种价格模型对商品的各种基本特性及其隐含价格或影子价格作出分析（诚然，他对这些价格模型的理解可能完全是基于感性经验的、出于一种潜意识状态的）。而中国的现实情况是，艺术品作为一种商品，原则上应当如何被分解成几个组成部分，这些组成部分中有哪些因素又怎样以可计量的方式、在何种程度上满足消费者的欲望（亦即直接影响价格），这些因素之间又构成怎样的数量变化关系等，现均未见有成熟而系统的讨论。

因此，本文不揣谫陋，尝试着对影响艺术品定价的主要因素的问题略做讨论。

进入讨论之前，有几个问题需要预先加以说明。

第一，本文不涉及价值与价格关系的讨论。

我们认为，既然价值（商品价值）是“无差别的人类劳动的单纯凝结”，“使用价值或财物具有价值，只是因为有抽象人类劳动对象化或物化在里面”①。那么它就体现了人类劳动的全部面相，它对人类的意义，绝不仅体现在商业利益方面，而且体现在政治、法律、文化、宗教、军事、科学研究、风俗或其他社会运动方面。换言之，人类劳动产品的价值意义很多时候是无法用商业利益来换算的，这些层面的内容哪怕进入市场流通也很难被精确估算（因此也就显得没有什么经济学意义上的讨论必要）。

价格是人类劳动产品在商业利益上的量化表现。在这个前提下，人类劳动产品的所有价值构成方面都自然转化成了可量化计算的商业元素。但这种量化尺度所考量的仅是该产品商业价值的一面，不足以推衍产生其他引申结论。换言之，价格所关联着的主要是由于供需不平衡关系所引发的对商品货币标量的高低涨落变化。

第二，本文所考量的是一个社会秩序相对稳定、经济结构也处于相对稳定状态环境中的影响艺术品价格涨落的理性因素。

---

① ［德］马克思：《资本论》（第一卷），《马克思恩格斯全集》（第23卷），人民出版社1972年第1版，第51页。

社会秩序不稳定的情况下，艺术品价格的涨落普遍没有理性可言，故没有讨论价值。

从宏观经济发展的角度看，社会经济的发展变化必然影响艺术品价格的变化。学界对此已有不少讨论。① 但本文欲讨论的是在相对单纯的市场条件下影响艺术品价格的因素——因为在绝大多数情况下，消费者的行为仅是较为单纯的市场逐利行为，并不考虑太多的政策面或国际、国内因素。

政治②、教育③等外部力量如何影响、操纵甚至支配艺术品价格变化的因素，也不在我们讨论之列。

---

① 可参见王晓梅《论中国艺术品市场阶段性发展及其价值价格形成机制》（《现代财经》2007年第9期）、胡静等《论艺术品价格形成机制与投资策略》（《现代经济探讨》2008年第2期）、芮顺淦《论中国艺术品市场的价格均衡》（《价格月刊》2008年第7期）、雷原等《艺术品份额价格波动的市场因素分析——基于天津市文化艺术品交易所案例》（《经济问题探索》2011年第10期）、陈晨《我国艺术品市场价格的影响因素研究》（《中国物价》2013年第8期）等。还有一些硕、博士学位论文的研究也含有参考价值。相关研究文献很多，笔者在此仅就过目之文献简略枚举一二。

② 一名中情局人员说明了美国中央情报局深度介入现代以来艺术的艺术变更潮流："说到抽象表现主义，我倒是希望我能这样说：它是中央情报局的发明创造，只要看一看纽约和后来的索霍区发生的情况，你就明白了。我们认识到这种艺术与社会主义现实主义毫不相干，而它的存在却使社会主义现实主义显得更加程式化、更加刻板、更加封闭。这种对比关系就曾在某些展品中加以利用。当时，莫斯科对于任何不符合他们那种刻板形式的东西，都不遗余力地进行谴责。所以我们可以有足够的依据准确无误地推断，凡是他们着力大肆批判的东西，我们都值得以某种方式加以支持。当然，这类的事情只能通过与中央情报局保持距离的组织或行动机构来做。"研究者指出大名鼎鼎的现代艺术博物馆就是同中央情报局保持相当距离而运作的，因此就为该局的意图提供了可信的掩护和伪装。对现代艺术博物馆的各委员会和理事会进行一番考察即可发现其中散布着与中央情报局的联系。

一个很有趣的现象是：推动这类工程进程的人可能对现代艺术是根本不感兴趣的。1948年，杜鲁门在对霍尔拜因和伦勃朗的各种不同画作凝视欣赏之后，在日记里写下了以下的话："观赏这些完美的作品真是一种享受，不由得想起现代派那些偷懒和疯狂的画作。两者相对照就像把基督与列宁相比。"

菲利普·多德强调指出："我们需要把一切艺术同时代联系起来，这样我们才能理解艺术，这一点是毫无疑问的。为了了解抽象表现主义，我们需要了解它为什么出现在欧洲和美国之间的关系十分特殊的时期。从政治上说，是历史推出了一代激进主义者；从国家的角度看，他们出现的时刻正是美国在战后成为唯一的文化上独霸天下的国家。我们必须了解这一切才能对抽象表现主义取得的成就作出评价。但是他们的艺术却又不能因为当时的状况而遭到贬低。不错，中央情报局确实插了手，我同其他任何人一样为此感到悲哀，但是这并不能解释抽象表现主义艺术为何如此有分量。这种艺术能够取得如此的成功必有艺术自身的因素。"（可参见桑德斯《文化冷战与中央情报局》，曹大鹏译，国际文化出版公司2002年版，第284、293、313页等处。）

③ 布尔迪厄的《国家精英——名牌大学与群体精神》《再生产——一种教育系统理论的要点》《艺术的法则——文学场的生成与结构》等书对相关问题有深入的讨论，在此不做赘述。

第三，我们将艺术品分作收藏类和非收藏类两个基本大类。

既然谈论艺术品的定价，我们就需要对何为“艺术品”做一个界定。学界在谈论定价问题时，有意无意将“艺术品”置换为“美术品”的概念。“根据文化部2004年7月1日最新发布的《美术品经营管理办法》，艺术品是指绘画作品、书法篆刻作品、雕塑雕刻作品、艺术摄影作品、装置艺术作品、工艺美术作品等及上述作品的有限复制品。在以拍卖行为主的艺术品二级市场中，将艺术品分为中国古代书画、近现代书画、油画雕塑、当代艺术、陶瓷杂项等五大板块。”① 尽管在现实中，有关定价的争议的确往往出现在《美术品经营管理办法》所涉及的各种艺术品中，但将艺术品视同美术品仍是不够周全的做法。

按照笔者个人的看法，凡属传统、风俗以及最新的艺术观念变化所认同的人类精神产品，均可视为艺术品。凡艺术品均可按市场规律进行货币标量。按照市场规律，艺术品在进行货币标量时，有两种实现其价格追求的基本类型：一是收藏性艺术品，二是非收藏性艺术品。所谓收藏性艺术品一般具有以下特点：具有民事能力的法人通过对具体对象物物权上的占有来实现自己的欲望，这种欲望包括精神上的满足、癖好的实现以及商业利益的追逐（亦即经济上保值、增值的目的）。在当代社会中，经济上的目的在收藏活动中日趋主流。所谓非收藏性艺术品，一般指那些无法通过物权占有来满足特定个体欲望的艺术品，如大众媒介生产的作品；当然，在现代此类作品还包括那些强调一次完成、不可复制的艺术品，如行为艺术等。

这两类艺术品所需考虑的定价因素大不相同。

二、影响价格的因素

影响收藏类艺术品价格的因素可从以下几个方面来讨论。

（一）时间

时间是影响艺术品价格一个最直观的因素。一般说来，时间因素将直接

---

① 樊瑞莉：《我国艺术品市场的特征及其价格实现途径》（《价格理论与实践》2010年第10期）。马健《我看古玩艺术品价格的影响因素》（《艺术市场》2007年第3期）一文处理的方式也近似。

影响商品的稀缺程度。相似类型、相似质量的艺术品，其价格的差异与其时代的历久性有明显的正相关性。

但如果艺术品的生产距其售卖的时间非常近，时间因素不直接影响商品的供需关系，则时间因素在定价中发挥的影响就可能很小，甚至几乎不发生作用。当然，售卖时间与艺术产品成品时间的这种时效关系及这种时效关系的波动范围，不同类型的艺术品有各自的区间。①

（二）制作水平

制作水平是收藏品艺术质量的替换性的说法，至少在讨论艺术价格时基本如此。

质量高低将直接决定价格高低，这是一个直观的事实，无须讨论。不过问题在于，艺术品质量高低的判断和其他形式的商品有两个基本的差别。其一，它对人的欲望的满足程度带有一种主观的随机性质，不同的人对艺术品质量的高低的认定方式有很大差异，这导致同一艺术品在不同收藏个体中可能自然存在定价上的巨大落差。而其他形式的商品，只要类型近似，根据满足人的特定欲望的程度，就能够比较其质量高低。其二，艺术品对人的欲望的满足不少时候具有不可替代性，就是说那一种特定的满足方式很难重复出现，人们不大可能通过感觉的重复积累求得边际价格。

从本质来说，艺术品的质量是不能被量化计算的。

不过，在市场定价的实践活动中，人们可以通过其他知识性积累寻求可

---

① 国内有些研究可能过高估计时间因素在定价方面的绝对作用。李庭新、李书声称：“文化产品的价值虽然从表面上看来是模糊的，但实际上它是可以衡量的，可以计算的。通过不同的方法可以在文化产品的不同方向上改变价值，提高价值。”［参见李庭新、李书《文化产品价值的经济学分析》，《市场周刊（研究版）》2005 年第 3 期，第 95 页。］李文甚至对文化产品的价值（李文所谓“价值”基本属于商品价格方面的问题）给出了一个计算模型。但该模型很可能极端高估了文化产品（自然也包括艺术品）价格计算中时间变量的重要性：“时间是文化产品中很重要的因素。一件在远古很平凡的物品，在现在就价值连城就是因为时间。”这个观点是很成问题的。一件远古的东西，是否值钱，其关键因素恐怕在于稀缺的程度及其在历史文化中的固有地位。而时间的影响力因素，很多时候是由于某一特定物品存世越久存货就越少这一特点才得以放大。可能有一些东西单纯是因为时间的因素而获得增值，但这未必是常态。而另外不少艺术品，比如某些波普艺术作品，其价格就与时间没有关系（有时甚至与时间成反比）。

行的替换方法。尽管艺术品的质量原则上不能被量化计算，但人们根据常识和专业知识，会发现在绝大多数场合，制作水平的高低与艺术品质量的高低有着非常强的正相关性。对于社会大众来说，在讨论市场定价时这两者几乎可视作等价命题。

所谓制作水平，大致涉及三个方面：难度、材质、作品本身的唯一性或难以替代性。

判定水平高低，难度是最直观的标准。制作难度考验了制作者的水平，通常也就折射了产品的质量水平。所谓返璞归真、化繁为简等，同样是难度水平的体现，是一种有更高水平的难度等级。

作为收藏品的艺术品，其制作水平有时直接体现在材质上。材质本身的贵重是问题的一方面，另外，在类型题材上某些特定材质的加工难度（或稀缺性）也直接影响作品定价的高低。

考察制作水平的高低，一个直观的标准就是考察该作品是否容易获得替代物。越高妙的艺术品，就越难以被重复；反过来，越难以被重复的艺术品，一般就越代表了高度的艺术成就（如王羲之的《兰亭集序》）。

（三）名望

所谓“制作水平”的认定总不免带有主观的痕迹，尤其一时一地地对所谓“制作水平”的判定，更难免如此。因此，收藏品价格的判断通常还需要借助一个外在的、具有历时效应的因素，即名望。收藏品的名望由社会文化界享有公信力的专业机构（组织、个人、著作）协商得出——当然，这种“协商”经常不是面对面的交流，而是跨越时空的精神交流。

艺术史对作品、作者或类似作品的著录是对收藏品质量最权威的认定标准。这里所谓“艺术史”既指近现代以来的艺术史专著，更指历代以来可考的历史文献中的相关记载。近现代学科意义上的艺术史专业的有关记载，毕竟也来自历史文献。

但艺术史不是一个恒定不变的概念，它自有其创新与变化。这主要体现在两个方面。其一，传统历史文献对今天所谓各种类型艺术品的由来未必都有记载。近现代以来对艺术品观念的新拓展产生了一些新的分析、评价方式。

它对艺术品价格定价的影响力也是极为巨大的。① 其二，何谓“艺术”？何谓“高超的艺术”？艺术评价的概念在不断变化之中。这种变化体现在艺术观念范式剧烈转型的年代（19 世纪末 20 世纪初国际美术界对印象派批评话语立场的转变是一个很好的例子），也体现在艺术观念变更看起来不那么剧烈的时代：业界对艺术品的评价尺度总不时会产生一些微调，而落实到具体的作品上，这种微调所产生的就是巨大经济利益上的差别了。李可染《万山红遍》在 2012 年能拍出近 3 亿元人民币的价格，就与业界对当代中国画的评价尺度与视角发生变化有关。

从这个角度说，艺术史的书写、艺术理论的新开掘的价值意义体现在经济层面，最终就是艺术品定价权如何确立的问题。

最后需要说明的是，现代国家体制建立后，官方国家机构及其附属有效机构对艺术家、艺术品的评价，如“工艺大师”头衔的授予、评奖的奖项等，都是确定艺术品名望并进而估算其价值自然的重要参考系数。它们不是绝对有效的，但通常相对有效。

（四）锚定效应

对艺术品的需求总的说来都可归入弹性需求之列，其定价难免夹杂着相

① 元青花的发现是一个很好的例子。20 世纪 20 年代，曾有一对年款写为“至正十一年”的元青花瓷瓶出现在北京古玩市场。中国古玩界因“元代无青花”的共识而放弃了它们，结果这对瓷瓶被英国人珀西瓦尔·大维德爵士（Sir. Percival David）收走。50 年代初，美国学者波普（Dr. J. A. Pope）（见其《14 世纪青花瓷器：伊斯坦布尔托布卡普宫所藏一组中国瓷器》《阿德比耳寺收藏的中国瓷器》）以大维德收藏的这对瓶为标准器，对照土耳其和伊朗两博物馆收藏的几十件与之风格相近的中国瓷器，将所有具有象耳瓶风格的青花瓷定为 14 世纪青花瓷。后来中国学术界将这种类型的青花瓷定名为“至正型”元青花，这对瓶也被称为大维德瓶，成了公认的“至正型”元青花断代标准器。

元青花的判断标准及定价权因此就掌握在了西方学术界的手中。这是艺术史研究影响艺术品收藏极有代表性的一个个案。

具体到大维德瓶是否足以成为元青花断代的标准器这样一个具体的问题上，笔者则认为似乎还不无商榷余地。孙瀛洲《元明清瓷器的鉴定（续）》（《文物》1996 年第 3 期），张永安、黄美翠《“至正型”青花瓷器概说》（《陶瓷研究》1999 年第 2 期），耿宝昌《元代青花瓷器鉴定》（《收藏家》1995 年第 2 期），王志军《试论元末明初青花瓷》（《中国文物报》2004 年 8 月 11 日），黄清华、黄薇《至正十一年铭青花云龙瓶考》（《文物》2010 年第 4 期），赵燕《元至正十一年青花云龙纹象耳瓶铭文考辨》（《新美术》2013 年第 4 期）对元青花的风格产地、生产方式、风格特征有很好的揭示，不过《大英博物馆藏至正十一年青花云龙纹象耳瓶是民国仿古瓷》（高家炬，http://blog.sina.com.cn/s/blog_3f94e2810102v9z3.html）一文所提出的多项疑点也有认真思考的必要。

当的主观成分和不确定性。笔者认为，所谓“锚定效应”① 是考虑其定价一个难以回避的心理机制。如果该艺术品曾被重复出售，人们对其价格判断的第一依据是其先前的出售价格；如果该艺术品未有出售记录，则同类艺术品的出售记录将成为直接的参考依据。这是一种无意识的心理行为，但经常影响艺术品的实际售卖价格。

并且，考虑到锚定效应中人们对数字估价的精确心理刻度②会随着数字变大而变大。就是说，数字越大，人们内心无意识中对自己估计的精确程度越容易放宽。③ 因此，在越大额度的艺术品售卖买卖双方都需要寻求一个对自己有利的、较有理性色彩的价格初始锚的抛落之点。这也许是市场逐利行为真正产生（或损失）巨大经济利益之点。

在发育不够成熟或投机色彩较为浓厚的市场活动中，锚定效应扮演着相当重要的角色。在较成熟的市场机制中，重复议价将使艺术品的售卖趋于理性，但锚定效应的潜在作用力仍然不可低估——因为这毕竟是一种普遍存在的心理效应，并且，初始锚的落定之点总是多少带有一些偶然性与随意性的。

---

① 锚定效应（anchoring effects）是指在不确定情境的判断与决策中，人们的某种数值估计会受到最先显现的数值信息即初始锚的影响，以初始锚为参照点进行调整做出估计，但这种调整往往不充分，使得其最后的估计结果偏向该锚（即高锚会导致较高的估计，低锚则导致较低的估计）的一种判断偏差现象。（参见李斌等《锚定效应的种类、影响因素及干预措施》，《心理科学进展》2010 年第 1 期。）

② 与真实世界的尺子一样，心理数字行也有不同的精确度，可以称为刻度。……人类在数字加工中表现出刻度的可变性。在市场估价中，价格估计值的标准差随着物品价格的升高而不断增加，这表明刻度的可变性可以充分地表征数量的心理结构。（参见曲琛等《锚定判断中的心理刻度效应：来自 ERP 的证据》，《心理学报》2006 年第 8 期。）

③ 关于锚定效应曾有一个很有代表性的心理测试。例如，对 2 组被试分别提出下列 2 个问题：

(1) 8 × 7 × 6 × 5 × 4 × 3 × 2 × 1 = ?

(2) 1 × 2 × 3 × 4 × 5 × 6 × 7 × 8 = ?

要求被试者在 5 秒内估计出其乘积。结果发现，被试对第一道题的估计的中数是 2250，对第二道题的估计的中数是 512。两者的差别很大，并都远远小于正确答案 40320。

据此一个合理推断是：如果对 2 组被试分别提出下列 2 个问题：

(1) 9 × 8 × 7 × 6 × 5 × 4 × 3 × 2 × 1 = ?

(2) 1 × 2 × 3 × 4 × 5 × 6 × 7 × 8 × 9 = ?

要求被试者在 5 秒内估计出其乘积。估计两组测试对象估计的中数也将远远小于 362880 这个数字，并且，其数字与 362880 实际差别则将远远大于前一测试组估计的中数与正确答案之间的数差。这就是说：数字越大，心理刻度的尺度将被放宽，它与正确（合理）答案之间的弹性也将变得越大。体现在商品售卖行为中，这弹性区间和价格（利益）的波动区间可能具有正相关性。

（五）文化与时代风尚的影响

在世界范围内得到普遍公认的收藏性艺术品的种类其实并不多，大部分艺术品的价格受到其流传地区有特色的文化氛围的影响，尤其受到国家、民族特殊文化价值观念和趣味的影响。比如，随着中国经济实力的壮大及购买力的增强，玉石、翡翠、国画的价格近十余年来有了极大提升。① 这显然与中国（华裔）买家群体对中国审美文化的强烈认同意识有关。

艺术品定价有时还受时代风尚的影响。邮票价格在 20 世纪 90 年代中期的过度攀高就是一个典型个案。②

（六）地域与其他因素

地域也是影响艺术品定价的一个重要因素。

这就是说，相当一些种类的收藏性艺术品，在不同的地域它的售卖价格不能相同。尤其在它们以拍卖（或类似拍卖）的方式进入市场的时候，其拍卖场所所处地域不同将直接影响定价。一般说来，拍卖价格的高低与其所处地域的国际金融影响力成正比。举例来说，同样一幅梵高的作品，在香港拍卖和在纽约拍卖价差可能是很大的。

---

① 翡翠近来的价格飞涨明显有一些炒作的因素。不过，它的市场价格在底部有较强力的支撑，似不容易出现崩盘的现象。相关讨论可参见戴铸明《谈目前翡翠的价格走势及市场消费情况》（《宝石和宝石学杂志》2011 年第 1 期）、王涛《长期看好翡翠市场》（《大众理财》2013 年第 10 期）、包德清《从翡翠原石交易看翡翠市场的发展趋势》（《宝石和宝石学杂志》2014 年第 5 期）、滕玲《翡翠告别价格飙升的年代》（《地球》2015 年第 9 期）等文。

② 即使在市场活动非常有限的年代（如 20 世纪 80 年代），中国邮市就有过几次大的行情波动，近来则更有一些深刻的变化发展。其中原因之一，或许与中国社会对邮品保值与升值空间有较乐观估计有关（这种乐观情绪又和长期宣传、教育有关，在此不赘述）。可参见赵景东等的《邮票投资与股票投资多元化问题研究——基于中国和英国的邮票价格指数研究》[《南京师范大学学报（工程技术版）》] 等文。刘格文《大热大冷的邮票行市——北京月坛集邮市场巡礼》（《中国邮政》1980 年第 2 期）作为难得的历史文献，其中记录的信息值得重视。《中国邮市历史回顾》（http://wenku. baidu. com/link? url = bIBtOAOZj7eQvwbfeuSt6dofqPzNu5Tc4AiQyeETr1p-vLLR-oD7fVsk5nuIzm4W64SDdUSg0q1TXX63c682F2TSTcTcHfeCaPOOLKPvclO）、《邮市发展阶段与历史回顾》（http://blog. sina. com. cn/s/blog_155d9d4790102wwyb. html）、《1978—1998 年中国邮票个人总结，不代表别人观点》（网址 http://tieba. baidu. com/p/3218691238）等网文也许在细节上有可商榷处，但对那个时代的历史记忆大体是准确的。

也就是说，艺术品的定价原理可能与“一价定律”① 有扞格之处。

影响艺术品定价的因素非常复杂，但更多的思考已超越笔者的能力范围，因而就此打住。

三、一些认识误区

作为一种商品形式，非收藏性艺术品和一般商品之间没有根本区别。个体无法通过对它的物权进行排他性的占有来获取利益，相反，它需要很多人在一定规则下参与到对物品所有权和使用权的再分配活动中。一般说来，越多的人介入其中，产品物权的葆有者收益就越高。因此，它的定价原则与一般的商品形式基本接近：总是与市场的供需情况、生产商的投入产出比以及售卖者的盈利预期等因素紧密相关；在资源自由配置的条件下，它们单位（单件）商品的价格是趋于理性的，在一个相对较窄的区域内波动。

非收藏性艺术品的生产及消费是所谓新兴的文化（创意）产业的主要构成部分之一。

因此，在谈论文化产业这一板块的生产运营问题时，考量非收藏性艺术品作为商品的特殊性显然是很有必要的，理解这些特殊性将有助于人们更准确、理性地预判各种市场情况，以形成非收藏性艺术品作为商品的合理价格。对这方面的问题，我国的学术界、产业界并非全无认识，但由于资本力量过分的侵入，导致在一些人眼中，艺术品完全地被等同于其他一般形式的商品了，这就形成了一些很有中国特色的认识误区。其中，以下几个问题值得重点讨论。

第一，艺术品的使用价值如何转化为资本的问题。

德裔俄籍经济学家施托尔希曾提出了一个关于“内在财富”的观点。他认为，人类有一类财富的集聚形式可称为内在财富。内在财富和物质财富一样，都有一个财富积累的问题，并且，和物质生产一样，内在财富的积累可

---

① 所谓“一价定律”指在自由贸易条件下，同一商品在世界各地的价格是一致的。即同一商品在各国以不同货币的价格经换算后应是一致的，否则，会产生国际商品套利行为，商品的国际流动最终会消除同一商品在各国间的价格差别。（可参见陈湛匀、王超华《一价定律存在的解析》，《学术探索》2003 年第 1 期；亦可参见韩胜飞《从一价定律看市场整合研究的信息要求》，《国际商务——对外经济贸易大学学报》2010 年第 3 期。）

视作其扩大再生产的资本。但和物质财富不同的是，内在财富是通过消费而获得积累的。像钢铁生产，无论利用多么先进的技术，它总要消耗一定的铁矿石与能源。这些生产资料一经耗费，其作为生产资料的物质形式即不存在，即归于虚无。如果还要生产同样分量的钢材，就必须消耗同样数量的铁矿石与能源。简单地说，生产与消费的过程，就是破坏生产资料的既有形式、消耗有限资源的过程。严格地说起来，物质生产的过程，就是一个有限资源绝对减少的过程（工艺的改进、替代资源的发现在绝对意义上，也不能逆转这一进程）。但有趣的是，这个在物质生产中作为铁律的事实，在非物质生产过程中似乎是不存在的——准确地说，很大程度上不能对非物质生产构成制约性关系。马克思非常赞成施托尔希这一见解。他进而指出："然而原始的内在财富决不会因为它们被使用而消灭，它们会由于不断运用而增加并扩大起来，所以，它们的消费本身会增加它们的价值。……内在财富也像一般财富一样，可以积累起来，能够形成资本，而这种资本可以用来进行再生产……"①

在艺术生产的过程中，这一点表现得尤其明显。越是经典的、反复被演绎的作品，就越容易获得市场上的影响力。有一种情况很少在艺术生产领域出现：一个作品市场曝光率太高了，以至于它作为文化资本的内涵因此被消耗殆尽，于是，它就像一个老旧的、完成了历史使命的工厂一样，只能被废弃。②

中国学界在这个问题上已颇有共识。

但我们所要指出的是：这只是问题的一个方面。当我们谈论艺术品在其使用、消费过程中转化为资本的时候，还必须认识到，这种资本的转化不是简单完成的（好像一个投资领域突然涌进了一笔热钱）。此种"资本"仍需

---

① ［德］马克思：《剩余价值理论》（第一册），《马克思恩格斯全集》（第 26 卷第 1 册），人民出版社 1972 年版，第 297 页。对施托尔希理论较详细的讨论可参见陈奇佳《马克思精神生产理论的当代诠释》第 4 章（人民出版社 2011 年版）。

② 比如像八个样板戏，虽然在一段时间内完全成了人们讽刺或批判的对象，但随着人们对其所承载的那段特殊历史时期的淡忘，人们对它们较为单纯意义上的艺术层面的成就又渐有肯定之势。笔者认为，其中很重要的一个原因就是，样板戏中一些经典的段落，如"智斗""穷人的孩子早当家"等，当年所积累的文化资本太过雄厚，以至成了我国社会的一种文化无意识和文化消费本能。所以，一旦政治气候有所变化，市场仍会产生自然的、一定的消费需求（当然不可能再像过去那么炙手可热了，但"文革"时期本来就不是正常的状况，那时也没什么文化市场可言）。

按照一些学者的意见，当今样板戏的一定程度的复活，还有其他一些社会、政治层面的因素。笔者赞同这种说法。不过这并不影响我们上述的分析。

生产者结合当时当地的情况，在充分发挥自我精神主体生产积极性的前提下，才能在下一轮的艺术再生产中发挥很好的作用，艺术品的使用价值转化为资本并在消费中得以积聚这一效应才能真正实现。不然，所谓消费也仅是消费而已，此种情况下的艺术生产仅是在挥霍前人流传的艺术资本。属于简单劳动性质的所谓“艺术生产”将很快迎来边际递减的情况。

我们也许应当更多重视文化消费中的边际效应问题了。①

第二，非收藏性艺术品的生产投入问题。

有一种流行的观念认为：既然创意是文化产业的活的灵魂，那么相应的生产投入就应当集中在创意的一面。又有人进而推衍：创意本身是看不见、摸不着的，所以，成功创意的外化表现形式就是宣传、发行、沟通渠道等，说服别人接受自己的产品就等于创意了。

不能不说这些观点是相当片面的。

虽然文化生产，尤其是艺术品的生产（哪怕它们是最通俗普及性的作品）总是极其强调创意、想象的重要地位，但是，作为一种产业业态，所有创意的实现又总是和当时的物质技术水平联系在一起的，否则就不可能有成规模的商

---

① 所谓文化生产的“边际效应”问题指的是：某一种产品由于过度的开发，使得市场对其的接受出现边际递减的情况，某些流行文化现象甚至某些文体因此没落、衰亡。

歌德对古希腊悲剧衰亡原因的解释，某种程度上就包含了这一对文化生产边际效应的洞察。他说：

说某一个人造成艺术的衰亡，我决不赞成这种看法。有很多的因素在一道起作用，但这一点是不易说明的。希腊人的悲剧艺术很难说是由于欧里庇得斯而走向衰亡的……

即使欧里庇得斯的作品比起索福克勒斯的作品有很大的缺点，也不能因此说继起的诗人们就只模仿这些缺点，并由于这些缺点而必然灭亡。但是，如果欧里庇得斯的作品具有很大的优点，有些甚至比索福克勒斯的作品更好，继起的诗人们为什么不努力模仿这些优点呢？为什么就不能至少和欧里庇得斯一样伟大呢？不过在著名的三大悲剧诗人之后，没有出现过同样伟大的第四个、第五个，乃至第六个悲剧诗人，这个问题确实是不易回答的。我们只能做些猜测，多少可以接近真理。……

如果当时的情况就像我们可怜的德国现在这样，莱辛写过两三部，我写过三四部，席勒写过五六部尚可的剧本，那么，当时希腊也很可能出现第四个、第五个乃至第六个悲剧作家。

但是当时的希腊人所创作的作品多得不可胜数，三大悲剧诗人每人都写过一百部或接近一百部的剧本。荷马史诗中的悲剧题材和希腊英雄传说中的悲剧题材，有一部分已用过三四次了。在现有的作品如此丰富多彩的情况下，我认为人们不难理解，题材和内容都要逐渐用完了，继三大悲剧诗人之后，没有哪个诗人还能知道更好的出路。

说实在的，他再写有什么用处呢！当时的剧本不是已经很够用了吗？

[艾克曼：《歌德谈话录（全译本）》，洪天富译，译林出版社 2002 年版，第 155—156 页。]

品生产。换言之，如果创意、想象能够和当时最先进的物质技术关联起来，那么，这种创意就必然有发前人所未发之处——知识无可想象，这是明显的事情。因此一个自然的推论就是：掌握了先进的物质技术不能保证有好的创意，但在相同条件下，率先掌握新技术确能保证在创意的新颖程度上领先一步。

如果考虑到非收藏性艺术品大多依托大众传媒而生，大众媒介技术的发展对所谓大众艺术的决定性作用是十分明显的了。马克思、本雅明、麦克卢汉①等已谈论得太多，我们在此不必重复。

如果说在市场条件下，所谓艺术创意的简单重复是一种不可避免的事情，那么，依托新的物质技术来调和审美疲劳、延缓市场边际递减反应，就是唯一可靠的手段了。从这个角度看，我们也不妨说："创意有限而技术无限。"

中国文化产业粗放经营的时代已经过去。技术投入（包括相关技术开发与积累等）应当在非收藏性艺术品的生产成本上占据越来越大的比重。

第三，某些非收藏性艺术品的定价具有集群性效应。

相当部分依托大众传媒进行生产的艺术品，其产品的收益不是通过一次买卖而形成的；它可能是一个相当长远的时间过程，并且主要依托其周边产品的开发。

如动画电影《狮子王》，它的票房累计收益到2015年已届9.87亿美元，其中只有一多半的收益来自1994年它在世界各地轮回播映的票房收入。② 而

① 本雅明《可技术复制时代的艺术作品》，麦克卢汉《理解媒介——论人的延伸》《机器新娘》《古登堡星汉璀璨》对相关问题的讨论已引起学界广泛的回响。事实上，马克思、恩格斯在这方面也有很深刻的论断，在此略引一段："桑乔（桑乔，马克思、恩格斯在《德意志意识形态》中给施蒂纳取的绰号之一——引者注）所谓的人的工作，除去他的一些官僚主义的幻想之外，也就是通常人们所了解的机器劳动以及随着工业的发展逐渐改用机器的那些工作。……桑乔以为，拉斐尔的绘画跟罗马当时的分工无关。如果桑乔把拉斐尔同列奥纳多·达·芬奇和提戚安诺比较一下，他就会发现，拉斐尔的艺术作品在很大程度上同当时在佛罗伦萨影响下形成的罗马繁荣有关，而列奥纳多的作品则受到佛罗伦萨的环境的影响很深，提戚安诺的作品则受到全然不同的威尼斯的发展情况的影响很深。和其他任何一个艺术家一样，拉萨尔也受到他以前的艺术所达到的技术成就、社会组织、当地的分工以及与当地有交往的世界各国的分工等条件的制约。像拉斐尔这样的个人是否能顺利地发展他的天才，这就完全取决于需要，而这种需要又取决于分工以及由分工产生的人们所受教育的条件。"［马克思、恩格斯：《德意志意识形态》，载《马克思恩格斯全集》（第3卷），人民出版社1960年版，第458—459页。］

② 1994年该片上映时票房收入为4.23亿美元。可参见《史上票房最高动画片top10〈狮子王〉摘得第一》（http://www.cccnews.com.cn/2015/0330/64463.shtml，http://www.boxofficemojo.com/alltime/world/）。一般地说来，电影上映年份的年度票房即为该作品最主要的票房收入，但一些口碑极好的作品可能打破这一惯例。

它的舞台音乐剧自1997年问世后，世界各地巡演的票房收入在2014年已破62亿美元大关。截止到目前，百老汇的《狮子王》已经拥有了22个不同版本在世界各地演出。据说，它的票房每年都还在高速增长。[①] 另一部根据电影改编的舞台剧《歌剧魅影》上演26年，票房收入达60亿美元。在这长期的运营过程中，以上枚举的各艺术产品的定价显然是不可能一次完成的，其盈利区间需要伴随地域、时代经济状况的变化而变化。

某些艺术品的定价还需要考虑其周边产品的开发问题。所谓“周边”的概念借之于日本动漫产业，它大意是指一部艺术作品畅销后，以该作品为核心，会带动一系列直接或间接与其相关的衍生产品的售卖。这些衍生产品即可称为“周边”。以动漫业为例，它的周边产品包括：作品本身（动画碟片或漫画书籍）、玩具（包括手办[②]、扭蛋[③]、模型[④]等）、相关游戏、仿照动漫人物穿着而制造的服饰（包括COSPLAY服装）、印有卡通图像的用品（如书包、衣衫、鞋等）、装饰品、以卡通形象进行广告宣传的饮食（如国内的麦当劳曾长年派送史努比卡通玩偶）、资讯或研究类的书籍（如《五星物语》资料全编等）、衍生性音像制品（如音乐原声带、声优作品等）、画册、海报或贴图类、相关杂志（如《少年JUMP》等）、同人志，等等。人们容易发现，在这系列产品生产、售卖过程中，艺术作品自身的盈利空间是有限的：宫崎骏的作品再叫好，它的票价也不可能超过同类作品太多。但它的周边产品的开发空间却可能大大超过同类作品。因此有业界人士指出，周边产品的开发与销售才是动漫产业真正的商业收益所在，在正常情况下，动漫作品的销售额与其周边产品销售额的比例为1∶8。这种说法并非全然空穴来风，推广到其

① 可参见《〈狮子王〉百老汇同名舞台剧创惊人票房纪录，全球累计金额达62亿美元》，Mtime时光网（http：//news. mtime. com/2014/09/23/1531966. html）。

② 手办：Garage Kit（也叫首办或者手版），原意是没有大量生产的模型套件，也被称为GK模型。因为产量很少且开模困难，价格一般都很昂贵。市售手办多为树脂白模，需自行上色。

③ 扭蛋：也叫转蛋，一般指高度不超过12厘米，结构、工艺相对简单，可动性较弱的产品。它一般以数枚一套的方式推出，多采取随机抽取的方式：有的是放在扭蛋机的球形蛋盒中，投币转得；有的则是放在密封的纸盒中，由顾客抽取。扭蛋类是周边产品中种类最丰富、价格最低的一个类别，特别贴近动漫、游戏作品。

④ 模型：即Character Model，包括动画、漫画、游戏、电影里面的角色做成的模型。一种重要的动漫周边玩具类型，一般可分为动态模型与静态模型。动态模型就是遥控飞机、车、船类等。静态的种类也非常多，可分军事、民用车辆，科幻类，比如飞机、大炮、坦克、汽车、摩托、高达系列模型等。其中，静态仿真比例模型着重于对真实物件的精确还原。从广义上说，手办、扭蛋也可归入模型之列。模型是动漫产业非常重要的盈利渠道。

他文化产业领域，恐怕也存在周边产品销售额远远大于作品本身的情况，像前所列举的《狮子王》《歌剧魅影》，又如《星球大战》《哈利·波特》《变形金刚》系列等，都可在一定程度上印证这一点。因此，某些类型的艺术产品的定价还需要考虑系列产品定价的合理梯度配设问题。

不过，必须指出的是，我国产业界（还包括研究界的部分人士）可能过度重视“产业链”、周边产品收益这一令人兴奋的增长点了。他们有时竟然会忘记了一个根本性的问题：艺术产品毕竟不能等同于一般的商业产品。没有吸引人的艺术形象，没有感动人的故事情节，没有能够感染人的人物性格，一部艺术作品拿什么来吸引观众？而一部艺术作品如果没有一个基本的观众群，它的口碑从哪里来？怎么可能奢望它的周边产品能够赢得消费者？《蓝猫淘气三千问》等在这方面留下了一些不算是成功的经营案例。

最后还需要提到的一点是：非收藏性艺术品还包括一次完成、不可复制的艺术品，如行为艺术等。涂鸦艺术似也可归入此类。这类作品自然是难以被确切定价的。不过，从原则来说，它们通常本身就具有反市场、反体制的特性，因此我们也就无须考虑其商业价格问题了。如果艺术家试图希望自己的行为得到定价，其行为过程就大体相当于一次商业化的创意活动；那样的话，视其社会影响力及商业效应即可给出恰当价格。此外，近年来还出现了“区块链艺术”。按照区块链的产业模式，艺术品的定价机制又发生了相应变化，虚拟、竞价、分有等可能会对艺术产品最终价格的形成产生越来越大的影响。但这些改变，究竟是更多属于商业炒作因素，还是将可能真正影响艺术品的生产机制，还有待观察。①

① 可参见贝斯特《数字化金融：人工智能、区块链、云计算、大数据与数字文化》（王勇、黄红华译，人民邮电出版社 2019 年版）等。

文化产业战略布局的忧思与文化批评的责任[①]

一、当前我国文化产业战略布局存在的问题

进入21世纪以来，我国文化产业有了极大的发展，取得了很大成就。所有这些，人们如不戴着有色眼镜进行挑剔，都是无可否认的。

不过，作为一种在国民经济发展中占有重要战略地位的产业模式，在我国，文化产业毕竟是一种新生事物，它在狂飙突进式的发展过程中，不免存在着这样或那样的不够成熟之处。以下，笔者就尝试着从地缘性因素、技术支持、产业链布局、制度建设等几个方面，来讨论当前我国文化产业在宏观战略布局方面可能存在的问题。

第一，对教育、交通等地缘因素在产业布局上的决定作用认识不足。

相比传统产业，文化产业的确存在受现实物质资源约束较小、投入产出比较大、转型灵便等优势。人类历史上，从来没有哪一家煤矿企业是专门设在煤炭资源匮乏之地的，但的确有一群人用自己的双手在一片文化荒漠中建起了好莱坞电影城。

不过，文化产业这种优势并非绝对。当它作为一种产业类型开始走向稳定、成熟、规范的时候，先发者的各种优势就会大打折扣，它受现实物质条件制约的一面可能就会凸显。归根结底，文化产业毕竟仍要尊重产业追逐利益的本性，有利的外部条件能够有助于产业利润的最大化原则。白手起家、

① 本文曾部分发表于《江苏行政学院学报》（2013年第3期），原名《当前我国文化产业战略布局的忧思》，发表时有较大删节。

另起炉灶毕竟是一件苦难而又存在太多不确定因素的事情。好莱坞式的成功模式是不可复制的。事实上，如果没有爱迪生等资本巨鳄的逼迫，当时势力尚小的电影人不会离开经济繁荣的东海岸来到西部这一片荒芜之地；没有第一次世界大战和美国独特的贸易保护法案，好莱坞在其幼小的时期未必能够成功抵御法国电影业的冲击。简要言之，当我们谈论文化产业发展问题的时候，并不能动辄夸口文化产业的各种特殊能动因素，而需要关注各种外部条件——首先就是地域因素对某一特定文化产业的无可回避的制约作用，某种有特色的文化产业总和当地有特色的文化资源是相适应的。

怎么来理解特色文化资源和特色文化产业相适应的问题呢？这就需要具体问题具体分析。现在不少地方都以建设动漫产业基地为荣，我们就以动漫产业为个案对这一问题略加讨论。

笔者认为，教育业是一个容易被人忽视的，却对动漫产业具有决定性意义的外部制约条件。不难理解，没有大量的熟练绘画技工，动漫的产业化是不可能实现的。举例来说，一部时长 90 分钟的标准 2D 动画电影是由 129600 幅图画组成的。其中，主创人员最多完成其中的几百幅关键帧图画，剩余部分就需要掌握一定绘画技巧的技工来完成。诚然，电影公司能够调动许多专业技术手段来减少工作量，但剩余的工作仍然是极其庞大的。一部电影工作量尚且如此，当一个动漫生产基地需要推出成千上万部产品的时候，到底需要多少熟练的产业工人呢？这些产业工人可以没有什么好的审美眼光，但他们需要懂得基本的绘画技法，懂得视线顺接、颜色渐变之类的技术（不然就会出现许多穿帮的情况）。当然，这还仅仅是问题的一个方面。一部完整的动漫作品，还需要文字、音乐、数字技术、营销等方面人力资源上的支持。没有此种人力资源的保障，文化产品制作不免停留在传统手工作坊的水平上。计划经济时代倾国家之力量在某些偏远地区打造现代文化工业是一种特例，不能够引为常态——事实上，即使在那时现代文化工业布局的诸种要素通常也是被充分考虑了的。

文化产业内部的构成形态千差万别，不同行业类型具有其各自的要求。我们这里所要强调的是，如动漫产业一类，实际上是文化产业中的劳动密集型产业，需要投入大量的人力资源成本。如果没有成规模、成体系的现代教育产业作为支持，在某些文化较不发达的边远地区硬要斥巨资建设动漫产业之类，不免事倍功半。

除了人力资源方面的因素，交通运输同样是文化产业地缘布局必须考量的一个方面。人才的自由流动本来就很大地受制于交通运输方面的因素。另外，就国际文化产业的发展水平来说，我国目前整体水平较低。因此，一方面我们需要引入国外的技术、资金支持，另一方面，在一个相当长的时间阶段内，我们的文化产业还有必要承担外国文化产品粗加工的任务——比如为日本、韩国动漫产品承担上色、制图、简单数字加工等工作，以回笼资金、降低运营成本，等等。

要言之，除了少数特例（这种特例一般发生在某一行业的兴起之初），文化产业如同其他传统产业形式一样，都会受到外部物质环境条件很大的影响，而像动漫产业一类的劳动密集型产业，人力资源、交通运输等客观地域条件在很大程度上也制约着其发展。我国现在某些地区，明显缺乏这些必要条件，却以为只要招来宫崎骏、久石让等大师炒作一番，即可推动当地动漫产业的发展，这实在是对动漫产业之产业属性的巨大误读。

事实上，在一定的经济文化发展阶段，不同的地域总有相对于自身的较为适合文化产业发展之路（一些经济不发达地区风光险峻、多元民族文化气氛浓厚，实可加强电视剧生产基地、游戏开发的建设）。当然，不同的地域条件能够吸引投资量有大小，不同的产业类型收益周期有长短，各种情况很难整齐划一。文化产业的经营，总的说来需要有一个较长的培育周期。当前我国不少地方急功近利、不考虑自身地域条件的限制（或优势），盲目上马各种所谓动漫基地、动漫产业园区，着实令人担忧。

第二，“创意”的技术转化手段过于单薄。

一些学者指出，“文化产业”实应称作“文化创意产业”。这个观点有一定道理。“创意”在文化生产中的灵魂作用，怎样强调都不过分：甲乙两个内容近似、物质外化形式没有明显差异的产品，在同等条件下，市场选择甲而淘汰了乙，大多数情况下正是两者间包含的创意的含量不同造成了市场选择的差别。

不过本文试图指出的倒是：就中国当前的文化产业态势而言，我们可能对其“创意”一面强调过多，对其技术硬实力要求一面强调太少了。

在我们身处的这个消费时代，文化产品的各种“创意”不免是为满足各种消费欲望而展开的。我们不能像过去那样，一谈到“创意”就联想到个体独立价值、“无目的的合目的性”审美趣味等高蹈的境界。在消费时代，“创意”需要和人们的各种日常生活欲望充分联系，既能极大地满足这些欲望，又为它们带来多种新鲜刺激。满足了此种消费的逻辑，“创意”才能被市场认同为有“创意”。在这种情况下，创意就必须拥有相应的时代技术表现手段。因为消费欲望是一种极度物质现实的东西，它所能感受的“创意”，最好是贴着时代技术的创新前沿而展开，不然，消费欲望便容易感觉“过时”（所谓“深度”云云对它来说是过于奢侈的事情，文化产品的制作者切不可在这方面对它抱有指望），容易失去追求新鲜刺激的本能欲望。

在消费时代，技术能够为“创意”提供的支持可分为“软包装”和“硬实力”两个层面。

“软包装”的意思是：创作者运用现代技术分析的思维，极力在表现内容或表现形式上凸显某种具有技术含量的事情，使得文化产品在形象上具有引人瞩目的“刺点”①，能够激起观赏者的巨大兴奋。

怎么理解这一点呢？这里且以“高达”（Gundam）系列动画为个案对问题略作讨论。自1979年第一部高达动画《高达0079》问世以来，“高达”系列动画至今在日本流行已有30多年，计有30余种，其周边产品无数，所创造的动漫产品价值何止以万亿日元计算。“高达”动画业已成为日本机器人文化的一个重要代表。但如果我们对“高达”故事本身略作文本细读，则可以发现其构成内核并不十分复杂。独特的叙事风格和出色的造型设计是其长盛不衰的根本保证。叙事一面的因素在此暂且不论，其造型设计除了美学方面的因素，更多地就包含着技术方面的考量。比如“高达”在战斗时（“高达”的含义就是“战斗机器人”），它奔跑的姿态是符合怎样的动力学原理，它的急停包含着怎样的技术突破，它的武器装备又有怎样的观念创新，甚至它外形上的美学设计，也多带有巧妙的功能作用，能够在战斗中起到巧妙的辅助性作用。就这样，“高达”故事系列实际上成了“高达”型号系列，以至于每一部“高达”动画问世，其“fans”就会撰述专文分析新高达的各种技术参数。

“高达”此类技术参数云云实际上当然都是出于虚构的，甚至其所谓各种

① 在此且引罗兰·巴特的一个概念，巴特在《明室》中提到他对照片感兴趣的两个要素：一个是STUDIUM，指一种专注，不特别剧烈的热情，这是巴特接受照片的基础；另一个是PUNCTUM，译为“刺点”，是指照片中一个偶然的细节，第二点会损害或加强第一要素引起的情感。

技术原理，大抵也是出于空想，冠以“伪科学”之名并不为过。然而这并不是问题的关键。作为“软包装”的技术在“高达”形象创制过程中的关键意义，是在于它提供了一种带有指向性作用的知识性背景。此种知识背景贴合了人们当前的认识水平和科技崇拜心理，它在拓展人们之于特定对象想象空间的同时，也拓展了人们之于特定对象的想象热情——需要指出，“高达”之类的技术“软包装”多集中在科学技术的想象上，但事实上，技术“软包装”含义所指是非常广泛的，它的实质是聚焦于知识，要求创作者在作品中有意识地提供新鲜知识的刺激和不同凡响知识体系的建构，比如在神话故事中，提供一个貌似很有渊源的神谱的系统就是容易令观众亢奋的事情。再比如在历史题材作品中提供历史考据的细节、在现实题材作品中对社会现实矛盾展开深入分析等，都属于此列。自然，在为各种作品增添技术性包装的时候，想象的快乐和新鲜的刺激始终是两种主导性的力量。这是此类消费型产品与以求真为主要诉求的传统现实主义作品本质不同之处。

对技术“软包装”的重视及深入运用是日本动漫风行世界的一块重要基石。

国内动漫界在这方面与日本动漫的差距是明显的。国内动画界模仿日本动漫的很多，但其着眼点，大抵还停留在造型风格或是工艺制作流程的模仿上，一言以蔽之，希望以日本的方式，以较小的投入博得较大的收益。诚然，相比美国的动画制作，日本的单部动画投入成本要低上许多。但日本动画界的成就也绝不简单靠拍脑袋的“创意”就能获得。它的创意需要大量技术支持才能实现，至少需要创作者懂得怎样把现代技术理念转化成受众喜闻乐见的形式。像我们的《赛尔号》，有关打斗场面的设计仅仅是主角“雷伊”，只需要放一个“动感光波”——一道白光，坏蛋就被打飞，此种场景怎可能引起小朋友的兴奋呢？难道创制者还以为我们的文化氛围仍停留在30年前播映《恐龙特急“克塞号”》时的水平线上吗？从这个角度说，“喜羊羊”系列成为当前国产动画的唯一拳头产品更是一种悲哀。“喜羊羊”不失为一种风格，但这是美学内涵上平庸到了极点的一种风格。该故事系列中不同“羊”们奶声奶气的声音以及灰太狼千篇一律的“我会回来的”嘶叫，已经摒弃了创作者艺术想象的必要，当然就更不用提什么技术“软包装”了。

技术为“创意”提供支持的另一面是“硬实力”。

所谓“硬实力”是指，物质硬件的革新（包括新的编程软件的设计、新的科学技术的使用）能够激发人们的创新思维，或者将以前仅存在于人们想象空间中的思想方式具象化、生动化、细节化。简言之，这是一种在新的物质现实基础上产生的新的意识形态，是前所未有的、不可逆转的（所以我们以“硬”名之）。比如《魔戒》中人类骑士与戒灵的大战场景，没有数字技术的支持就不可能达到现有效果。传统中，这种幻想之物，只能通过手工绘画而成，然后通过种种技术手段“抠”入画面。但此种合成画面在观看时有两个无法遮掩的弊端，其一，“抠”入的画面与原画面之间总有一条无法完全清除的边际线；其二，图绘而成的形象在运动时动作总是不够流畅，有生硬的感觉。而在数字合成的画面中，这两个问题已基本得到解决。也可以说，数字技术越进步，这些问题就越显得肉眼难辨了。再比如《阿凡达》的制作，除了数码合成技术、数字传感技术外，还涉及最新的视觉生理学方面的技术。因此，其图像制作中，人体虽有变形，但看起来仍然赏心悦目；其图像运动也总在人们的视觉神经运作的微妙之处，爆发出合适的冲击力。此种制作方式，虽也有“软包装”的成分，但更多体现的是硬实力：一种新型技术机械的力量承载着我们的想象飞向我们的思虑从未梦见之处。

我们的文化产业界早已认识到，如果在硬实力方面与欧美国家产品展开正面比拼，我们的文化产品将处于十分不利的地位。因此这 10 多年来，我们的不少文化行业，如动漫业、游戏业等，主要以日本为师。这种思路在战略上大体不错，但其中也有两个问题值得引起我们的注意。其一，“软包装”与“硬实力”是一体两面的东西。日本动漫强调走“软包装”的道路，诚然开创出了一条非常具有民族文化特色的产业道路（当然绝不能说日本产业界不重视硬实力的开发，事实上它们在这方面的投入和成就在亚洲仍居于绝对领先的水平，较之欧美强国也无愧色，只不过不如其在“软包装”方面所取得的成就那么突出罢了），但它的这一条道路并非没有局限。就是说，“创意”如果过分依赖“软包装”，那么，“软包装”的形式用遍的那一天，也许就是创意枯竭之日。日本动漫业在 2006 年之后，已明显呈现出后劲不足的态势了。自《铁臂阿童木》以来，日本几乎每一年或隔几年便会涌现出一些公认的动漫巨作，即使在 1989 年前后所谓“动漫冰河期”，这个势头也未被遏制。但进入 21 世纪后，这一势头明显放缓。《叛逆的鲁鲁修》之后，似乎更没有什么公认的 TV 版动画作品问世了。近几年，除了“萌”（大体意为“偏于低龄段，形象可爱的、具有微妙性诱惑的”）、“腐”（大体意为“具有偏执爱好，尤其对于同性恋情尤有爱好的女性”）、“基”（原意为男同性恋，但当前的意义可能也发生了一些扩展，用以形容极亲密的男性友情）题材，日本动漫界似乎已不知道故事情节为何物了。造成此种状况的因素当然有很多，但“硬实力”储备不足可能是一个客观上不可回避的原因。其二，即使强调“软包装”，各种“软包装”的技术储备也需要一个长时间的积累过程——简言之，这其中也包含着很“硬”的技术内涵。比如像“高达”之类的形象设计，动漫界如果没有对有机体的模块构造、机械体在空气中运动动力学等知识的必要储备，在需要“创意”时才临时拍脑袋想象，恐怕除了“动感光波”之类货色而外，也别无其他东西可以想象了。

过于强调“创意”，以为“创意”就是胡思乱想，缺乏必要的技术及技术知识的储备，这也是我国文化产业界当前一个令人担忧的现状（本文虽然多以动漫生产为个案，但事实上，类似的问题，在游戏、电视剧、电影乃至与文化开发比较相关的旅游业界等，也是普遍存在的）。

第三，忽视剧本质量和过分突出周边产品开发。

文化产业的一个重要特点是不同性质的行业之间关系比较密切，产业的收益点较为分散，有时也具有某种不可控的特点。传统行业的收益都是以其行业的经典产品为核心的，比如汽车业的行业利润，总是和汽车制造相关。但文化产业则不然，它的主要利润点常常出现在与之相关的周边产品中，比如一部动漫作品，其收益点也许主要不在该作品的销售数量，而是在玩具、服装、游戏、食品、音乐各行业所使用其动漫形象所支付的授权费用上。因此，就文化产业各特定的行业领域来说，它试图面面俱到是不可能的，也没有必要。各行业应当在市场体制中有意识地优化组合、突出各自的优势项。

但从目前情况看，我国的文化产业基本还处于各自为战的态势，文化资源的配置很不合理；此外，产业链问题还存在着某些影响深远的误导性的说法。忽视剧本质量和过分突出周边产品开发是其中两个最明显的结构性弊端。

所谓文化产业各自为战的态势，在剧本生产这一环节得到了突出表现。

许多人都已经认识到，制约我国文化产业发展的一个瓶颈就是剧本生产。文化产业的各行各业都需要大量的剧本：电视剧需要剧本，动漫需要剧本，电影需要剧本，游戏需要剧本，展会需要剧本，剧场需要剧本，民间曲艺需要剧本，甚至各地旅游业的串场表演也需要合适的剧本。在这种卖方市场主导的情况下，可以想象，我们难免看到许多粗制滥造的作品。某些电视剧为了拖时间，任何一句台词都必须重复三遍，制作者还堂而皇之地将之当作“生产秘诀”。

文化工业化的时代出现各种粗制滥造的作品本不足为奇。欧美电视剧界很多胡编乱造的作品也是不堪入目的，但问题是我国文化产业界优秀作品的比例相对来说确实是少了一些，其中耐人咀嚼的剧作就更少。相对来说，欧美电视剧界的那些名作（诸如《老友记》《越狱》等），尽管带有许多商业气息，但即使以较为严格的文学评论的眼光分析，其剧构也不失精彩之处。日剧中的精彩剧构就更多。这种差距的存在固然可以拿我国文化产业起步较晚、剧本生产环节不够成熟加以辩解，但我们在此试图质疑的则是：既然我们当前专业的剧作者比较匮乏，单单依靠他们很容易榨干他们的想象力，那为什么我们不能设计一种有中国特色的生产机制，吸引、包容一些有志人士走上这条道路，在这个过程中，充分吸收他们的创意，乃至将他们培育成为成熟的剧作者？

我们产生这样的构想并非出于向壁虚构。因为当前中国文化产业的实际情况本来就是：一方面各行各业都囿于剧本生产不足的环节，处于“等米下锅”状态；另一方面则是大量的剧本粗坯被弃之如敝屣，被人匆匆看过就再也无人提及。在此，我们指的是网络文学的创作至今未引起文化产业界充分重视这一情况。

进入21世纪以来，网络文学崛起成为一种新兴的文学现象，这已是一个无可避讳的事实。网络自20世纪末诞生以来，已催生了大量的原创文学文本。如果将起点、幻剑书盟、爬爬、榕树下等几十个国内知名原创文学网站和各种同人（即出于相似爱好而形成的群体）网站中流传的文本总合起来，最保守地估计，现今在各网站流通的原创作品不会少于100万种。而从接受的一面来看，网络原创文学的阅读事实上已成为时下最重要的文学消费形式之一。以中国最大的原创文学网站起点文学网为例，其排名最前的几部小说的点击次数早已超过千万次，其排名前400名的作品点击都在百万次以上。以此，各文学网站已获得不菲的商业利益。

但事情也就到此为止。各种红火的网络作品，在网络上被点击过后，它的价值就算完成了。但这实在是巨大的浪费。不可否认，网络文学作品泥沙俱下，多为劣作。但按照笔者个人所见，排除掉这些作品，以较严格的标准估量，网络文学中仍大约会有百分之一的作品不失通俗小说精品的资格。虽然成材率较低，但考虑到那巨大的基数，优秀网络文学作品的绝对数量其实并不少。通过几年来的发展，网络文学已积聚了一批优秀的原创作品，也出现了一些优秀的网络作家。从早期的江南、老猪、宁财神、慕容春雪、说不得大师、孙晓、小椴、圣者晨雷到近来的随波逐流、猫腻、酒徒、府天、更俗、荆轲守、石斑鱼、天下霸唱、齐橙、志鸟村、天使奥斯卡、爱潜水的乌贼、何事公，等等，这些人的写作实力并不比20世纪一些通俗文学名家如张恨水、金庸等逊色多少。而诸如雾外江山、踏雪真人、神圣智狼、庄毕凡、唐家三少、萧潜、血红、忘语等人的作品，尽管艺术性稍弱，但其笔下故事内容上强烈的传奇色彩，形式上超长篇的文本架构，也是非常合适于改编成各种电子游戏、电视连续剧、动画的剧作脚本的——至少提供了一种创意想象的空间。事实上，就文化产业自身的属性而言，它所需要的文学脚本倒不一定是文学性很强、自身结构完整成熟的（不然，邵逸夫、琼瑶的制作就完全没有市场了），它需要的是一种积极迎合读者现实消费趣味的意识。

令人遗憾的是，除了个别例外，这成百上千的颇为应时的写手基本没有引起文化产业界的重视，自然，那成千上万的不失为可读的网络作品也基本没有进入过有关人士的眼帘。① 这些写手、这些作品既然在网络媒介中能够得到如此好评，其商业价值其实已经部分得到认证，但业界仍报以此种冷漠的态度，只能说明业界还存在着一种强烈的闭关自守的精英心态。但事实上，明明从事商业活动却以学院派精英的身份对所谓圈外人士极尽挑剔，这是可笑的。在这方面，邵逸夫、琼瑶等人的经营之道颇为值得我们学习。

关于文化产业链，还有一点必须强调指出：当前业界对产品收益问题的理解可能普遍存在过于急功近利的心态。

前已谈到，文化产业的主要收益点很可能不在产品本身，而在其相关的周边产品，但这一点在国内业界很容易被夸大。许多人士常常隆重推出“日

---

① 当然，目前已有一些成功的网络文学改编作品。《蜗居》《致我们终将腐朽的青春》《失恋33天》都是其中较有影响力的个案。但我们在此要指出的则是，《蜗居》一类并不属于当前网络小说的主流，换言之，网络小说作为文化产业界天然的文学脚本资源库这个特点并不能由此而表现。另外，据说《诛仙》《鬼吹灯》等业已在筹拍中或已拍摄完毕。笔者认为：《诛仙》即使在网络小说中也属三流以下作品，它的走红多少有些炒作成分，有关人士如试图以它为基础打开局面，未必是一个明智的选择；《鬼吹灯》是一个有特点的作品，但以中国当前的拍摄水平和资金实力，未必能够顺利地把它很好地图像化。这些事实说明：业界即使有人认识到了网络文学作品的商业价值，但对它们的利用相当程度上还是盲目的。

本动漫产品其产品与周边产品的收益比是1∶8”① 这一数据极言周边开发的重要性。强调周边产品开发的重要性本身并无问题，但某些业界人士的表述却容易被理解成产品本身的开发无足轻重，抓住周边产品的开发就抓住了问题要害。以至于某些地方，其动画作品还没上市，就准备其周边产品的热卖；还有一些公司，其经营的某种猫的作品，声名狼藉，却在国内大张旗鼓地布置各种专卖店，企图大卖周边产品。

“皮之不存，毛将焉附”，这是一个极为简单的道理。哆啦A梦、高达、柯南、圣斗士、米老鼠等卡通形象的周边产品能够热卖，没有其过硬的产品内容作为支撑是不可想象的。无论文化产业发展到何时，也不论文化产品原作与其周边的收益比例到达何种不可思议的地步，都有必要强调其产品本身的核心地位。离开了作品本身去谈所谓周边产品，是一种极不负责任的从业态度，是在透支行业的信誉为个人谋取私利。

第四，配套制度建设明显不足。

我国文化产业已步入快速发展阶段，产生了许多新的问题，出现了许多新的矛盾。目前，各条块分割的管理部门尚能以行政命令的方式对这些矛盾、问题加以调控管理，但没有疑问，加快制定相关的法规制度，才是文化产业长期、平稳、快速发展的真正有效保障。如果没有健全的制度保证，文化产业很容易堕入到无序开发、无序经营的窘境。

其一，对于何为“文化开发”“文化产业建设”，国家应做出一个普遍有效的界定。有些人似乎把能够吸引眼球的想法一概命名为“文化创意”，因此，这些年来某些地区才频频上演争夺“西门庆的故乡”、把自己所居住的城市命名为“一座叫春的城市”之类的闹剧。此类闹剧居然都是经过一级党政领导班子的授权而进行的，更可看出其荒唐性，也可看出文化产业在实施过程中可能会出现多种不可预期的、完全不可以接受的发展歧途。因此，有必要在文化产业发展之初，就对文化产业的性质、目的、社会功能作用加以规范界定，对那些把渣滓当瑰宝、把肉麻当有趣的反文化的行为，以立法的方式在源头上加以遏制。同时，也有必要在根源上强调文化产业在国家文化精

① 这个“1∶8”的数据尽管被征引甚多，但笔者始终深表怀疑。笔者关注此点近十年，未见到其权威的数据来源（最初像是来源于一种口耳相传的议论），也不知道这个结论是根据日本文化产品的销售资料得出，还是综合了欧美文化产业发达国家的相关数据。事实上，这个数据即便有所根据，它是否适用于中国的市场情况也是值得商榷的问题。

神培育、软实力建设方面的应尽职责。

其二，文化产业与其他类型产业交叉的情况较多，这些行业、产业具有各自的管理部门，如何明确各部门的管理职责，甚至将原管理部门的部分职能剥离重组，这也需要加以明确。如旅游景点的文化开发，如教育业的汉语国际推广等，都较有可能涉及文化产业开发的问题。对于这些行业明显的文化产业的行为，是否有必要加以立法上的某些限制或者支持？

其三，文化产品的进出口贸易在当前国民经济生产体系中已日益占据重要地位。诚然，有关这方面的问题也需要制定专门的法案加以规范治理、保护。但仅仅靠贸易方面的法条不可能解决所有问题，文化产业法规的制定也必须关注相关问题予以配合。近来关于“合拍片”的争议就是一个典型案例。

国家新闻出版广电总局声明，将严查“中美合拍片”，以剔除那些假意合拍、实为逃避电影大片进出口配额限制的好莱坞电影。近年来颇有一些美国电影试图靠点缀些中国元素或明星就被中国方面立项为“合拍片”，从而躲过中国政府每年进口 34 部分账大片的配额限制。《环球时报》2012 年 8 月 28 日的《严查“合拍片”关键在落实》一文对这方面做了较为深入的报道与分析。该文指出：“中国电影与国际接轨，从电影艺术的角度来讲无可厚非。不过事实上，近来中国的‘合拍片’市场，却完全是为了配额而合拍、为了市场而合拍。像即将上映的《云图》《敢死队 2》《环形使者》以及正在拍摄中的《钢铁侠 3》，往往都是在纯粹的美国故事中加一些中国元素，或者带上一两个中国演员，就被贴上‘合拍片’的标签。且不说这些中国元素出现在电影中是否牵强，单就出现的频次与数量上讲，也难让观众认为此片值得合拍。真正的‘合拍片’，原本就应该是艺术与投资两个层面上的合作。如果仅仅是通过零星中国元素和中国脸的加入，很难令中国对此类影片一直追捧。相反，这种合拍片还会令外国观众片面理解甚至是误解中国文化，这都与中国电影与中国文化走向国际的初衷背道而驰。”

因此，国家新闻出版广电总局对于“中美合拍片”的严查是有其合理性的。但问题是：“如何确定‘合拍片’的准入标准。是演员比例？戏份多少？还是角色轻重？另外在整个电影项目的运作过程中，合拍双方按何种形式介入算是‘合格’的合拍？这都需要一系列具体而又有可操作性的量化指标。令人忧虑的是，一旦有了这些条条框框，合拍双方是否还能顺利履行电影作品的创作初衷？”这些问题，仅仅从进出口贸易的一面考虑确实难以解决。如果从生产的源头抓起，一方面明确各种有效的量化指标，一方面充分考虑合拍双方优势互补、各取所需的初衷，国家新闻出版广电总局严查“中美合拍片”之类的做法就不会是一时的政策性行为，而是一种规范的制度保障了。事实上，严查“合拍片”进口只是问题的一个方面，在未来，随着中国文化产业的发展，相比还有更多的“中×国合拍片”出口的问题，如何有效保障我方的利益需求，文化产业的法规制定也需要有一定的前瞻眼光。

其四，文化产业在发展过程中，还有可能被恶意利用。当时的文化部部长蔡武先生在一次讲话中就指出，某些地方以建设文化产业基地之名，行圈地之实。对这类行为，唯有以明确的法律规范才能有效遏制（同时，还能给予那些需要长期培育的文化企业必要的成长空间）。

当然，所谓的制度建设不可能是一蹴而就的事情。文化产业发展中可能出现的各种问题，有些可以预见，有些则会出乎一般经验设想之外。知识界因而既没有必要过分重视市场的短期效应，唯市场至上，但也不能恪守精英传统，认为“天不变，道亦不变”，过分蔑视文化生产所促生的各种新问题、新情况。当前，人文知识界之于文化产业问题至少有三件迫切可做的事情。第一，加大批评考察的力度，对文化产业发展中各种存在的问题提出中肯的建议，而不是一味表扬吹捧，附和市场资本的膨胀欲望。第二，文学批评界尤其可以对网络创作的情况进行系统梳理，评点其中较为成熟或具有改编潜力的作品。第三，经济法律界则应当加强对欧美各文化产业发达国家相关法律法规的研究。我们虽然不能照搬它们具体的法条规定，但有必要对其立法的精髓以及其实施过程中积极与消极的作用展开深入研究。本文限于篇幅原因，不能将上述三点一一展开论述，下文仅就文学及文化批评在解决文化产业布局问题上能够做出的努力作申说，以供参考。

二、文化批评在解决文化产业布局问题上的作用

事实上，文化批评作为一种极富“在场性”的研究方法，在文化产业发展方面有着很大的发挥空间。从宏观方面来讲，文化批评作为新兴的人文学科要对文化发展的大趋势有自己的预判和估测，要对大众文化和娱乐形式产生的合理性及其弊端进行认真的研究。当代社会结构的复杂性决定了相应的文化语境的复杂性，在各种大众文化和娱乐形式当中，严肃与搞笑、戏仿与

反讽、高尚与低俗同时存在，这些良莠不齐、好坏掺杂的当代大众文化中蕴含着各种非理性的社会能量，必须对这些大众文化和娱乐形式加以认真、细致的研究和阐发才能发掘其中有利于社会发展和人性健康的“正能量”，发挥人文知识分子的当代作用。从微观方面讲，网络文学等新兴文学形式的写作技巧及其缺陷、文化产业的分类体系、文化产业发展过程当中的资本运作等都需要文化批评学者进行研究和讨论。总之，文化批评在文化产业发展过程当中大有可为，由于笔者学力以及篇幅所限，本文仅仅以目前的网络小说批评及网络小说的产业化问题为例来谈一下自己的看法。

（一）网络小说批评存在的问题

近年来随着网络文学的繁荣和发展，网络文学批评也日渐受到各大网络文学网站和主流文学研究界的重视。2012 年 5 月盛大旗下的云中书城斥资百万创建了“白金书评人”群体，目的在于搭建中国网络文学批评体系，改变主流批评界对网络文学的“集体失语”状态。2012 年 6 月，中国作协举办了首届网络文学创作研讨会，此次研讨会采取了作家与批评家“点对点”交流的形式，主流文学界开始主动参与网络文学批评。这次活动表明主流文学界已经开始正视我们的网络文学创作现状，力图针对目前网络文学创作和批评泥沙俱下、良莠难辨的状况作出应有的努力。

从文本形态来看，当下的网络文学批评可以大致分为两种不同形态：一种是以传统理论对网络文学创作进行分析和评价，多数是见于传统媒体形式诸如报纸、期刊和专著中的对于网络文学的分析和评价；另一种多数是采用网络形式进行的评论，这种评论形式很多都会采用超文本链接等多媒体形式。前一种类型的网络文学批评由于主要以传统的文学理论眼光来看待网络文学，多数时候难以把握网络文学作为一种新兴媒介文学形式的特点，更加难以对网络文学的产业化问题做出恰当的讨论。后面一种批评大多带有随意性、感悟性太强的缺陷，因而难以在网络文学产业化这一问题上做出进一步的讨论。

从批评主体来看，目前网络文学批评的写作主体是网络文学网站编辑和读者（网友），主要以在各类文学网站和社交网站上发帖、跟帖的形式为主。这种批评样式相对于传统批评来讲，具有较大的自由度。网络自身的匿名性消除了读者作为言说者的社会面具和人际焦虑，能够做到真正以自由的立场和独立的身份对作品畅所欲言。同时由于不需要见诸报纸、期刊、杂志等传统纸媒，网络文学批评的文体形态和语言形式也可以灵活多样，既可以是条分缕析的长篇大论也可以是灵光乍现的雪泥鸿爪，总之可以随意挥洒不拘一格。更为重要的是，这些发表在网站上的跟帖具有传统批评样式所不可比拟的即时性和互动性，网友的评论可以在几分钟之内就被作者或者编辑看到，双方可以进行有效的互动，这对于网络文学的创作水平的提升来说，这一优势是传统批评难以达到的。

然而，与此同时我们发现网络文学批评的优势并没有得到充分和完全的发挥，近年来日益受到重视的网络文学批评实际上还存在着诸多缺陷和问题，人文知识界必须开始正视和思考这些问题。

第一，网络文学批评存在着很大的随意性，这些发表于各种网站、论坛的评论帖子通常都是由读者（网友）信笔由缰随手写来，大多数都从自己的阅读感觉出发就作品的只言片语做出的评论，这些评论中偶尔也会有一些令人感到耳目一新且颇受启发的作品，但是多数作者都是仅凭自己走马观花式的浏览就开始对作品做出评价，缺少理性分析和学理深度。网络上多数批评文章的作者，都不是专业的文学研究者，缺乏一定的理论知识素养，有时候即使想要认真地写一篇高质量的网络文学批评也是会感到心有余而力不足。更有多数读者并不是以认真、严肃的态度进行批评，而是抱着好玩、娱乐、游戏甚至是发泄情绪的目的来评论网络文学作品。这些读者通常从自己的阅读口味出发，做出一些不切实际的评论，对于那些合乎自己口味的东西恣意拔高，而对于那些并不符合自己阅读习惯的作品则直接贬到臭水沟里，认为这些作品一钱不值形同垃圾。另外有一些批评，语言粗俗，且动辄进行人身攻击，很难以理服人。

网络文学批评的第二个问题是商业化倾向对批评的中立性、客观性的侵蚀。网络文学和电影、流行音乐一样是伴随着新媒介的产生而出现的艺术形式，它们与传统的文学艺术形式相比，与市场和大众的结合更加紧密，因而也就具有更加突出的商业化特征。网络文学的点击率和电影票房、唱片发行量一样决定着一部作品的生命力与其产业价值，因而不断拓宽艺术产品的大众需求就成了网络文学作者和各大网络文学网站的求生之道。在影视和唱片产业中，职业批评被纳入了产品营销环节，专业的影评或者乐评成为畅销的电影和长篇的注释，有效地引领了大众对新兴文化产品的接受和消费。而在目前的网络文学评论中，尚未见到如此有效地平衡商业利益和作品艺术价值的批评模式。由于过分追逐商业利益，一些网络文学网站不惜以牺牲作品的艺术价值甚至故意制造一些突破社会道德底线的噱头来吸引大众的眼球。诚然，我们承认在市场经济高度发展和信息化时代来临的今天，网络文学追求经济利益和商业价值正是文化产业化发展的大势所趋，文学生产毕竟也是社会生产系统的一部分。但是文学生产之所以不同于其他的社会物质生产部门，正在于其自身所具有的超功利的审美价值，文学批评的功能和作用正是要守住文学的这一价值。而在这一方面，我们目前的网络文学批评陷入了过分追求商业化和大众化的泥淖之中，缺乏对于作品之精神价值和艺术水平的深度分析和求索。

网络文学批评的第三个缺陷是“圈子”太过明显，党同伐异，对作品缺乏一种真正客观理性的分析。文学批评的圈子化现象并不是网络文学所独有的现象，在传统的文学批评当中也存在着这样那样的“圈子”。但是由于网络这一媒介的独特性，使得传统批评中的“圈子效应”扩大了。不少知名的网络文学作家都有自己的粉丝群，这些“粉丝”往往追风逐浪，仅仅依据自己对某位作家或某部作品的喜好大放厥词，而对其他的作家多数是一些起哄谩骂，而较少学理性的探讨和对作品的深入研究和读解。这样圈子太过明显的后果往往是将严肃认真的文学作品讨论变成无理谩骂的网上“口水战”。除此之外，大量的网络文学批评都是以发帖、跟帖的形式出现的，其中有一些带有相当具有深度的批评在众声喧哗的网络空间中很容易被淹没。这些帖子如果没有人置顶的话，很容易就在众多的回帖当中销声匿迹。

虽然目前的网络文学创作泥沙俱下、良莠不齐，网络文学在未来的文学格局中能否替代传统的文学形式也未可知，但是这毕竟是当下和今后文学发展的主要趋势之一，尤其对于文化产业的发展而言，网络文学将会起到极为重要的支撑作用。因此为了改变目前网络文学批评过分随意化、商业化和圈子化的现状，人文学界应当正视这一问题并以严肃认真的态度介入到网络文学批评中来，用客观、学术的眼光和深入独特的视角对目前的网络文学作品做出切中肯綮的评价。应该说，这样一项工作不仅是必要的而且是很有价值的。主流文学界切不可因为网络文学属于大众文化就认为这种东西没有仔细研究的必要，文学经典的建构不仅是一个自上而下的精英化过程，同时也要经历一个自下而上的经验筛选过程。在这一点上，以金庸、古龙为代表的通俗武侠小说的经典化过程正好可以给我们提一个醒。金庸小说在刚刚进入大陆时候，学界对之要么不屑一顾嗤之以鼻要么认为其乏善可陈毫无艺术价值可言，可是进入21世纪以来文学界开始“发现金庸”，这些原本属于大众文化之列的通俗文学作品进入了严肃的文学研究的视野，并且成了当代文学史上不可或缺的组成部分。这一过程恰恰说明了文学经典的建构和文学史的书写一方面是接受者、学者以及多元化语境共同“协商”的结果，另一方面是因为经典已经成了收藏一切文本发明的仓库和反映人类各种智慧的模式所导致的结果；同时，雅俗共赏的文本特质也是其进入经典的一个必要条件。

从这个角度来看，目前不论是网上还是网下都缺少富有相当思想内涵和学理深度的网络文学批评，批评对于网络文学发展的推动作用还极为有限。笔者认为，要改变现状，文学研究界必须积极承担起用严肃、客观且富有学理深度的眼光来对网络文学进行甄别、分析和评价的责任。瑞恰慈指出，批评的功能就在于努力区分各种文学经验并对其进行评价，文学批评所要回答的正是这样一个问题：是什么赋予阅读一部文学作品的体验以价值？用通俗的话说就是我们为什么要读这部作品？它好在哪里？普通读者的“自发的批评”还远远不能为这一问题提供令人满意的答案，这时以专业的文学研究者为主体的“职业批评”的登场就是必要的了。这些专业的批评者无论是在领悟文学作品思想内容方面还是在把握文学作品的技巧形式方面都有着一般读者所无法企及的优势。对于那些相当富有内涵和想象力的作品，专业批评者的解读往往比一般读者更加深入，甚至会挖掘出一些连作者都没有意识到的东西。① 同时对于那些在网上名过于实或毁誉参半的作家②，要用客观的眼光进行甄别，指出其作品中的得失。总之，专业批评的介入正是为了端正网络文学批评的价值指向，对网络文学批评中存在的极端民主、过度商业化和功利化倾向起到纠正和平衡的作用，而不是加入网络水军的骂战之中推波助澜。

---

① 如猫腻、荆轲守、贼道三痴、黯然销魂、夜凉若水等人的作品，相当程度上有改编成动漫连续剧的潜质。但另一方面，他们的作品，又有枝蔓太多或过于与主流意识形态相抵牾等弱点，批评家正需要有的放矢地提出各种可行性方案。

② 如唐家三少、辰东、跳舞、我吃西红柿、天蚕土豆等是典型的名大于实的网络写手。尤其辰东、跳舞、我吃西红柿等人的作品，除了能够满足部分人较低层次的排遣欲望外，几乎没有其他可取之处。而忘语、唐家三少等人虽然名气大，但其作品也存在着一些明显形式或结构上的弊端。他们的作品如要进入改编领域，批评家显然需要付出更多的心血来予以点化。

（二）批评如何成为网络小说产业链中的一环

对于目前文化产业资源战略配置中存在的问题，上文中已有论述，即过度注重周边产品的开发和忽视剧本质量是目前文化产业链结构中存在的突出问题。这一问题出现的原因一方面固然是文化产业从业者在收益问题上过分急功近利的结果，另一方面也与批评介入的缺失有关。目前的网络文学批评基本上以读者大众“自发的批评”为主，真正富有学理深度和内涵批评的比较少见，这导致业界在选择剧本时往往缺乏客观有效的标准，难以在数以万计的作品中真正找出适合作为文化产品脚本的作品。另外，专业批评在介入网络文学时，往往以传统的批评模式为主，缺乏产业化思维和意识，没有意识到批评之于文化产业的重要作用。事实上，文化批评在这点上恰恰具有传统批评所不具有的优势。

专业批评家在客观、专业地分析网络文学作品的基础之上要进一步考虑作品如何才能更好地转化成文化产品，也就是说，文化批评之于网络文学，除了要发挥传统批评的分析、评价职能之外还要考虑作品如何才能与文化产业链接轨的问题。对网络文学作品产业化的优势、途径以及限度的考量都要以对作品本身的分析和评价作为基础。除此之外，在研究文化产品受众的阅读和消费心理、分析文化产品的市场化运作过程等方面，文化批评同样可以大显身手发挥自身的学科优势。下面仅以网络小说对网络电子游戏的剧本支持为例来说明一下文化批评在文化产业链中可以发挥怎样的作用。

1. 电子游戏的剧本支持及其产业意义

电子游戏按照游戏内容和方式分类，可分为角色扮演游戏（RPG）、冒险解谜游戏（AVG）、动作游戏（ACT）、格斗游戏（FTG）、射击游戏（STG）、模拟游戏（SLG）和策略类游戏等。其中动作游戏、格斗游戏、射击游戏以及冒险解谜游戏一般以单机游戏为主，故事情节和游戏模式一般来讲较为简单，像植物大战僵尸之类的游戏根本就不需要任何情节，因此这些游戏一般也不需要剧本支持。同时，在当前游戏市场上，单机类游戏的获利空间远没有网络游戏那么大，近年来单机类游戏的市场份额更是呈大幅缩水趋势。究其原因一方面是由于国内版权制度还不完善，游戏玩家不仅可以购买盗版光碟还可以通过网络下载获得游戏；另一方面国产单机类游戏缺乏创新和创意也是其不受欢迎的一个重要方面。比如说多少年都没什么变化的《仙剑》系列，以及我们在网游界屡见不鲜的抄袭手法。比如国产游戏《血战上海滩》，其情节仿佛目前热播的各种“抗战神剧”不说，就游戏本身而言，完全是《VR战警》的仿制品。

与单机游戏相比，网络游戏的获利空间则要大得多。同时由于网页游戏的发展，使得网络游戏在承载更为复杂的故事情节方面要更胜单机游戏一筹。目前比较受欢迎的网络游戏基本上都是以角色扮演、模拟游戏和策略游戏为主。从某种程度上说，这些游戏更加需要剧本支持。这里的意思不单单局限于将原作的故事搬到另一个平台由另一种手法进行表现，有时“故事”并非剧本支持的核心。比如网络游戏在进行改编的时候，更多是侧重原作的世界观和人物，故事情节反而触及不多。但目前国内网络游戏的发展存在着很大的问题，其中之一便是不重视游戏的故事情节和文化内涵——很多游戏的历史和文化主题只是一种噱头，有的甚至借中国传统文化的外衣包装一些低俗的卖点。而外国网游在文化内涵方面则较为重视。这一点与动漫产业的发展类似，产品的文化内涵不仅可以起到教育作用，也便于开发周边产品，产生更大的经济效益。

与此形成鲜明对比的是我们的网络小说每年都会产生出大量的优秀作品，这些作品如果仅仅以文字的形式存在于网上或者出版，其生命力和影响力无疑会大打折扣。同时，网络小说的向外衍生意味着以网络小说自身的文化影响力和创作内容对其他行业产生推广、促进和带动作用，而产业衍生对于网络小说来说既是一种向外推广也是一种内在的创作动力。网络小说参与产业链的意义在于让网络小说在经济和文化层面不再是一个孤立的存在，并且在此基础上能够创造出更多的财富和价值。

2. 目前网络小说对电子游戏的剧本支持现状

从目前网络小说在产业化改编方面的基本情况可以看出网络游戏的改编量位居第二，仅次于受众面最广的电视。这一方面是网络小说中的另一大类（如玄幻、奇幻、武侠、仙侠、修真等）和网游有着天然的血缘关系；另一方面，网络游戏的受众和网络小说的受众有很大的重合。根据CNNIC发布的历次《中国互联网络发展状况统计报告》，目前我国的网民以35岁以下的年轻人、未婚者为主体，学生是各类职业中最多的，男性网民数量多于女性。这些网民上网的主要娱乐方式就是小说阅读，其中男性网民的一大娱乐方式又是网游。

从目前我国网络小说改编电子游戏的现状来看，呈现出以下两个特点：第一是改编数量少，每年只有两到三部网络小说会被改编成电子游戏（参见表5－1），这说明网络小说在为网络游戏提供剧本支撑方面还有着巨大的空间。第二，在网络小说改编的网络游戏当中，目前仅有一款游戏宣布停止运营，并且运营时间两年以上的游戏比例高达62%，基本可预期90%以上运营周期超过2年，这比目前国内整体30%的水平高出了很多（参见表5－2、图5－1）。如此高的成功率，显示了网络小说改编网络游戏这种商业模式是成功的，当然这样的商业模式可复制性究竟如何，还需要更大量的改编数据才能检验。不过至少网络小说试水网络游戏改编没有出师未捷身先死，一个好的开始可算是成功了一半。

表5－1　网络小说的电子游戏改编

游戏名称	游戏类型	原著名称	原著类型	作者	开发商	运营商
诛仙	MMORPG	诛仙	仙侠	萧鼎	完美世界	完美世界
梦幻诛仙	MMORPG	诛仙	仙侠	萧鼎	完美世界	完美世界
斗罗大陆	RPG 页游	斗罗大陆	玄幻	唐家三少	八加一	E 侠网
星辰变	MMORPG	星辰变	仙侠	我吃西红柿	盛大	盛大
盘龙	MMORPG	盘龙	奇幻	我吃西红柿	成都锦天	盛大
恶魔法则	MMORPG	恶魔法则	玄幻	跳舞	空中网	空中网
兽血沸腾	MMORPG	兽血沸腾	玄幻	静官	百游汇通	百游汇通
神墓	MMORPG	神墓	玄幻	辰东	边城	游艺
佣兵天下	MMORPG	佣兵天下	玄幻	说不得大师	蓝港在线	蓝港在线
飘邈之旅	MMORPG	飘邈之旅	仙侠	萧潜	智乐堂	新干线
鬼吹灯外传	横版 ARPG	鬼吹灯	盗墓	天下霸唱	麦石	盛大
天元	MMORPG	天元	仙侠	血红	网龙	网龙
凡人修仙传	MMORPG	凡人修仙传	仙侠	忘语	百游汇通	百游汇通
凡人修仙传之魔道六宗	MMORPG	凡人修仙传	仙侠	忘语	上海时迈	易橙在线
仙逆	MMORPG	仙逆	仙侠	耳根	重庆祥维	页游科技
盗墓笔记	RPG 页游	盗墓笔记	盗墓	南派三叔	人人游戏	人人游戏
斗破苍穹	MMORPG	斗破苍穹	玄幻	天蚕土豆	搜狐畅游	搜狐畅游

续表

游戏名称	游戏类型	原著名称	原著类型	作者	开发商	运营商
第一次亲密接触	恋爱类 AVG	第一次的亲密接触	青春	痞子蔡		
清风明月会相逢	单机 RPG	清风明月会相逢	同人	清朗		

表 5－2 改编网游运营情况

游戏名称	测试开启时间	运营时长	备注
斗罗大陆	2011 年 8 月 22 日	1 年零 7 个月	尚在运营
诛仙	2007 年 4 月 5 日	6 年	尚在运营
梦幻诛仙	2009 年 10 月 22 日	3 年零 5 个月	尚在运营
星辰变	2011 年 9 月 29 日	1 年零 6 个月	尚在运营
恶魔法则	2010 年 3 月 16 日	1 年零 4 个月	尚在运营
兽血沸腾	2010 年 1 月 15 日	3 年零 2 个月	尚在运营
神墓	2010 年 1 月 22 日	3 年零 2 个月	尚在运营
佣兵天下	2010 年 4 月 15 日	2 年零 11 个月	尚在运营
飘邈之旅	2009 年 5 月 31 日	3 年零 10 个月	尚在运营
鬼吹灯外传	2009 年 8 月 13 日	3 年零 7 个月	尚在运营
天元	2010 年 7 月 27 日	2 年零 8 个月	尚在运营
凡人修仙传	2011 年 1 月 6 日	2 年零 3 个月	尚在运营
凡人修仙传之魔道六宗	2011 年 11 月 23 日	1 年零 4 个月	已停止运营
仙逆	2011 年 8 月 6 日	1 年零 8 个月	尚在运营
盗墓笔记	2011 年 1 月 6 日	2 年零 3 个月	尚在运营
斗破苍穹	2011 年 11 月 5 日	1 年零 5 个月	尚在运营

3. 文化批评在网络小说改编电子游戏中的作用

从上述分析中可以看出，网络小说在改编成电子游戏方面产业前景广阔，且有着很大的挖掘潜力。这一方面需要市场发挥自身的调节机制，另一方面也需要文化批评主动介入到网络小说改编的产业链中发挥作用。文化批评在为网络小说如何改编电子游戏方面可以提供很多有益的建议。

例如一部小说是否适合于被改编为游戏？适合改编成什么类型的游戏？

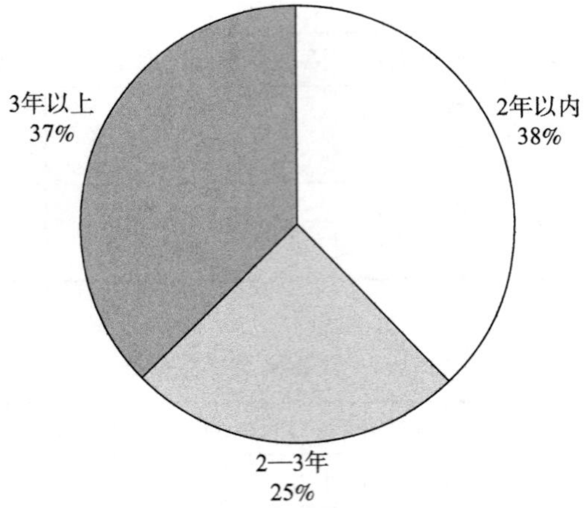

图 5－1　改编网游运营时间

这就需要文化学者对网络小说和网络游戏的类型进行对比。当然，一部小说是否适合改编，受到多方面因素的影响，如小说本身的质量，现有的经济、技术、文化、伦理、政治……此处先抛开其他因素，仅从剧本需求的角度，探讨网络小说为游戏提供剧本支持的可能性。笔者对比游戏和网络小说的类型，认为以下网络小说类型比较适合改编为游戏：

（1）玄幻、奇幻、武侠、仙侠——RPG

玄幻、奇幻、武侠（去除讲述现代都市中获得国术传承的武者修行过程的“国术武技”）、仙侠（去除讲述在现代都市里承袭上古修仙之术并不断突破的“现代修真”）都比较适合改编为角色扮演游戏。它们塑造了一个跟玩家所处的现实世界非常不同的虚拟世界，这满足了 RPG“世界观”的需求。另外 RPG 的重要构成要素是任务事件和角色升级系统，所以这些描述主角不断修行锻炼、打败敌人的小说，能为游戏提供所需的任务事件和装备、道具、招式技能等设定。

至于一部小说是适合改编为“需建构较完整世界的 RPG”还是“一条或几条冒险线的 RPG”，还得看情节的紧凑程度和整个小说的容量。如果小说情节前后联系紧密，整个小说容量不大，又有较细腻的情感线，那么改编为“一条或几条冒险线的 RPG”会更合适。但是网络小说由于其发表方式（边写作边按章节在网上更新）和计酬方式（按字数和订阅量），写手经常会写得篇幅非常长，这样就很容易导致前后联系不紧密，但是会把小说的宏大世界展现得更详细具体，这样的小说改编为“需建构较完整世界的RPG”更合适。当然也有不少小说是两可的。

（2）都市、青春——恋爱养成、模拟经营、文字类AVG

讲述现代大都市中发生的感情、生活、事业碰撞的“都市生活”类小说，以年轻男女在同一屋檐下发生的生活、情感故事为背景的“合租情缘”类小说，都可以改编为“恋爱养成主题的游戏”。描述职场中的白领男女奋斗和生活的“职场励志”类小说，讲述娱乐事业沉浮、明星镜头前后故事的“娱乐明星”小说，尤其适合改编为带养成系统的恋爱游戏，工作、进修的同时体验恋爱和友谊故事。讲述在校园中发生的学习、生活和友情、爱情故事的“青春校园”类小说也是恋爱游戏的最佳剧本支持，可以带有养成系统，以学习和学生活动为养成内容，也可以不用养成系统，做成恋爱主题的文字类AVG。

这几类小说都会塑造一群各具特点的人物，对他们的外貌、身材、家世、性格、喜好等会有详细描述，可以为恋爱养成类游戏提供人设支持；另外，小说主角会和这些人物发生各种各样的故事，这些故事可以作为游戏中主角和可攻略角色的互动事件的蓝本。当然，为了游戏的丰富性，除了小说中提供的那种可能性，游戏制作者还应该设定不同的选项和相应的结果。而小说中如果有对主角学习、事业奋斗过程的详细描述，就可以拿来做养成系统的参考。比如，青春校园的，可以以科目数值作为养成目标；职场白领的，可以以“领导能力”“人际能力”“策划能力”“公文写作”等数值为养成目标；娱乐明星的，可以以“魅力”“气质”“名气”等数值为培养目标。

讲述当代商场、创业、股市、金融等领域生活、冲突等的“商战风云”类小说，如果小说更注重操作运营、市场的起伏动荡，可以改编为模拟经营游戏。当然如果小说是以商战为背景，爱情为主题，也可以改编为恋爱养成游戏。

围绕近代、当代的间谍和特工两个特殊职业展开的“谍战特工”类小说，以豪门恩怨、社会仇杀、杀手恩怨为背景的“恩怨情仇”类小说，可以改编为“文字类AVG”，是否以恋爱为主题视小说具体内容而定。

（3）历史——恋爱育成、RPG、文字类AVG

现在的历史类网络小说，很大一部分是以恋爱育成为主题的，讲述男女主人公在古代建功立业同时圈后宫的故事，这样的可以改编为恋爱养成类游戏。

另一部分是描述历史事件、展现波澜壮阔的历史画卷为主的，可以改编为 RPG 或者文字类 AVG。如果小说强调主角在体验这些历史事件的同时有一个成长的过程，那么改编为 RPG 更合适，如果不强调主角自身的成长过程只是去见证或推动改变这些历史事件，更适合改编为文字类 AVG。

（4）科幻——RPG、文字类 AVG、动作冒险、策略游戏

科幻类网络小说也描绘了一个和现实世界很不同的虚拟世界，同样能为 RPG 提供“世界观”支持，主角会遭遇的各种故事可以作为游戏的任务事件。小说中描述的高科技产品也可以成为游戏中武器和技能设定的蓝本。

如果主角自身身手非凡，经历的事件更加惊险刺激，这类小说可以考虑改编为动作冒险游戏，不过对游戏制作的技术要求会比较高。

如果小说描绘的是更为宏大的战争场面等，可以改编为科幻背景的策略游戏，这也是策略游戏的一大种类。

此外既不强调主角个人的成长、战斗冒险，也不强调宏观战争的，并且带有一定的解谜因素的科幻类小说，还可以考虑改编为文字类 AVG。

（5）灵异——文字类 AVG、动作冒险

灵异类网络小说和“非恋爱主题的文字类 AVG”匹配度极高，之下的“灵异奇谈”“恐怖惊悚”“推理侦探”“悬疑探险”都适合改编为文字类 AVG，这类游戏关键是要选取情节跌宕起伏、叙事手段独特的作品作为剧本支持，然后在声画效果上尽量配合文字。

如果主角的设定是身手不错，要靠敏捷、力量等逃生或者冒险，也可以改编为动作冒险游戏，用 3D 动画的方式来呈现小说描述的内容。当然这样就对游戏制作的技术要求较高。

同时，文化批评在网络小说改编电子游戏产业前景等方面也可有所建树。从目前我国网络小说改编游戏的具体状况来看（参见图 5－2），以角色扮演类网络游戏为多，同时在被改编的网络小说当中仙侠、玄幻、奇幻等类型的小说占了很大比重。事实上，这种状况遮蔽了网络小说改编小说的多种可能性。单就小说题材角度来看，除了上述仙侠、奇幻类题材适合改编游戏之外，还有历史、青春、都市等也适合改编成不同类型的电脑游戏。对此上文已有论述，此处不再展开。

通过上述分析可以见出，文化批评在文化产业链中应该而且能够起到非常重要的作用。文化批评既是一门新兴学科，也是一个备受关注的学术热点

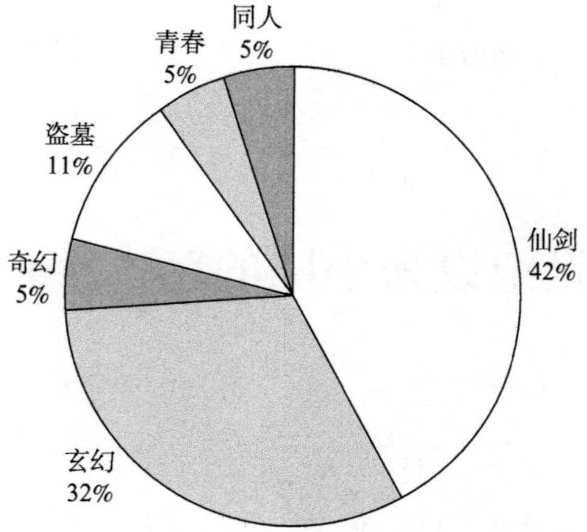

图 5－2　各类型改编所占比

问题。从大的方面来看，文化批评在西方的兴起很大程度上是对形式主义、新批评为代表的文学“内部研究”的一种反拨，其背后的理论指向在于重建文学与社会之间联系。它的出现给批评界带来了新的挑战：如何使传统的文学研究和批评更加贴近当下的文化生活本身？首先，文学研究的领域不能仅仅限于传统的经典文学文本，要更加贴近当下新鲜的、具有广泛受众群体的文学形式和文化文本，不断扩展文化批评和文化研究的领域。其次，要改变传统文学研究以文本为中心的研究方法，运用多学科的交叉知识来对整个社会的文学/文化生产机制进行研究。在这样的学科视野下，文化产业研究应当而且必须成为文化批评关注的对象之一。

21 世纪以来中国的艺术生产论[①]

艺术生产论从来是马克思主义文艺学的重要构成环节，传统的马克思主义文艺学界对此早已展开了较为深入，但相对来说也较为封闭与单调的研究。进入 21 世纪，艺术生产论却成为文艺理论研究一个异常令人瞩目的生长点，涌现了大量的科研成果。从中国社会的发展现实来说，出现这种情况其实并不意外：多年的改革开放使得中国的市场建设颇具规模，市场机制的力量作用到了原来比较高蹈的文学艺术领域；而 21 世纪之初，国家将文化产业明确为国家发展战略的重要组成部分，则把原来较为潜隐的市场生产与艺术生产是否具有同构性等问题直接地、尖锐地展现到了人们面前。一言以蔽之：社会现实对原有的艺术生产理论特别地提出了挑战。而改革开放以来学界对艺术生产论的关注（包括自身的理论创新和对国外相关理论的译介研究），则为该问题领域的全新拓展提供了一个坚实的平台。

本文试图以本体论、市场论、媒介论这几个当前艺术生产论最为活跃的方面为重点，对 21 世纪以来中国学界在艺术生产论的新拓展做一个讨论。

在进入正式的讨论之前，还有必要对艺术生产论中“生产”之意味略加界定。我们认为，“艺术生产问题”的产生发展，归根到底都和马克思的精神生产学说有着密切的关系。因此，此种“生产”之意味强调物质生产对人类精神活动的决定性影响，精神活动不但在内容上，而且在形式上，与物质生产具有某种同构性，以至于人们能够将精神活动当作物质生产的一个自然组成部分。正是从这个角度说，精神活动才是“生产”的，精神活动就是“精神生产活动”。艺术生产论应当是有特指的，它关切的重心乃是物质生产及外

① 本文曾发表于《人文杂志》（2012 年第 3 期）。

部世界的构造方式对艺术活动的影响。

一、艺术本体论

长期以来，马克思主义文艺学对艺术本体论的阐述基本是在这一经典命题下进行的：物质生产决定精神意识、经济基础决定上层建筑，同时，物质生产与精神生产特别是艺术生产之间具有某种“不平衡关系”。当前的艺术生产本体论研究则强调，在一般唯物主义原则的基础上，还需要关注现实人类社会的各种具体问题，需要根据人文学科及其他科学学科的发展，衍生、发展出多种富有时代精神的分析问题的技巧，对现实物质基础的特殊性及其与文艺生产的关系作出有针对性的阐释。

重新阐释艺术生产的唯物论基础，是21 世纪以来艺术生产理论的一个重要的工作方面。在这一过程中，西方思想界有关生产问题的讨论对我们产生了巨大的挑激作用。学界结合文化工业理论、消费理论、空间理论、生态理论、意识形态理论、景观理论、场域及文化资本理论、权力话语理论、精神分析理论，以及海德格尔等对马克思生产理论的批评等，展开了诸种关于艺术生产基础问题的讨论。这里我们仅选取学界化用消费理论、空间理论所取得的成就略加评述，从中我们可以看到学者们是以何种方式、在怎样的层面吸收了国外相关理论的合理内涵，并以之拓宽、夯实艺术生产论的唯物论基础的。

消费理论无疑是近十余年来非常活跃的一种具有本体论意味的理论样式。而在“消费理论”的统一名号之下，事实上存在着不同的理论指归。本文不拟针对具体的问题展开分析，我们所要追问的是：为什么中国学界会对这一理论投以这么强烈的关注热情呢?① 他们又从中汲取了怎样的思想营养呢?

---

① 这十余年来，中国文艺研究界以“消费”为主题的论著简直不可胜数，除了我们下文将要提及的一些著述，戴阿宝的《终结的力量——鲍德里亚前期思想研究》（中国社会科学出版社2006 年版），刘旭光的《作为社会存在的艺术作品——马克思艺术生产观念再思考》［《上海师范大学学报（哲学社会科学版）》2008 年第3 期］，刘士林的《都市文化研究的马克思主义理论基础》（《文学评论》2007 年第3 期）等也都是值得重视的理论成果。需要指出的是，哲学、社会学或其他一些学科在谈论“消费”的话题时，相当多的研究成果也涉及了艺术生产的本体论问题。这是不足为奇的，因为“消费理论”某种意义上就是以审美为本体的社会理论。按照鲍德里亚的观点，商品的符号化及其符号化的社会运作过程乃是当代社会进入“消费社会”的前提条件，而这显然与艺术品的生产过程具有同构性。这些成果同样值得引起我们的重视。

尽管研究者考察问题的角度、立场大有差别，但他们对消费问题的高度关注在很多场合中实际包孕着对传统唯物主义思维定式的一种反省或曰越界式的扩容意识。过去在谈到唯物主义的基本原则时，人们较多强调的是马克思的生产决定论，即生产是一个决定性的范畴，它规定了交换、分配与消费的具体形态。[①] 而根据经济基础决定上层建筑的原则，人们自然地进而推论：生产劳动生产了人类社会，它其实便生产了人类存在，生产了意义本身。这样，生产范畴在对整个人类的实践活动包括精神活动的解释中就居于一种支配性地位。人们通常正是从这样的角度来理解马克思的名言：“宗教、家庭、国家、法、道德、科学、艺术等等，都不过是生产的一些特殊的方式，并且受生产的普遍规律的支配。”[②]

这种思考问题的方式自有其合理性，尤其在生产水平低下、分配不公、多数人精神文化需要完全受制于物质资源匮乏的时代条件下，对生产行为决定性意义的强调，还更凸显了社会正义的内在逻辑。但消费理论指出，如果物质生产达到了一定水平，亦即进入了“丰裕社会”时代，人类社会的基本结构模式就会产生相应的变化。至少在经济活动的领域，消费反转过来会取代生产成为决定性的环节，甚至可以得出一个马克思式的消费决定论的表达式：“消费既支配着与其他要素相对而言的消费自身，也支配着其他要素……”在这样的一个时代，消费性行为在人类的整个实践活动中居于一种支配性地位。

且不论消费理论对当前社会本质的提撕是否完全切中肯綮，只要这种理论对当前社会文化的概括尚有部分合理之处，人们显然就有必要重新思考艺术价值的本源问题。传统艺术生产论在对艺术性质及价值本体的论断背后乃是生产决定论。但如果消费能够成为艺术价值的基石（之一），那么艺术的价值标准则不可避免地将被修正。正是根据这样的一种洞察，毛崇杰的《艺术生产、消费、价值之本体论整合》（《艺术百家》2010 年第 2 期）试图将生产与消费环节并置为产生文学活动具体内容的决定性基础，以此建构一种“生产—消费—价值”艺术本体论模型。毛文认为，由于生产、消费在处理艺术产品的使用价值及其他价值属性上先天地具有一种立场的分裂（即作为艺术

---

① 可参见马克思《政治经济学批判（1857—1858 年手稿）》，载《马克思恩格斯全集》（第 30 卷），人民出版社 1995 年第 2 版，第 40 页。

② ［德］马克思：《1844 年经济学哲学手稿》，人民出版社 2000 年版，第 82 页。

品的审美价值与作为商品的使用价值和交换价值的分裂，这和物质产品的生产、消费过程是根本不同的），因此，现实艺术生产就是多种形式价值分裂的积聚。从这个意义上说，传统一元论的艺术本体观自然也到了终结的时刻。

如果消费成了当代艺术自然的主导价值，它又将对艺术生产产生怎样的影响呢？施惟达、樊华的论文《论消费主义时代的精神生产》认为，学术界历来对艺术商品化、消费化负面效果的剖析是有一定道理的。但该文指出，如果借用马克思关于劳动二重性分析的理论模式，人们能够认识到在市场化时代，艺术生产具有一种特殊的二重性："它既是生产商品，也是生产艺术品；艺术产品既担负着商品的功能与效用，也具有意识形态性与审美性；艺术消费既具有商品消费的属性，又是一种精神上的享受和创造。"① 这种二重性特征使得艺术生产在市场时代仍然能够保持一种内部的张力，就是说，对市场机制给艺术质量所可能带来的伤害过分担忧，是没有必要的，也不符合艺术发展的实际，艺术虽然是精致的，可也不像人们所想象的那么脆弱。它自有坚韧之处。

也有不少学者认为消费理论存在着相当多的破绽，它并不足以对传统的生产理论构成根本性的挑战。换言之，马克思主义美学观需要正视此种理论的挑战，但其基本的价值立场、经典的论断无须移易。刘方喜的《"自由时间"论：马克思主义美学在消费时代的新拓展》就指出，尽管资本生产方式表面上生产了大量的"自由时间"，但它并未把"自由时间""从直接的物质生产中游离出来，而是重新投入进直接的物质生产之中"，因此，"当'剩余产品被当作剩余资本重新用来增殖价值，重新进入生产过程和价值自行增殖过程'时，资本主义生产实际上就剥夺了存在于'自由时间'中的艺术和诗歌等自由的精神生产发展的'广阔天地'"。② 这样，消费时代人们的纵情享乐就在更高的强度上，以一种新的表现形式凸显了"资本主义生产方式内在对抗性"。③

如果说消费理论是就经济基础的构造形态对传统的思维定式提出了某种挑战，那么空间生产理论则是对传统物质生产的观念内涵作了一定的扩展。

---

① 施惟达、樊华：《论消费主义时代的精神生产》，《文学评论》2006 年第 3 期，第 22 页。

② 刘方喜：《"自由时间"论：马克思主义美学在消费时代的新拓展》，《湖北大学学报（哲学社会科学版）》2008 年第 6 期，第 29 页。

③ 刘方喜：《"自由时间"论：马克思主义美学在消费时代的新拓展》，《湖北大学学报（哲学社会科学版）》2008 年第 6 期，第 30 页。

空间元素毫无疑问是制约人类生存的最为深刻的物质元素之一，不过，和一般物质元素不同，它很难作为经验对象被直接感知，人们通常通过意识反思和逻辑推论，以间接的手段确认其存在。人们在进行相关问题讨论的时候，容易下意识地把空间问题主要当成一种主观意识的问题而不是物质客观的问题来处理——或者，干脆遗忘这一问题本身。[①] 空间生产理论在人们这种思维定式的缝隙处，捕捉到了问题的关键，它提醒我们：如果要为物质生产增添上空间的元素，我们今天就应该重新思考“物质生活的生产方式制约着整个社会生活、政治生活和精神生活的过程”[②] 这一唯物主义的基本命题。

受到列斐伏尔、德波以及哈维等西方理论家的启发，中国学者近来对空间生产问题予以了高度关注。包亚明、陆杨、汪民安等更努力将空间生产研究的维度引入到文学艺术的领域。他们力图阐明，围绕着物质性的空间元素，人们会生成各种相关于空间的观念与意识形态，而就在此意义上，“空间是带有意图和目的被生产出来的，是一个产品，空间生产就如任何商品生产一样，是被策略性和政治性地生产出来的。……空间不是自然性的，而是政治性的，空间乃是各种利益奋然角逐的产物。它是各种历史的、自然的元素浇铸而成的。空间从来不能脱离社会生产和社会实践过程而保有一种自主的地位；事实上，它是社会的产物，‘它真正是一种充斥着各种意识形态的产物’”[③]。从这个角度说，分析人类各种空间意识的类型（包括各种引申性的、比喻性的关于“空间”的说法），分析研究这些空间意识与外部物质生产、经济生产、社会活动之间关系，就是艺术生产研究的题中应有之义了。据此，人们才能研究外部空间意识变化所造成的相应的美学观念的变化，或分析讨论诸种文艺表现形式所涉及的空间意识形态等问题。

除了各种基础理论的探讨，还有不少研究者试图将此种理论具体地应用于文艺作品与文艺现象的分析中，在某些人们司空见惯之处挖掘出了新的内涵。像陆扬的《空间何以生产》（《马克思主义美学》2008 年第 1 期）、张德明的《空间叙事、现代性主体和帝国政治——重读〈鲁滨孙漂流记〉》（《外

---

① 这当然是就大而论。一些思想家如康德、巴赫金等曾就空间问题展开过非常深刻的研究，但应当承认，他们的观点至少在生产理论方面并未激起充分的回应。

② ［德］马克思：《〈政治经济学批判〉（第一分册）·序言》，《马克思恩格斯全集》（第 31 卷），人民出版社 1998 年第 2 版，第 412 页。

③ 汪民安：《空间生产的政治经济学》，《国外理论动态》2006 年第 1 期，第 47 页。

国文学》2007 年第 2 期）等都是较有代表性作品。

空间生产理论并非全无争议。关于“空间”的概念界定及其运用到空间批评的适用范围，当前理论界还有一些含混之处。当然，这种含混由来有自，因为其理论创始人列斐伏尔的论述便有语焉不详，甚或自相矛盾之处。不过，该理论仍有启迪意义，它不但有助于拓宽物质生产概念的研究进路，同时，也能帮助我们更为切实地理解社会存在的嬗变如何内在地影响社会意识的形态（当前勃兴的都市文化研究正说明了学界这一自觉的意识）。

二、艺术生产与市场的关系

艺术生产与市场的关系是艺术生产论的核心问题。在市场体制的时代，市场以其特殊强烈的手段，将艺术活动裹挟进经济生产与物质生产活动中，并以自己的标准和形式，对艺术活动进行规定。通常人们也正是从这个角度说：艺术活动日益生产化了，艺术活动已成为艺术生产。不能说在过往的时代，这种情况是不存在的，但在市场体制的时代，这种外部物质力量对艺术活动的控制力量特别强大、全面并且手段隐蔽。因此，考察市场机制对艺术活动的制约性关系，成了艺术的生产关系理论建构的主要环节。

这方面的理论研究，在当前有两个关注点。其一，市场机制与整体的艺术活动有何关系？相关的研究通常具有实证性。其二，市场机制对艺术活动有何影响——就是说，市场时代的艺术是否因为市场机制的高度介入而发生了某种价值含量上的根本变化？

马克思已经注意到，市场机制将对艺术活动产生一定影响。不过，他认为，由于技术方面的制约，当时人类精神活动的许多方面是难被物化的，它们很难作为商品进入广泛流通的环节，为资本带来增值的效益。他特别指出说：“产品同生产行为不能分离，如一切表演艺术家、演说家、演员、教员、医生、牧师等等的情况。在这里，资本主义生产方式也只是在很小的范围内能够应用，并且就事物的本性来说，只能在某些领域中应用。”① 正因为如此，这一领域的生产活动及生产活动对其既有形态的影响，其规模“是微不足道

① ［德］马克思：《剩余价值理论》（第一册），《马克思恩格斯全集》（第 26 卷第 1 册），人民出版社 1972 年版，第 443 页。

的，因此可以完全置之不理”。①

以今天的眼光来看，马克思这方面的论述实有偏颇之处。本雅明早就指出了这一点。② 国内学界从20世纪90年代开始也比较清晰地认识到了这方面的问题，鲁湘元、张来民等人就试图以大量实证材料说明：市场力量乃是推动近代以来文学发展的一只看不见的手。有充分的证据表明，许多作家（有些还是我们传统文学观中的“伟大艺术家”）从事创作的第一动机，不是出于其“春蚕吐丝一般的天性”，而是为了牟取市场利润。进入21世纪后，陈平原、王本朝等的研究更趋于系统化，所征引的材料也更加准确、客观。

王本朝的《中国现代文学的生产体制问题》以中国现代文学为个案，研究现代性的生产机制（主要即是以市场为导向的机制）怎样以各种方式，进入到文学活动的各个环节——从创作到消费。王本朝认为：“现代的文学体制与西方的器物、思想和文化导入中国的过程大致同步，它在进入中国社会历史的语境过程中，也自觉进入中国文学的现代性系统，并作为新思想、新观念诞生的温床不断改变和创造着文学现代性的话语系统。……文学体制使中国文学超越了个人心灵的想象和独语状态，走向生活化和社会化的价值取向，形成面向时代、介入生活、干预社会的新传统。……文学生产方式制约着文学的意义生产，从作家到作品，从传播到评论和读者的接受，形成了多重文学关系和文学结构，它们都参与了文学意义的创造和建构。”③

除了对经典文学样态的研究，学者们还指出，市场机制对艺术活动的影响简直是无远弗届、无微不至的。先锋艺术通常被当作纯艺术探索的极致状态。但周韵的《为象征资本而战——从市场的角度看先锋派的逐新冲动》指出，如对先锋艺术的发端及运行规律加以审视，人们则能够相当清楚地看到，先锋艺术与市场机制从来就具有同生共谋的关系：“先锋派的确借助时尚与市场确立了一种矛盾妥协关系，一方面试图游离市场及其限制，强调自身的独特性，一方面又不断地寻求市场的支持，从而达到对市场的持续妥协。更进一步地说，时尚原则促进了先锋派的竞争和转变，导致先锋派与市场日益同

① ［德］马克思：《剩余价值理论》（第一册），《马克思恩格斯全集》（第26卷第1册），人民出版社1972年版，第443页。

② 可参见本雅明《可技术复制时代的艺术作品》，《经验与贫乏》，王炳均等译，百花文艺出版社1999年版，第260页。

③ 王本朝：《中国现代文学的生产体制问题》，《文学评论》2004年第2期，第97页。

化，最终完全成为市场的时尚商品。”①

市场机制有没有对艺术活动产生影响，有关问题的判定相对来说是比较明确的。但这种影响从整体来看是积极还是消极，学界就不容易取得共识了。围绕着马克思“资本主义生产就同某些精神生产部门如艺术和诗歌相敌对”② 这一著名的论断，不同价值立场的学者展开了激烈的（但未必是针锋相对）讨论。

部分学者认为，在艺术与市场的矛盾关系中，市场的作用整体上看是值得肯定的。徐岱、胡亚敏等学者在这方面作出了大量的探索。这其中，颜翔林的《现代神话与文艺生产》对市场与艺术关系的阐释颇有新意。颜文认为，如果借用物质生产的概念考察文学活动的全部过程，在一定程度上，可将其视为一个生产的过程。而神话在这过程中大致起到了一种阀阈的作用，它是人类对各种外在世界的意识形态感觉变形成为艺术意识的重要中介，很大程度上影响了最终艺术产品的形式和具体内容。颜文进而指出：时代不断在变，神话及其与各意识形态的关系形式也不断在变；在当前，神话虽然同样起到了生产阀阈的作用，但现代神话自身的逻辑结构及形式表现却已较古代神话发生了根本的变化——“从知识论和认识论的意义上，现代神话对于知识和认识采取类似现象学的悬置（Epoche）策略，以存而不论的态度忽略它们的客观存在……他们在理智上明确地知道这属于虚假的存在，却在情感上和审美上认同它们的合法性”③。

这种现代的神话模式，不可避免地影响到了文化生产体制及最终的产品生产本身。它虽然改变、削弱了传统艺术许多令人惊叹的品质，但也带来了许多新的冲击：“文艺的消费性高涨成为不可阻挡的滔滔洪水，它已经淹没了古典神话的彼岸性和永恒性的审美信仰与价值承诺。然而，我们也欣喜地观察到，在现代神话影响下的文艺生产，它的大众性成功地消解以个人意志凌驾在众人之上的启蒙主义神话，尽管存在着主流意识形态的主导性势能，它还是比较成功地以娱乐性和审美性抵消传统文艺的道德说教功能。”④

张冬梅的《艺术产业化的历程反思与理论诠释》（中国社会科学出版社

① 周韵：《为象征资本而战》，《湘潭大学学报（哲学社会科学版）》2009 年第 1 期，第 125 页。

② ［德］马克思：《剩余价值理论》（第一册），《马克思恩格斯全集》（第 26 卷第 1 册），人民出版社 1972 年版，第 296 页。

③ 颜翔林：《现代神话与文艺生产》，《文学评论》2007 年第 4 期，第 197 页。

④ 颜翔林：《现代神话与文艺生产》，《文学评论》2007 年第 4 期，第 199—200 页。

2008年版）对艺术自律原则普遍有效性地位的争辩，殷曼楟的《艺术体制论与纯美学的去魅》（《江汉论坛》2005年第11期）借用布尔迪厄的理论来指认“艺术纯粹地、超越于现实社会之上”只是一种“乌托邦”等观点，也具有一定的理论创新意义。

另有不少学者在艺术与市场的矛盾关系中，认为市场力量更多是起着一种消极的作用，他们在价值导向上更为尊奉艺术价值对于人类本质精神的引领作用。相对而言，这是一种比较传统和经典的观点，但进入21世纪以后，学者于此同样做出了令人瞩目的理论创新。

张玉能的观点是略倾向于此种“否定派”的。他在《马克思主义实践美学的艺术本质论》（《马克思主义美学研究》第7辑，广西师范大学出版社2004年版）中，把艺术的所有本质问题都辐辏于“审美创造的符号形式”一点上——而这一点又关乎于对实践之自由、对人的本质力量之自由的自觉表现上。据此：艺术作为某种精神形式的“生产”，其与市场机制的“生产”是没有什么关系的。如果一定要说有什么关系，那就是艺术引领着人们所有的活动（自然包括市场活动了），以走向更高价值形式的实现与完成：“按照美的规律来进行的活动”，乃是“一种自由自觉的活动”“个体和社会相统一的活动”。

李胜清的《图像美学的商品化叙事》较为深入地讨论了现时代图像商品化和商品图像化的问题，但它的结论意见却和大多谈论“图像时代”的论文不同。在作者看来，图像在当代如此深远地潜入了商品运作机制和精神文化的生产机制，与其说是一种技术力量的必然，还不如说是精神的堕落：“图像美学不但意味着生活经验客体的符号化与商品化生成，而且意味着一种人本身作为价值主体的图像化生存性质与物化性质。也就是说，在图像美学的价值秩序中，随着其对象世界被日益图像化与商品化，人也仅仅以自身的纯粹形式和外在感性部分来呈现自己，作为主体的人已经在图像化的中介下日益成为一个纯粹能指的存在物，至于人性意识规定的其他维度，如人作为一种语言文字与抽象思维等理性形式的存在身份性质，则不是被遮蔽就是被消解了。”① 李胜清进而说，海德格尔曾经谈到的世界图像问题简直就是一个悲怆

① 李胜清：《图像美学的商品化叙事》，《武汉理工大学学报（社会科学版）》2010年第1期，第41页。

的预言。

三、媒介问题

媒介与艺术生产关系的研究，即关于艺术的生产工具的研究，是传统艺术生产论较少触及的方面。

传统艺术通常将艺术创造视为自足的畛域，未曾意识到媒介（或载体）对艺术创造的构成性作用。随着媒介理论的发展和数字媒介技术的刺激，研究者们越来越认识到，媒介的发展水平在相当程度上可视作文化生产力发展水平的标志。比如离开电影、网络这样一些现代媒介，离开人们对这些媒介诸种物质层面功能内涵的认识及操控能力，所谓电影艺术等根本是无从谈起的。而从另一层面看，这种对媒介物质层面功能内涵的认识及操控，又绝不是单纯技术层面的问题。不同价值立场的群体都会根据自己的需要，以自己的方式把控媒体，或者说，试图使媒介功能更可能按照自己的需要来展现。因此，媒介研究、艺术的媒介研究也包含着价值层面的考量。

研究媒介从物质层面对艺术创造的构成性作用，尤其关注数字媒体等新兴大众媒介对艺术活动的刺激甚至是引领作用，是当前研究的一个主要方面。陈平原、欧阳友权等在这方面做出了大量的工作。除了文学生产方面，当前研究对其他艺术领域的媒介作用，也展开了较为广泛而深入的研究。①

张玉能、张弓的《大众媒介与话语生产和文学生产》从形式直至内容层面，较为系统地讨论了媒介的物质生产的规定性如何规约了精神生产的特性。论者认为："大众媒介需要运用人类的各种符号、话语才可能传播，符号或话语与符号生产或话语生产是大众媒介的中介和中介过程……话语生产和精神生产往往是交织在一起，都离不开信息传播的过程，所以，一定时期传播媒介的变化就必定影响到这一时期的话语生产和精神生产。"② 当前大众媒介的基本特征是图像化、平面化、虚拟化，这就必然相应地引发精神生产感性化、市场化、虚幻化，同时使得文学生产外在实像化、即时消耗化、生活陌生化。

---

① 张耕耘的《数字媒介与艺术》（《美术研究》2001 年第 1 期），任志宏、单建鑫的《新媒体视野中的网络音乐文化及其美学特征》（《河北学刊》2009 年第 5 期）等是较有代表性的文献。

② 张玉能、张弓：《大众媒介与话语生产和文学生产》，《文学评论》2007 年第 5 期，第 181—182 页。

甫玉龙、陈定家的《比特化：网络时代的文学巨变》则从数字技术的图像化、平民化（或曰“去等级化”“去精英化”）、个性化及即时交互的功能等数点来论证，数字媒介的兴起，将改变文学的既有本质：“21 世纪是一个网络‘显灵’的时代。就文学艺术生存方式而言，从‘原子帝国’到‘比特之城’，可以说是网络时代所发生的许多重大变革中最为根本性的变化。”①

方维规、朱国华等对于媒介这种对艺术本体论的决定作用持保留态度。方维规的《再论新媒介的能量》认为新媒体的崛起，进一步加强了资本在文化工业中的统治力量。他承认新媒介为我们的艺术精神生活带来了重大的冲击，但至于新媒体对人类精神生产真的改变了什么，又为之带来了什么崭新之物，现在还看不到：“历史告诉我们，曾经的主导媒介形式与新形式的共存将是长久的。……新媒介的能量是巨大的，新媒介的能量是有限的。”②

金惠敏则从另一个角度来看待媒介与艺术生产的关系问题。他的《媒介的后果——文学终结点上的批判理论》（人民出版社 2005 年版）从媒介与人类存在的本质关系问题入手，研究媒介如何成为人的内在的尺度，媒介的尺度如何成为人的尺度。书中论述道，当媒介方式发生了本质的改变，文学与人类生存的一些传统的基本关系模式（诸如时空关系、意义表现）等也自然发生了根本的改变，因而此种改变必然影响到人们关于文学的某些基本态度。不过，这种改变未必一定意味着毁灭、死亡，改变也意味着生成，文学在媒介方式的根本变异之处，同样能够找到自我救赎的希望。

从文化研究的角度，以文艺作品作为文本分析对象，研究媒介机制与社会各个层面、各种价值维度的权力话语的纠结关系，是当前媒介生产研究另一个关注的焦点。这其中，媒介与现代社会的意识形态生产等是国内学者尤为关心的问题。孟繁华、邵燕君等的工作成果是较有代表性的。

网络媒介诞生之后，许多人对媒介的未来产生了诸多的理想，比如想象网络的交互性使网民掌握了传递信息的主动权，网民可以和新闻工作者共享新闻事件第一手资料和背景资料，或以为大众传媒对舆论的控制权和主导权会大大削弱等。③ 但孟繁华认为这些乃是不切实际的幻想：“传媒的意识形态

---

① 甫玉龙、陈定家：《比特化：网络时代的文学巨变》，《江汉论坛》2009 年第 7 期，第 103 页。

② 方维规：《再论新媒介的能量》，《社会科学论坛（学术评论卷）》2009 年第 1 期，第 68 页。

③ 孟繁华：《传媒与文化领导权》，山东教育出版社 2003 年版，第 255 页。

性是普遍的”[1]，并且这种功能是不可逆转的。在此论断下，孟书对网络民粹主义做了知微见著并直言不讳的批评。“传媒的文化民粹主义策略，事实上是调动、鼓惑民众极端激情和偏执情绪的手段之一。而民众一旦接受了这一调动，传媒就获得了文化领导权。”[2]

四、改进方向

当前的艺术生产论研究已取得了巨大的成果，当然，也还存在一些需要提升或改进的方面。以下几个方面也许值得引起特别的关注。

第一，需要进一步借用精神生产各方面的研究成果，深化艺术生产论的内涵。

中国学界关于艺术生产理论观念的拓展，大多借用自西方各种精神生产研究学说。这种借用尽管成绩斐然，不过总体上看，反思、融会工作做得并不够深入，有时还流于一般介绍。

第二，应当注意吸收传统艺术生产论的积极成果。

由于受到过强的政治因素的干扰，传统的艺术生产论的确有着较强的局限性，某些论断甚至失之僵化与粗暴。一个时间阶段内，人们对这样的艺术生产论产生厌倦之情是自然的。不过，这是否意味着过去的这些研究成果在学理上果真是一无可取呢？这些研究成果是否能够以“局限于文学艺术的外部研究”就潦草打发了呢？对这些问题我们需要慎重对待。

我们能够注意到，伊格尔顿、戈德曼、马舍雷的不少见解其实与传统的艺术生产论十分接近。诸如“艺术……也是经济基础的一部分：它像别的东西一样，是一种经济方面的实践，一类商品的生产。……艺术是一种社会生产的形式，……它（指‘社会生产的形式’——引者按）对决定艺术本身的性质有着紧密的关系。……艺术首先是一种社会实践，而不是供学院式解剖的对象。我们可以视文学为文本，但也可以把它看作一种社会活动，一种与其他形式并存和有关的社会、经济生产的形式”[3] 之类的议论，如果遮蔽掉议

① 孟繁华：《传媒与文化领导权》，山东教育出版社 2003 年版，第 251 页。
② 孟繁华：《传媒与文化领导权》，山东教育出版社 2003 年版，第 254 页。
③ ［英］伊格尔顿：《马克思主义与文学批评》，人民文学出版社 1980 年版，第 66 页。

论者的名字，人们能够发现它们与传统艺术生产论有什么根本不同吗？既然当前研究者已经意识到，借助伊格尔顿等人的理论，我们能够对文学艺术活动的本然情况作出一定的洞察，那我们也就没有理由对传统研究成果弃之如敝履。

第三，需要注意到，艺术生产论只是研究的视角之一，总的说来，它侧重的是文学艺术与外部世界关系的研究。因此，我们有必要对此种研究方式自身的局限性、它与文学艺术内部研究的关系问题，进行系统的考察。①

第四，艺术生产论的实践应用方面，需要做深入、系统的拓展。

当前艺术生产理论的兴起，并不完全是一个理论层面的问题，它与中国市场建设、文化产业大发展的现实需要紧密相关。对于艺术生产理论来说，它在以下几个方面面临严峻的挑战。其一，传统的艺术生产论一般来说是比较抽象的，话题集中在形而上的层面。如何以之回应现实的文艺生产问题，这就需要研究者拓宽视野，调动多方面学科知识对既有的文艺学学科内容进行扩容，有时甚至是超出常态越界式的“扩容”。这方面，金元浦、陶东风、欧阳友权等学者已作出了一些重要的开拓性贡献。其二，如何从艺术的角度，对生产实践的问题作出回应，这是另一方面的问题。艺术生产在实践的层面，会产生一系列实际的社会经济及文化政治问题，这都需要学术界加以积极的回应。艺术生产论固然需要对相关问题作出切实的回应，但这方面的考量又应当是以艺术方面的思考为核心的，不然，此类研究就容易变得与经济学、商学、传播学的研究没有区别了。

当然，人们也可以进而追问：什么才算是以艺术为核心的对艺术生产实际问题的考量呢？笔者认为，当前许多学者正积极开展的对艺术产业链的规划与设计，以及相关的学理探讨，都是较为典型的个案。再比如，对文化产品附加值的研究，也应当是实践层面的艺术生产研究的重点问题。人们都知道，发展文化产业的一个决定性环节就在于：文化产品具有一种超出其一般功用层面的“文化附加值”。但文化附加值如何产生，是劳动生成的还是由供需关系形成的？在各种不同类型的文化产品中，文化附加值估算的模式又应

① 卢卡奇、戈德曼、詹姆逊等的文学社会学，虽然强调内部研究和外部研究的结合，但他们的研究方式基本是从文本出发，解读出外部环境，以此论证社会结构与文本结构有同源性，或者说文本内部是外部环境的隐秘的表达。很难说这类研究方式真正顾及了艺术内部活动规律的问题。

当按照何种学理逻辑展开？而在这一系列研究中，对艺术商品附加值的定性、定量分析又是最复杂、最困难的。这个问题如能取得突破，我们对文化产业整体上的认识，可能也会发生相应的变化。

第五，需要加强对大众文化、大众文艺现象的深入研究。

艺术生产研究不可避免地和大众文化问题研究联系在一起。但对研究者来说，大众文艺虽然是市场机制作用于文艺活动的最为突出的表征，但由于其中新兴的文艺样态颇多，而又缺乏类如经典文艺那样的研究积累，因此，许多研究者在谈论大众文艺问题时，其实是在谈论各自想象中的大众文艺。他们的评论意见和对象本身并不总是吻合的，有些优秀的研究成果在这方面也不免有所缺憾。

最后需要提到的是，我们在前面的讨论中谈道，学界对艺术生产论的许多关系方面都存在相当激烈的矛盾争议（如艺术与市场的关系、媒介的作用等）。笔者以为，出现这种矛盾现象是正常的。对中国当代的文艺建设来说，市场机制、数字媒介等本身都是新兴的事物，它们正在生成之中。它们对文艺活动的影响，无论是积极的还是消极的方面，也都还在生成之中。因此，从文艺学学科的建设需要来看，对这些争议从某一特定价值论的角度过早地作出一个封闭性的判断，恐怕并不妥当。知识是难以预测的，艺术生产论应当是一个具有高度开放性的系统，争议的存在正意味着各种研究进路有在更高层面上得到整合的可能，充分的矛盾争议正意味着它具有充沛的活力。

二

技术与艺术

文字叙事算法研究的若干前提①

引 言

自20世纪中叶以来，人工智能（Artificial Intelligence，简称AI）作为一种技术现实和文化想象与人文科学、艺术实践的关系日益紧密。1983年，计算机程序雷克特（Racter）创作的名为《警察的胡子是半成品》（*The Policeman's Beard is Half-Constructed*）的实验性书籍问世，这意味着AI的文学创作之路正式开始。进入21世纪后，随着相关领域技术水平、认知能力的飞速提升，AI在艺术实践上的潜能得到深刻释放，AI的文学创作也取得了新的突破与发展。2008年，俄罗斯圣彼得堡Astrel-SPb出版社出版了史上第一部AI创作的长篇小说《真爱》，其主人公借自托翁名著《安娜·卡列尼娜》，情节取自17本经典小说组成的情节库，行文风格上则仿照村上春树。这部由PC Writer 2008耗时仅三天便写就的长达320页的小说被予以厚望（不过PC Writer 2008程序的设定却耗费语言学家和程序员八个月之久），出版社宣称若此书销售量可观，之后会陆续推出AI撰写的其他小说；但此事之后并无进展。② 2016年，以科幻小说《计算机写小说的那一天》为代表的AI作品参选第三届日经新闻社的"星新一微型小说文学奖"，最终由日本公立函馆未来大学松原仁教授的团队研发的AI通过初审；但此后再无下文。综合考量，上述作品的基本内容、人物设定和故事框架等基本要素均由设计者所拟定，AI所做的仅是对这些素材

---

① 本文与徐阳合作完成，曾发表于《艺术学研究》2022年第2期，发表时略有删节。

② 参见陈赛《算法时代的写作艺术》，《三联生活周刊》2014年第31期。

的机加工和重组。因此，这类文学“制品”客气地说是人机合作的产物，不客气地说，仅是“demo”，即是专门为展示而制作的样品，其中人工干预、拣选的因素恐怕是过于强烈的，距离 AI 真正的“写作”相去甚远。

不过，近几年 AI 创作取得了较大的进步和发展，尤以微软小冰的创作为突出代表。截至目前，微软小冰在诗歌、绘画乃至音乐等诸多艺术领域都颇有建树。就文学创作而言，2017 年 5 月，小冰出版了第一部由人工智能创作的诗集《阳光失了玻璃窗》；2019 年，小冰与人类共同创作的诗集《花是绿水的沉默》被称为世界上第一部真正意义上由智能机器和人类共同创作的文学作品。就最新成果而言，AI 在仿写中文长篇著作、续写英文长篇小说等方面所依赖的文本生成模型是 GPT－3。[①] GPT－3 是由人工智能组织 OpenAI 于 2020 年 6 月发布的自然语言处理模型，也是有史以来最为强大的语言模型。GPT－3 采用单向语言模型训练方式，有着较大体量的训练模型，利用预训练—精调两段式框架进行训练。该模型通过将单词向量化形成矩阵，在许多自然语言处理数据集上均具有出色的性能，包括翻译、问答和文本填空任务，还包括一些需要即时推理或领域适应的任务等，有着较高的处理水平与能力。GPT－3 模型的建构使得关于 AI 写作可能性的讨论再次提上日程。事实上，依照目前 AI 的发展形势，其一般的可通过图灵测试的“写作”能力从理论上而言已成为现实。不过，这些写作的成品是否称得上“文学作品”、AI 的工作在何种尺度上能够被纳入文学领域（或者说，介入到当代文学的实际生产环节）中讨论，都颇费思量。事实上，AI 这些文本生成究竟在何种意义上能够被称为“写作”，也远不是一个自明的问题。因为就当前 AI 艺术的实践来看，在其自运作的条件下，较容易通过图灵测试的，大概都集中于抒情或抽象艺术的领域。因此，在进入相关具体问题的研究之前，我们最好不要用想象来代替现实，既不要低估 AI 未来的潜力，但也不要凿空想象 AI 写作的无限未知和可能性领域。人类在这方面过于激进与过于保守的论断都会产生不少的笑柄。著名人工智能专家雷·库兹韦尔在其 1999 年出版的《灵魂机器的时代：当计算机超过人类智能时》一书中曾例举了不少技术保守主义的笑料：

① GPT 是 Generative Pre-training Transformer 的简称，GPT－3 是第三代，第一代 GPT 于 2018 年发布，第二代 GPT－2 于 2019 年 2 月发布。

“我想全球市场也许只需要5台计算机。”——国际商用机器公司董事长托马斯·沃森，1943年。

“未来的计算机也许不会超过1吨半。”——《通用机械学》杂志，1949年。

“对任何人来说，640K的内存都应该够用了。”——比尔·盖茨，1981年。

“互联网将在1996年灾难性地瘫痪。”——罗伯特·梅特卡夫（以太网的发明者）。①

但如以后见之明去评论库兹韦尔的言论，我们容易发现他的激进想象也有很多令人解颐之处。比如他认为到2019年，“电脑大部分是看不到的，嵌装在各处——墙上、桌子上、椅子上、服饰上、珠宝上和人体内。……大多数道路安装有自动驱动系统。人们开始与机器人建立联系，把它们当作同伴、教师、看管人和爱人。虚拟艺术家，靠着自己的声誉，出现于各种艺术领域。”② 显然，他很大程度上高估了AI的发展水平。

我们不妨往后退一步，搁置AI写作的艺术性、文学性、诗性的研究，也暂且搁置AI写作的潜能等话题研究，回到问题的起始之点，叩问今天的AI何种层面、何种形式的活动能够与人类所谓的艺术活动相接近、相配称？这其实也就是这样一个问题：当前的AI活动是否已经可以将某些人类公认的艺术形式转化为一种确定的算法？具体到写作的领域，我们显然就有必要脱离

① 参见［美］雷·库兹韦尔《灵魂机器的时代：当计算机超过人类智能时》，沈志彦等译，上海译文出版社2006年版，第219—220页。

② 参见［美］雷·库兹韦尔《灵魂机器的时代：当计算机超过人类智能时》，沈志彦等译，上海译文出版社2006年版，第352—353页。

库兹韦尔还说，再过10年也就是2029年，“电脑依靠自己进行学习，机器正在创造着重要的知识，很少或者根本没有人的介入。电脑阅读了所有现有的人类和机器产生的文献和多媒体材料。全方位地利用直接的神经连接的听觉、视觉和触觉的交流手段已被广泛使用，这使得虚拟现实的产生无须处在一个“完全接触的围墙”中。绝大多数的沟通不涉及人。涉及人的沟通主要是人与机器之间进行的。工业生产、农业和运输业中几乎用不着雇用人。绝大多数人的基本生活需求早已得到满足”。到了20世纪末，“人类的思维与人类最初创造的智能机器有强烈的合并的趋势。人类与电脑已不再有明确的区别。”“对于智能生物而言，预期寿命已不再有什么意义。”（《灵魂机器的时代：当计算机超过人类智能时》，沈志彦等译，上海译文出版社2006年版，第352—355页）对于有智识的读者来说，自然不难判断这些预言有实现的可能。

一般文学研究的领域，撇开文学与其他艺术形式共性与差异性讨论等传统模式，仅从文学表达的基本物质基础也就是文字表意的可算化这一前提出发，讨论当前AI文字写作算法的逻辑构造样态及其实践成效，分析其逻辑样态的必然结果，以此与人类文字写作的结果比照；并根据当代AI最新、最强大的深度学习模式，追问这种比照学习的发展潜力亦即其达成或超越人类同类型文字写作的可能性。

我们认为，就AI当前的写作学习来说，其参考人类文字写作模式的逻辑构造，大抵可分作两种基本的类型，即抒情写作与叙事写作。抒情写作的基本学习对象是抒情诗，微软小冰的现代诗创作能力是通过对1920年后519位现代诗人的上千首诗学习上万次后而达成的。而叙事写作的基本学习对象是故事与小说，2015年阿里巴巴推出了声称拥有庞大的故事资料库的智能创作系统的“阿里编编”，对外宣称平均一集电视剧剧本只要10分钟，而一个完整的电影剧本也只需30分钟。2021年，阿里作为第二大股东的科技公司“海马轻帆”又进一步推出“小说转剧本”智能写作功能。AI的抒情写作和叙事写作涉及两种迥然不同的算法构造逻辑，其中在抒情文字写作方面，AI似乎已通过低配版的图灵测试（笔者对这点其实仍存疑问），在此且略过不谈。本文主要讨论AI在叙事写作上，按照人类的写作方式，需要建构什么样的底层的逻辑形态及其实践的可能性。

一、可算：AI创作与人类创作可比较的基础

从根本上讲，人类的思维模式与计算机的处理模式所能直接相比较的地方是算法，这是我们讨论一切问题的前提。

早在20世纪中叶，“计算机之父”约翰·冯·诺依曼（John von Neumann，1903—1957）曾创造性地从数学的角度对计算机的数学运算和人脑思维的过程进行过比较研究，这一创举不仅为计算机的创新、人工智能的发展指明了方向，也为今天AI艺术与人类艺术之间的异同提供了可比较的理论基础。这便是冯·诺依曼死后所出版的《计算机与人脑》（*The Computer and the Brain*，1958）一书的基本思想。

目前计算机的逻辑理论架构仍基于冯·诺依曼体系结构（Von Neumann Architecture），仅是在其基础上略作改进，并没有真正超越。这意味着我们在

讨论文字叙事算法研究的前提时，仍可以从冯·诺依曼对人脑和计算机可比较的基本点——算法开始，这也是我们从理论层面对AI创作进行合理分析的大前提。冯·诺依曼表明任何为人类所用，特别是为控制复杂过程而建造的人工自动机，通常都具有纯粹的逻辑部分和算术部分。不论人类设计者制定何种程序，他们都必须用数值相等或不相等的方式对所要执行的任务予以设定，然后交由能够实现该任务的自动机去处理。[①] 类似地，人脑的神经系统也具有两种类型的通信——不涉及算术公式的通信和算术通信。前者属指令通信（逻辑形式），后者属数字通信（算术形式）。前者可以用适当的语言来描述，后者可以用数字来描述。[②] 因此，依冯·诺依曼而言，人脑与计算机的相似点和可比较之处是在算法上：计算机的处理系统能够在不同实用领域大展身手是因为学习了人工算法的部分原理，而人脑的神经系统可以被视为能够以相当低的精度完成极其复杂的工作、具有相当高可靠性的计算机。不过，虽然计算机的所有算法都由逻辑架构和逻辑演算两部分构成，但基于人脑和计算机的相似性对AI创作和人类创作予以比较时，我们能且仅能讨论的便是算法的逻辑架构部分，至于更为烦琐复杂的逻辑演算体系则属于程序员专攻的领域。

从理论上来讲，AI逻辑架构的实现与神经冲动（能量）产生的信号传递类似：计算机设定者给出一个目的性指令（从这个角度说，AI运作的底层机制必然是因果性的），计算机便根据一定验算框架（即代码）进行运作，之后根据相应电信号的回馈得到某种回应指令。一台机器若要通过计算来解决一个具体问题，就必须由一组完整的代码来控制它。现代计算机的使用是基于用户就该机器要解决的给定问题而开发和制定出必要的完整代码的能力。[③] 代码的复杂性在此也可暂时搁置不谈，因为正如诺依曼所言，一台机器在任何复杂的、各种可能的指令系统的控制下做任何运算，都好像它只包含“基本”运算，即那些基本的、非复合的原始指令。[④] 因此，AI的所谓“创作”，只是按照既定算法程序一种演算，是这种演算逻辑的随机性成果。它之所以有时看起来跟人的创作有可比较性，是因为经过拣选的样本看起来与人类创作的

---

① 参见［美］冯·诺伊曼《计算机与人脑》，王文浩译，商务印书馆2021年版，第73页。
② 参见［美］冯·诺伊曼《计算机与人脑》，王文浩译，商务印书馆2021年版，第80页。
③ 参见［美］冯·诺伊曼《计算机与人脑》，王文浩译，商务印书馆2021年版，第70页。
④ 参见［美］冯·诺伊曼《计算机与人脑》，王文浩译，商务印书馆2021年版，第71页。

某些文本类型有相似性，而不是AI真正按照人类的创作规则在写作。当前AI写作（创作）努力的方向，就试图按照某一种算法，至少将人的某一类型的写作方式彻底地程序化，在这一程序逻辑中，以深度学习的方式，使得AI最终获得类型文本自生成的能力——就像当年围棋程序AlphaGo曾经达成的目标那样。这是比较人类创作与AI创作是否可能具有相似性或者说可比较性的唯一基础。

基于此，本文就人类自身出发，将人类的艺术形式根据某种算法的逻辑解析为一种算法。不过，当以算法为基础比较AI创作与人类创作时，我们所必须面对的问题便是算法无法将诸如情感、信仰、宗教等虽对艺术创作至关重要但却不可演算之物统筹在内。事实上，像情感、信仰、宗教等要素对人文艺术的发展功不可没，在中西文明的演进过程中扮演了至关重要的角色。但我们从现实层面让AI如科幻小说中的人物那样拥有情感、保有信仰既无可能更无必要。换言之，在真正对AI作品和人类作品予以比较之时，一是我们仅能讨论二者在客观上可被比较和可被计算的环节，也就是以人类身体为经验的建构艺术作品时所涉及的环节；二是在对比过程中我们的基本设想是将人类艺术创作算法化，而非漫无标准地设想AI依据何种高级程序能够达到人类创作的标准等。在这两大前提下，较具体AI程序的运作而言，我们的讨论将不可避免地显得粗泛和宏观，但这确是目前研究首先需要澄清的问题。

二、具身习得的逻辑参数：AI创作的理论构想

在对比AI创作和人类创作的过程中，我们所采取的基本思路是将艺术创作所需要的基本要素算法化，以形成AI创作所需的逻辑参数，从评估AI对这些逻辑参数进行习得和转化的现实可能性，从而回应AI写作的潜能等话题。这里的逻辑参数是指将艺术创作所涉及的人类所有思维内容还原为明确的生理表征行为，描述为可被描述和必须被描述的要素，因为它们与人类身体经验直接相关，因此又可被称为具身习得的逻辑参数。这种具身习得的逻辑参数将从人类自身经验出发，将与艺术创作相关环节分解为最小的单元模块。最小单元模块是指在现有人类艺术经验层面，以现象学还原的方式考察各种与艺术活动相关的基础范畴，所设定的可算的最基础艺术模块。从集合论的意义上，它们又是可算化艺术活动的最大单位。这些模块本身是可微的，

但从与人类艺术经验的对应关系来说，它们其实是一种最大的集合，即只有在这些集合条件下，人类那些被具身化的逻辑参数才能处于彼此平行、可有交集但互不包容的状态。——当然，还有必要指出的是，我们在此讨论的艺术活动的具身化，绝不意味着所有艺术活动的形式范畴都是一致或近似的，不同艺术形式所对应的逻辑范畴自然有所侧重，同一艺术形式之中也有非常复杂的逻辑范畴变异情况。

本文在此仅对一般艺术问题所涉及的基本逻辑参数进行概括梳理，思考还很不完备，所梳理的逻辑层级也未必自洽，只是努力展示这样的一种思路：如何从可算的角度出发，分析 AI 思维与人类艺术活动可比较的层面，并以此为基础设计 AI 艺术的合理逻辑框架。

根据人类艺术的实践经验，我们需要将相关可算化具身化逻辑参数分成三种基本类型。

第一类可称为单纯描述性的逻辑参数。这类参数一般涉及人类天赋的理性认知能力，为全人类共有，有希望以某种刚性的算法求得普通解（当然，这是极端乐观主义的猜想，这类所谓天赋能力完全有可能涉及神秘层次，最终并不能被彻底认识，这就无所谓“普通解”了）。语言问题就是其一。这里所说的语言只涉及音义传播与理解问题（书面文字之间有更复杂的运作机制，不能归入基础算法的层面）。从人类理解的层面来说，单纯语音的交流是完全可能的；单纯依靠语音而完成不同方言和语言体系的交流也是可能的，这足以证明人类拥有某种相同的关于语言习得和运用的类的能力，也就是说，我们获得关于语言的通解是可能的（尽管自乔姆斯基之后语言理论在这方面进展有限）。再比如在图形层面，人类也可能期望通过一种穷尽描述的方法获得准确的具身化逻辑参数。人类的图形认知，大致应当分为几何式、符号式和具象感知等不同类型。根据康德、胡塞尔、荣格、皮尔斯、德里达等人的讨论，也根据目前科学的发展（如费尔马大定理的证明等），在逻辑上 AI 有希望通过深度学习模式在这些方面获得结构性的突破进展。此外，如果以人的身体为基准作测量，进行命名和限定，那么，运动辨认、空间、时间，包括颜色、声音、触觉等感官认知的内容，也有可能通过刚性的力迫运算，实现其中包含内容的算法化。

第二类则是转化性逻辑参数。这一类逻辑参数所涉及的现象，大多与个体精神体验相关，具有很大的个体差异性，并且它们牵涉部分大多缺乏客观世界相对应的客体事实，因此，AI 似乎不可能对其作直接的穷尽描述。但尽管如此，这些艺术现象仍然能够借助某些具身化手段，通过相关生理表征行为的抽样、建模、统计、概率计算等手段予以转化性的过渡描述。这类逻辑参数，多与人类情感相关。各种欲望因素如性欲等，毫无争议与艺术创作具有极为紧密的关联。AI 本身没有欲望可言（可算化也许是其唯一欲望），它如果要深度习得人类的艺术创作能力，逻辑上说它应当有能力辨认艺术实践中那些欲望现象并把它们转化为可算的逻辑单元。但欲望在创作中介入的深度因人而异，比如在《金瓶梅》《索多玛的 120 天》等书中，可说无一意象不与性欲相关，但在某些佛教作品中，性欲的因素差可归结到无。如何从具身习得的角度出发，描述此种现象，从目前来看，人们尚只能借助血压，唾液、肾上腺素等的分泌、眼球转动等生理指标的测量、计算、模型化等予以转化性说明。这种转化有几多有效性，目前来看自然是很值得质疑的。但从长远来看，如果样本量足够，当前的 AI 学习模式且有长足进步，AI 此种转化性逻辑参数测定、可算化仍有一定的理论实现可能。人类的激情和冲动，如愤怒、悲悯、仇恨、嫉妒、爱好（癖好、习性）、报复（复仇）欲等，以及参与到艺术创作的各种感觉因素（包括嗅觉、味觉等），都属于这个层次的问题。——前面我们谈到了此类参数转化生成的可能性，但实践中可能问题重重。如果将各类激情和冲动都转化为生物指标，这类转化需要的人类学证据将是不可思议的庞大。如果还考虑到这些激情和冲动同时还能够构成多少种复杂艺术现象，这些现象且自有其历史演化过程，那么这种转化性可算表达几乎是不可能的。更何况过度依赖心电图、血压、分泌物等来作为艺术具身化的主要参考指标，看起来也是过于线性与简单化了。

人类艺术活动的可算化，还需处理第三类综合型的基本逻辑参数。人类艺术活动的基本经验，除了来自那些类属性和个体情感（这些都与身体经验感知直接相关），还有部分与外在存在事实紧密相关。它们属于被建构的实体性精神事件：能够被每个个体身体所感知、明证，但一般说来只存在于某一特定的群体中——在这群体中且存在着极大的差异空间，有时涉及重要的时间变量。比如说对特定国家之爱，对现代人来说，它肯定是一个能够被理解的客体性事实，但此种爱意，大多数情况下只存在于这一国家的公民群体中，并且，该群体中个体差别极大，既有勇于为国家之爱奉献生命者，也有叛徒。考察这类经验的可算化问题，除了适当引入前述描述性或转化性研究的部分要素，还必须分析其中包含的各种综合性内容，如历史、地域、文化传承、共同体性质（政治、意识形态）、群体间关系、技术条件等。文化传承包含文字、伦理、信仰、趣味等，其中的信仰等内容也必然是从世俗化一面来作思考的，是祛神秘化的、可算的。这些综合生成的东西，其根源尽管不是发自直接的身体经验，但对艺术创作往往具有强大的支配力，因此也可以将它们视同身体本能，必须归纳、总结某些特殊的逻辑参数形态，比如关于文字的感觉、意识模式。再以技术背景为例，在透视法没有被发明之前，它不可能被自觉地应用到绘画领域；在运动摄像技术没有兴起时，便无所谓蒙太奇手法等问题。而在今天，透视、蒙太奇已成为现代人观察世界、想象世界的精神本能，从这个角度说，现代视觉经验包括精神测量世界的基本姿态，就是包含着对现代视觉机器（技术）的理解（想象）的。因此在艺术活动中，它们就显然需要被处理成为一个独立的可算的集合（模块）。这是第三类逻辑参数需要被单独分立的理由。

截至目前，在AI艺术研发史上，绘画是尝试最多且成果最丰富的项目。无论是辅助绘画、模仿绘画，还是AI独立创作技术，都在不断推陈出新，进行着一场场技术革命，其中不少的作品已明显能够通过图灵测试。在此，我们以图像为例结合上述分析从理论上还原AI创作的基本逻辑。第一步，分解各种图像素材。无论进行何种图像创作，分解图像素材都是基础步骤。在这一过程中，可能涉及的基本分解逻辑是：①分解人、动物、植物与图形相关的基本构造单元（如将脸部肌肉按解剖学意义上分解）；②按某些功能、组合命名某些表情传意的最小单元（如笑、哭、恐惧等）；③按照某些基本物理事态（如光影对比、轮廓变形等）分解最小的功能单位，如石头、皮肤、水、草木等不同的反射率、色彩变化等；④分解图形静止态与运动态最核心的姿态差异（如电影《长城》的穿帮镜头之一就在于完全没有考虑风与毛发飘动的关系）。第二步，按一定的逻辑组合、命名这些素材，以期形成更具表现能力的图像模块。第三步，在更大的尺度上定义某些人类活动的精神运动态势，在此尺度上定义、分解某些人类工作的学习样本，从而使AI学习并模仿生成。

以上是关于一般艺术创作所涉及的内在算法逻辑架构的基本思考，并以图像生成为例尝试分析了AI的艺术创作过程。然而，除却以上的归纳外是否还有其他要素类型？如何研究这些要素在不同的艺术形式和艺术类型之间的具体逻辑关系？上述笼统的要素分析其内涵如何作更明确的界定？……这些问题都过于专业并且复杂，相当多的问题都超出了现有科学与人文认识的水平，我们在此只能略过不谈。

三、算法叙事的逻辑参数：AI 写作的理论构想

前文讨论了艺术活动所可能涉及的一般经验领域如何实现可算的逻辑架构问题，但现实艺术活动还有很多具体形式的架构规定性。简单说来，根据人类的艺术经验，上述要素还有某些结构性的（也许是固化的）稳定的形式样态。从 AI 写作来说，这些形式样态也需要做出可算化的逻辑描写。事实上，对这些形式样态做出了可算化的描写，可能是当前 AI 写作想要取得明显突破之处的关键。

总体来说，目前 AI 写作（也包括其他艺术领域）的实践分为抒情与叙事两种基本形式类型，这也吻合人类艺术文体实践的基本经验。我们在此主要探讨文字叙事可算化的前提。

首先需要指出的是，从可算化的角度进入，文字叙事需要与其他的叙事形态做出区别。恰如罗兰·巴特所言："对人类来说，似乎任何材料都适宜于叙事：叙事承载物可以是口头或书面的有声语言、是固定的或活动的画面、是手势，以及所有这些材料的有机混合。"① 不同形态的叙事，其内核的递归逻辑不同。按照算法角度来讲，基本叙事形态可分为文字叙事、图像叙事、人体姿态叙事、综合性叙事四种类型。文字叙事稍后有较详细讨论，在此对其他三种基本的叙事进路略作介绍。图像叙事指单纯依靠图形的连接完成意义显现、因果构成。儿童的看图说话，可以部分证明人类叙事可能摆脱文字甚至语言完成。当代诸多的图像理论以及荣格的原型理论、戈达尔的电影实践等，都为这方面的话题提供了一些重要的讨论前提。当前 AI 叙事创作的研究进路之一，就是以图画叙事寓意的分析为 AI 叙事逻辑构建提供学习样本。② 且不论此种逻辑构建成效如何，这也说明图像叙事的逻辑可能是自为的。姿

① [法] 罗兰·巴特：《叙事作品导论》，载张寅德编选《叙述学研究》，中国社会科学出版社 1989 年版，第 29 页。

② 将图像的内容分别解析为若干个寓意板块，给出寓意内容（叙事目的），令机器从中学习，积累叙事素材，并以此为基础作内容扩张。部分研究团队认为通过适当调试，AI 有可能据此获得自为的文字叙事能力。

态叙事则指以表情、身体动作、手势、态度等为媒介的叙事方式。布莱希特的史诗剧就可被称为姿态剧，另外像傀儡戏、哑剧、马戏、舞蹈、体操等都说明姿态具有自身自为的叙事潜能。朗西埃的《美感论》、阿甘本的《普尔奇内拉》以及当代诸多的姿态研究理论，都为这方面的话题提供了一些重要的讨论前提。所谓综合性叙事是指除了综合文字、图像、姿态等叙事外，还将因为其综合性生成某种独有的叙事逻辑的叙事类型。比如以运动的方式综合各种叙事表现时，运动所造成的事态便将生成诸多新的叙事可能和样态；比如蒙太奇叙事法的构建和长镜头叙事的调度无疑为电影的拍摄和呈现提供了更多可能性；又比如剧场效应需考虑到空间范畴，需要其中声、光、电等诸种要素的结合才能够实现。由此观之，运动态所能够形成的算法本质上一定与静态画面完全不同。这四种基本叙事形态的实现从理论上讲要依赖不同的 AI 算法逻辑才能得以实现。

接下来我们就要谈到文字叙事写作的可算化问题。文字叙事写作的可算化又可分为两大板块。

第一板块是文字组合的规律性问题。文字组合的可算化，所需要考虑的逻辑参数至少包含如下七个层面的内容。第一，文字符号的组合规律。涉及文字叙事的演算问题首先要考虑的是文字演算过程中会涉及的符号组合规律，主要涉及语法问题。相对而言第一项是最易掌握也最具规律性的，也是目前 AI 本身取得突破最大的层面。第二，字的层面。这一项主要涉及音、义、字之间可能的不同组合方式。像方块文字、象形文字、表音文字等之间的组合均不一样，不过对于计算机程序本身而言实现这一层面的突破从理论上而言并不困难，只要和学习积累到一定层次，便可以较好地呈现出不同类型文字间的组合方式。第三，词的层面。根据一般的词性分类，在演算过程中必须考虑到名词、代词、动词、介词、形容词及其他如拟声词、数量词等不同的词性。正如一句话形成的关键在于词和词的搭配使用，从演算角度来讲，词的组合也是构成一个句子表意的关键所在。这其中又涉及两个难点。其一是词与词的组合，从现象上看描述的理论难度不大，但十分烦琐（比如如何限定一个词在什么样的情况下可以与另一个词搭配，且能够准确传达叙事构造所欲传达的义涵）。其二的问题由第一点引发。从人类心智的角度看，习得词的组合能力一定不是描述性的而是生成性的。原则上人类掌握不多的生成规律就能识别一切词义组合的可能性。从这个角度说 AI 也应当具备生成性的词义组合能力。这完全依赖于人类对各种类词性的本质功能界定和准确描述。但从目前语言学界的研究看，在这方面取得大的突破可能还有很长的路要走。比如说，如何令 AI 习得识别专有名词及其向普通名词转化的能力，就可能是一个非常困难的事情。在所有的语法理论中，专有名词均是一个自明的语言现象，但各家定义有所不同（有趣的是，人类心智在很早的阶段就已具备这一能力）。第四，文字与声音层面。众所周知，所有的文字符号均来自声音，以至于我们在阅读文字时会不由自主地想象它的声音。不过文字符号的组合又有摆脱声音的过程。文字与声音的关系需要更为足够的特别是结构主义语言学背景来予以支撑，但二者关系如何转化为文字叙事算法可以习得的逻辑框架仍是未知的问题。第五，文字的历史演变。在设计文字演算过程的时候，必须要考虑文字的历史演变因素。像汉语便有古今异义词的区分，一些词语意义发展至今其内涵也会有一定的发展变化。人类在创作过程中会有意无意间加入某个或某些词的古意以形成一种特殊的叙事效果，但这些词语如何进行算法这对 AI 来讲目前还是一大难题。第六，外来词、生造词（如许多网络语言）的运用。人类对于外来词的识别和转化都不成问题，许多日常词汇如沙发、咖啡等都属于外来词的范畴。但在面对一些较为生僻的外来词时，对计算机而言，要进行合理的算法逻辑描述也具有一定的难度。第七，文字信号与因果律构建。词与词之间、句与句之间逻辑上的因果构造，某一些信号的联系必然会导引出某一种预定的结果。但这种描述若转化成相应的算法则十分困难，因为人类在使用文字来进行叙述时，通过文字的组合形成的与事件相关的演算信号，包含了许多因果律上的直观见解，其中的典型代表便是叙事中的省略问题。对文学叙事而言，省略是最重要的因果律的构建方式之一。而具体的省略如何进行，何种因果条件可以不提及省略的前提，何种情况又可以不谈及省略的过程，何种又不用论及结果，这些都是考验人类叙事能力最直观的部分。但这种能力对于算法的描述而言相当困难。不过，就文字信号和因果律这一层面而言，不排除在计算机层面可以被绕过的可能性（即通过算法与学习穷尽各种省略的必要条件）。关于这方面的具体讨论则需要更为专业的思考。

第二板块，即绕过文字组合规律的细节，根据风格论与叙事类型学的理论，在较大尺度上给出文字组合的基本模型。希望在足够的样本学习基础上，通过恰当调试，令 AI 掌握基本的文字表现形式，并通过图灵测试。

当前AI文字写作的基本逻辑构造，看起来主要便基于这第二板块的逻辑构造模式。根据这种模式，目前的AI抒情写作与叙事写作其实是一回事。从现实操作而言，二者的本质逻辑是相同的，即通过有联系的连续几张图像，提取其中可能包含的人物的情感色彩或故事的情节发展，以规定的文字方式呈现出来。不过，AI叙事写作就既有成果而言仍有很长的路要走。比如像同样基于图像学习的微软小冰叙事诗的创作，其生成重点更强调故事情节的连贯性与叙述的完整性。若要培养AI“自主创作”的发展方向，很有可能会无法兼顾AI的诗歌语言学习，这就导致了生成的诗歌走向“按图说话”的模式，其叙事功能仅停留在表面，而忽略了诗歌的文学性和抒情功能的表达，这也是叙事诗歌质量较不稳定的原因。而在更为复杂的长篇叙事写作中，AI则面临着更多的挑战。最新的语言生成算法模型GPT-3体现了自然语言处理取得的进步。人工智能语言生成器中的挑战之一是在长文本范围内保持连贯性，像之前的GPT-2模型往往在几句话之后便失去了一致性。[①] GPT-3确实能够在几段文字上仍保持一定话题性，这主要是因为GPT-3最基本的功能是自动补全，给它一个词或句子，它就会逐字逐句地生成它认为接下来该出现的词句。但从根本上讲，GPT-3不会带来任何新变化，较GPT-2而言所拥有的只是训练数据集和“计算”量，而若要想在模型中灌输常识、因果推理或道德判断，仍是AI目前不能实现的挑战。

基于深度学习的AI写作技术想要真正取得突破必须具备一系列基本条件，包括须是单一任务，任务边界清楚，信息完备，结果判断量化、明确，等等。但就目前而言，AI叙事从理论上来讲就面临着几大难以突破的难题。首先，AI叙事缺乏目的、缺乏标准、样本量太大。事实上这种可再生成性的语汇的逻辑关系，还是需要获得重大突破才可能形成一种内在的可计算的，但是又能自由转化的语言。其次，AI叙事对名词的辨析较为困难。名词，特别是作为普通名词而言，往往包含了非常复杂的记忆性内容。这种记忆性的内容通常还包含家庭、宗教、社会以及文本、虚构科技等要素。人要辨析一个普通名词中所包含的特征，即转化机制非常容易，但是对于机器来说却很困难。一旦小说涉及了诸多非逻辑的话题如意志、欲望、叙事、暴力、道德、

① 这类情形，可参见GPT-2模型对金庸小说的改写结果（https://leemeng.tw/gpt2-language-model-generate-chinese-jing-yong-novels.html）。限于篇幅，本文不烦琐征引。

死亡等类似一些具身体验的东西，机器根本无法习得，而只能在一定逻辑框架中作外部模仿。再次，AI 难以将虚构内容向实体性内容转化。实体性的内容是一个客观实在，它的存在不会因为别的任何方式的介入而改变或消失。从这一逻辑来讲，叙事包含着两种实体的天然的区别，一种实体是能够找到世界情况的客观对应；另一种实体是人类虚构的，若让机器进行这种虚构向实体的转变则十分困难。最后，AI 难以习得纯粹观念性的内容。机器最容易习得的是科学观念性的内容，但是对于比如佛、上帝这种的既找不到它的外延，也找不到它的内涵。

就目前技术水平而言，AI 叙事写作之所以看起来像是叙事，是因为：第一，它用来组合的类型化样本片段比较大，这种既有的样本化素材本身就包含了一些事件的组合关系，根据格式塔心理，人们会强行为这些拼贴的样本的事件之间补足因果关系；第二，这些类型学习的样本内在逻辑构造是极其线性化与单调的。这种算法模型能够完成长篇的、有内在变化的因果律组合，颇可怀疑。

结 语

从算法角度出发，从计算机与人脑可比较的层面而言，根据现有的计算机技术（包括算法）等，拷问 AI 是否可能具有艺术能力，很可能本质上就是一个缘木求鱼的问题。就目前的 AI 技术而言，它参与人类活动并能超越人类能力，一般都在于可计算的领域。它的内部逻辑构造再复杂，其实目标是单一且确定的。就像阿尔法狗（AlphaGo）在围棋上战胜人类，其突破主要是在发明了一种通过概率计算的方法，绕过了庞大数据对技术能力的考验。但其逻辑目标本身是简单的：设定一种程序，依照围棋的规则，争取在 19 路棋盘上达到或超过 181 点以上的点位（不考虑先行方的贴子），能够完成这一目的计算即为成功，否则就是失败。而对艺术工作而言，在大多场合都很难说有什么判断对错的是非标准；各艺术品之间也很难说有什么统一的标准，那么如何能够有效地根据一定的逻辑计算方法判定 AI 演算的有效性呢？

即便人们在艺术标准等方面达成了一些极有弹性的、通解方面的认识，我们文中谈到的几个前提仍将对相关的工作提出巨大考验。

但尽管如此，当前的 AI 艺术探索，仍然是极具价值意义的：我们不能排除 AI 未来会形成专属于自己的叙事方法的可能性，也不排除会产生一种诸多要素具有通解的逻辑框架。此外，还有一种理论上的可能，那便是计算机通过超大样本的学习，使得 AI 叙事自动覆盖或超越人类叙事。因为就计算机与人脑的对比而言，人脑的演算精度与计算机相距太远。而是否有可能设想这就是智慧生命最终本质的差距。如果情况是这样，据人类创作过程架构的逻辑框架对具有超精度计算能力计算机而言本身就是一种不好的逻辑框架，我们依据人类艺术活动经验来规约、设想 AI 艺术的发展可能本身就是一种坐井观天的想法了。当然，尽管科幻文艺已经在这方面已经说了许多（如阿西莫夫的小说，如《银翼杀手》《终结者》《黑客帝国》等），但从目前 AI 发展的情况来看，这些基本都可以归于玄谈，暂可存而不论。

VR 技术与中国电子游戏产业的发展问题[①]

中国游戏产业现状

21 世纪以来，电子游戏产业（以下简称“电游产业”）在我国文化产业体系中越来越具有重要地位。一方面，其行业的产值一直呈现出高速发展的态势，2020 年中国游戏市场实际销售收入 2786.87 亿元，同比增长 20.71%（在 2010—2015 年出现 30%—50% 的年增长率），增速同比提高 13.05 个百分点，我国游戏用户规模逾 6.6 亿人。[②] 另一方面，它的文化属性也日益得到社会的认可，成为国家文化软实力的重要组成部分，甚至被称为“第九艺术”。[③] 作为一种崭新的独立的艺术门类，它囊括了影视、文学、戏剧、美术、音乐、舞蹈、建筑、设计等文化门类的特点，承载多种文化要素，具有深刻的价值导向和不俗的艺术内涵。由于其满足人类娱乐天性的自然属性，它也很容易成为一种国际化的交往语言，在文化话语权中发挥着一定作用。我国相关部门已充分认识到了游戏产业的潜能——2017 年，文化部正式发布了《“十三五”时期文化产业发展规划》，明确提出将游戏作为重点发展行业。

---

① 本文与钟金鸣合作完成。曾发表于《东岳论丛》2021 年第 9 期，发表时有较大删节。

② 中国音数协游戏工委（GPC），中国游戏产业研究院《2020 年中国游戏产业报告》。

③ 2011 年，美国国家艺术基金会（National Endowment for the Arts）宣布把“电视和广播艺术”更名为“媒体艺术”，并将为视频游戏创作者和交互艺术家提供资助，这相当于联邦政府承认游戏是“艺术”，和其他艺术形式一样受到版权法和《第一修正案》的保护。可参见 Center for art law. *The Center for Art Law: National Endowment for the "Arts", including Video Games?*, https://itsartlaw.org/2011/05/10/national-endowment-for-the-arts-including-video-games/, 2011-05-10。

各地区依据各自的地缘优势，聚焦游戏产业发展，游戏的开发和制作正成为“十三五”时期推进社会主义文化强国建设的重要部分。如北京大力推动“一都五中心”建设工作，构建网络游戏发展的产业新格局；上海依托经济优势，着力打造中国“电竞之都”的产业标签。

尽管我国游戏产业发展呈现整体向好的态势，但也存在某些明显的问题：一、产品种类单一，国内市场已趋于饱和；[①] 二、产品技术含量薄弱，缺乏国际用户的普遍体认；三、产品文化创意内容偏于薄弱，难以形成深度黏着的玩家群体等。这些弱点，已影响到我国游戏产业整体的发展业态，甚至成为游戏业向更高端发展、提高国际竞争力的瓶颈。因是之故，本文试图将聚焦于当前已颇成为热点的 VR 游戏问题。尽管 VR 技术远不能代表游戏技术发展的全部问题（对虚拟仿真的体验快感只能说是游戏快感的来源之一），但 VR 游戏毕竟是当前最具开发潜力的发展方向之一，在这个发展方向上，我们与西方业界差不多处在同一起跑线上。随着 5G 商用的正式落地，技术赋能带动产业升级成为 2020 年中国游戏产业的重要标志。VR 技术对未来游戏产业的发展趋势有重要推进作用：革新游戏硬设备，在沉浸感和互动性等方面提升的体验价值；加速产业演进，驱动游戏产业链的结构性调整。

本文将从 VR 游戏技术是什么、VR 游戏独特快感体验的美学实质是什么、VR 游戏技术在文化产品开发上有何普遍的应用潜能等方面展开讨论。

一、VR 游戏技术

虚拟现实（Virtual Reality，以下简称为 VR）的概念萌芽于小说家斯坦利·温鲍姆的科幻作品《皮格马利翁的眼睛》，其中描述了一组以眼镜为基础，包括了嗅觉、触觉和视觉的虚拟现实系统。VR 的研究阶段始于莫顿·海利希在 1962 年创造的一款被称为“Sensorama”的虚拟现实原型机。这套装置指向一个多感官剧场的设想，其中包括立体彩色显示器、风扇、气味发散器、立体声系统和运动座椅。20 世纪 80 年代，杰伦·拉尼尔创办 VPL Research，

---

① 根据《2020 年中国游戏产业报告》显示，中国移动游戏市场实际销售收入持续上升，占比 75.24%，为游戏市场的主要份额，移动游戏用户增长率为 4.84%。客户端游戏市场和网页游戏市场则继续萎缩，实际销售收入和市场占比下降明显。

研究头戴显示器、数据手套、声音系统等 VR 技术设备，使“虚拟现实”的概念广为人知。从 1994 年开始，日本游戏公司世嘉和任天堂针对游戏产业相继推出 Sega VR－1 和 Virtual Boy，两款游戏机能制造立体3D 图像并支持头部运动跟踪，VR 进入产品迭代初期。2010 年，帕尔默·拉奇创办 Oculus，设计 VR 头戴显示器 Oculus Rift，VR 在 2016 年迎来了产品成型期。与此同时，HTC、索尼、三星等大厂持续发力，陆续推出了应用水平更强大、体验更丰富、价格更亲民的 VR 设备，VR 行业开始爆发式成长。如今 VR 的技术概念被定义为“一种可以创建和体验虚拟世界的计算机仿真系统，它利用计算机生成一种模拟环境，使用户沉浸到该环境中”。VR 技术整合了电脑图形、电脑仿真、人工智能、人体感应、图形显示及网路并列处理等多项技术的最新发展成果，是一种由电脑技术辅助生成的模拟系统。目前标准的 VR 系统使用头戴显示器或多投影环境来生成拟真图像、声音和其他感知材料，以模拟用户在虚拟环境中的物理存在。用户可以在其中移动，并与虚拟界面或虚拟人物互动，互动中通常包含听觉和视觉反馈，也可以通过传感技术实现其他类型的知觉和力量反馈。①

与 VR 相互关联的技术概念包括增强现实（Augmented Reality，以下简称为 AR）、混合现实（Mixed Reality，以下简称为 MR）和拓展现实（Extended Reality，以下简称为 XR）。AR 指存在于现实世界的物体被计算机生成的虚拟信息增强，通过空间配准将虚拟对象覆盖在现实环境中，使其在现实世界中的位置和方向具有几何永久性②。不同于 VR 用模拟环境完全取代用户的真实世界，AR 使用户周围真实世界的信息变得数字化，使其具有虚拟交互性。MR 指真实世界和虚拟世界的交融，以产生全新的混合环境和可视化数据。物理队形和数字对象共存并实时交互，是一个包含 VR 和 AR 的连续体。XR 作为一个超集，包含了 VR、AR 和 MR 的概念，指由计算机和可穿戴设备产生的所有的真实和虚拟的组合环境及人机交互。其中“X”代表当前或未来空

---

① 虚拟现实（Virtual reality）技术概念的发展演变过程参考维基百科词条“Virtual Reality”第三节“History”，https://en.wikipedia.org/wiki/Virtual_reality#:~:text=Virtual%20reality%20(VR)%20is%20a，different%20from%20the%20real%20world.&text=A%20person%20using%20virtual%20reality，with%20virtual%20features%20or%20items。

② Hsin-Kai Wu & Silvia Wen-Yu Lee & Hsin-Yi Chang & Jyh-Chong Liang，“Current Status，Opportunities and Challenges of Augmented Reality in Education”，*Computers & Education*，62（March 2013）：41—49.

间计算基数的一个变量，包含了“现实—虚拟”连续统概念中从“完全真实”到“完全虚拟”的整个光谱[①]。在不断发展的人机交互的领域中，它的内容仍然在持续拓展。

VR 产业的兴起源于 2014 年。Facebook 以 23 亿美元收购 Oculus 作为重大的行业信号，从此资本开始聚焦到 VR 行业中。2016 年，Oculus 发布了第一款消费级头显 Oculus Rift CV1，推出了价格、应用水平和体验更亲民的头显设备，VR 正式进入家庭应用领域，并相继推出游戏产品。2016 年 VR 行业总营收 18 亿美元，其中 3. 14 亿为消费者软件及服务收入，在这之中，游戏又以 44% 的高位独占鳌头。根据 IMARC Group 的年度报告，2020 年全球虚拟现实游戏市场价值达到 183 亿美元，预计将在预测期内（2021—2026 年）以 28% 左右的复合年增长率实现增长[②]。

我们在此仅讨论 VR 技术在游戏中的应用问题。总的来看，VR 技术为游戏带来的全新快感体验，主要集中在三维环境的虚拟复现及相关感官体验、联想的幻觉性生产方面，这就需要产品供应商提供全新的硬件、软件和内容支持，这也是一般游戏产品包含着的三方面组件。

和传统游戏不同，VR 游戏需要有较为高端的硬件支持，[③] 其硬件设备主要包括主机、头戴式显示器（头显）、控制器、数据手套、数据衣、基站等。主机指计算机除去输入输出设备以外的主要机体部分，也是用于放置主板及其他主要部件的控制箱体。头显是 VR 系统中的视听输出设备，用于显示虚拟世界，包括为每只眼睛提供单独图像的两个小型高清屏幕、一个双听觉音频系统和运动传感器（用于跟踪头部、身体和手的位置）。控制器、数据手套和数据衣为用户与虚拟世界交互所需要的输入设备，传达用户的指令和控制。

---

① Greendwold & Simon, *Spatial Computing*, MIT Graduate Thesis, June 2003, Retrieved Dec. 22, 2019.

② IMARC Services Pvt. Ltd., *Virtual Reality Gaming Market*: *Global Industry Trends*, *Share*, *Size*, *Growth*, *Opportunity and Forecast* 2021 - 2026, June 2021.

③ 相比于传统视频游戏，VR 对技术设备的要求是极高的，比如传统视频游戏用户交互延迟需低于 150MS，而 VR 实时延迟需低于 20MS；传统视频游戏画面达到 60PFS 后人眼就不会感觉画面有延迟，而 VR 游戏画面帧率需要达到 90FPS；高清视频游戏的分辨率为 1K，VR 头显分辨率起步为 2K 或 4K，达到理想体验为 8K—12K；如果视频游戏和 VR 的编码格式都是 H. 264，视频整体码率约为 2. 64Mbps，而 VR 需要达到 152Mbps。所以 VR 游戏在主机上的渲染负载至少提高了 7 倍，渲染能力至少需要提升 50%。技术数据参考信达证券《5G 系列研究（2）——VR 游戏行业深度报告：爆款游戏推动硬件普及，5G 促进 VR 产业规模化运用》，2020 年 4 月 8 日。

控制器通常使用光学跟踪系统（主要是红外摄像机）进行定位和导航，用户可以在没有布线的情况下自由移动。数据手套是可穿戴式人机交互输入设备，利用各种传感技术捕捉物理数据，如手指的弯曲和移动，辅以运动跟踪器以获取手部全方位的位置和旋转数据。以上输入设备部分也可用作输出设备，为用户的手部提供力反馈和触觉反馈，通过传感技术在虚拟世界中创造更逼真的模拟。数据衣则是在更先进的运动捕捉系统之上集成了一系列传感器，可通过电子脉冲将各种各样的触觉反馈给用户身体，比如力量、温度、触感等，同时可以收集有关用户生物特征的参数。数据衣不仅提供了观察和体验虚拟现实的能力，还赋予了用户感受自身行为在虚拟世界中产生感知变化的能力。目前数据衣用于 VR 系统的可穿戴式触觉服形态有全身、夹克、上肢加手套这三种类型。数据手套和数据衣在游戏领域属于前沿科技，控制器是目前最普遍应用的输入产品。基站是房间级 VR 系统特有的外部通信信标，用于标记传感器的有效监测区，帮助头显和控制器跟踪用户的确切位置。

VR 产品从 2016 年到 2021 年经历了多种类型的发展阶段。基于目前不同的主机类型，可把 VR 游戏硬件设备分为游戏主机/PC 端、移动端和独立一体式，这三种形态的产品在性能方面各有侧重。运行在游戏主机或 PC 电脑端的头显套组是目前游戏领域最高端和最主流的设备，代表产品为 Oculus Rift、HTC Vive、Valve Index 和索尼 PSVR。这类套组性能由主机级显卡支持，提供了精细的视觉显示和高速的数据处理，是玩家获取高质量 VR 游戏内容的最佳选择。由于其依靠于功能强大的运行主机和有线管理系统，所以这类套组的隐藏成本较高，玩家的活动自由受限制。移动端套组指运行在智能手机上的 VR 设备，代表产品为三星 Gear VR、Oculus Go、谷歌 Daydream。这类套组将手机内置在头显中，利用手机本身的屏幕搭载主体为光学透镜的头显进行显示。移动端套组相对价格低，便携性高，用户能更多地在空间移动，但产品性能被手机芯片性能限制，计算游戏图形显示和复杂操作的能力有限。随着谷歌宣布 Daydream 的停产，三星已放弃更新 Gear VR，Oculus 停止售卖 Oculus Rift，大厂把未来研发重点转向独立一体式 VR 头显设备，移动端内容逐渐转入交互视频、流媒体和 AR 应用。随着产品 Oculus Quest 、HTC Vive Focus、Pico Neo 的相继亮相，开创了独立一体式 VR 头显设备的新趋势。这套设备不需要连接电脑或智能手机，有内置的显示器、处理器、传感器、存储卡和电池，具有芯片耗能高、产品续航差等问题，目前并不能提供与 PC 端或游戏主机捆绑的 VR 设备相同的游戏数量、质量和游戏深度体验，这仍是一个相对新生的技术领域。

软件包括与 VR 游戏内容相关的支撑性技术和游戏开发引擎。支撑性技术包括 UI（User Interface，用户界面）、OS（Operation System，操作系统）、WebXR、OpenXR 等。游戏开发软件包括 SDK（Software Development Kit，软件开发工具集）和 3D 引擎。VR 游戏在开发流程上和传统 3D 游戏基本一样，目前 VR 游戏内容制作主流引擎有 Unity 3D、Unreal Engine 4、CryEngine3、Source Engine 等。这些游戏引擎都默认提供 VR SDK，同样主流 VR 设备也有针对主流引擎提供 SDK，可以便捷地将应用部署到相应的硬件当中。

游戏内容包括游戏本体、视频及海报、周边等一切和游戏相关的消费品。VR 游戏有着与传统视频游戏所不同的设计理念：通过头显设备，玩家置身于游戏世界中；通过体感技术，玩家将自身动作同步映射到游戏世界中。所以具有强烈临场感和模拟真实动作的游戏被较多地植入 VR 之中。目前各大平台符合这两个特点的 VR 游戏，有以下类型：

第一类是动作仿真型游戏，如动作类、运动类和 RPG（Role Play Game，角色扮演）类游戏等。动作类游戏中，玩家控制游戏角色在游戏进程中完成真实的行为动作，如躲避、举枪、击剑、挥拳、踢腿等，游戏方式涵盖了格斗、射击、地牢、多人对战等。这其中 FPS（Fist Person Shooter，第一人称射击）类游戏，如 *Boneworks*，以全新的操作手感和立体的视听配合成为目前最流行的 VR 游戏类型。

运动类游戏中，玩家足不出户便可体验各种运动项目的乐趣，其中竞速类游戏最早发挥出 VR 优势，随后球类和节奏类也相继推出 VR 版本。尤其是节奏类游戏，模拟动作配合视听刺激，在 VR 中焕发了新活力，如《Beat Saber》，成为最卖座的 VR 游戏之一。

RPG 类游戏借助 VR 技术更好地呈现画面和展开剧情，玩家得以更深度地融入自己所扮演的角色中。这类游戏中主题非常多样，有冒险、恐怖、生存、侦探、科幻、职场等。目前此类代表游戏有 *Half Life*：*Alyx*、《星际迷航：舰桥船员》、《亚利桑那阳光》、《生化危机 7》、*Job simulator*、*Ricky & Morty*：*Virtual Rick-ality*、*Hot Dogs*、*Horseshoes & Hand Grenades* 等。

另一类是场景体验型游戏，如探索类游戏、社交类游戏等。

在探索类游戏中，VR 以其强大的空间创造能力，辅以互动叙事或模拟游戏的设计策略，让玩家置身于特定的场景和时空中，比如太空探索类游戏 *AGOS：A Game of Space*、侏罗纪公园主题探险类游戏 *Jurassic World*，VR 带来了视频游戏不可比拟的感官体验。

社交类游戏，如 *VRChat*、*Rec Room*、*Horizon* 等，给玩家提供了在虚拟世界中与他人见面并与之互动的机会。玩家选择或创建一个化身，并支持全身动作的传达，通过动作和手势来表达自己。玩家可以在其中自主创建化身、世界和社群，也可以多人在线玩内置的小游戏或创建虚拟事件并制定规则和目标。

但需要指出的是，VR 游戏发展目前仍存在诸多现实难题。最大问题在于现阶段民用级技术生产无法满足市场需求，VR 产品在经济性、舒适性、沉浸性、互通性四个层次上与用户预期存在落差，用户体验上存在着眩晕、人眼疲劳、高质量内容缺乏等问题。中国信息通信研究院在《虚拟（增强）现实白皮书（2021）》中认为，未来 VR 产业将是单机智能与网联云控两大技术路径的有机融合，在深度复合创新的框架下，迭代优化一批新技术、新产品与新业态。

在单机智能的技术路径中，近眼显示、渲染计算、感知交互是为技术更新的主要方向。近眼显示方面，受限于核心光学器件与新型显示的发展，整体发展相对迟缓，如何发展出符合人眼双目特性的显示技术，以及光学架构在视觉质量、光学效率、视场角与量产成本等因素间的权衡取舍、优化组合成为驱动技术创新的主要动因。渲染计算方面，用户需求的持续进阶放大了渲染画质、速度、成本、带宽等多目标规划的求解难度。在云渲染的架构下，时延不确定性成为关键技术挑战，人工智能的协同工作与基于眼球追踪的注视点技术触发 VR 渲染计算下一阶段的技术探索。感知交互方面，随着 6DOF 和 Inside-out 技术全面成熟，交互手段的自然化、情景化与智能化成为技术发展的主航道。其中，多感官通道关联性的强化、多传感交互形式的开发、追踪定位精度水平的提升，以及“手势追踪”“眼动追踪”等新一代输入模式将成为发展重点。

在网联云控的技术路径中，传输推流的提升、高带宽、低时延是 VR 产业规模化发展的重要突破方案。中国信通院指出，边缘计算、第五代固定网络（F5G）、IP 网络构架、运维技术、AI 识别均是赋能云化虚拟现实提档升级的关键点。端网协同的技术模式也是 VR 设备终端向轻量化发展的有效策略，有望大幅度降低本地处理负载，使终端从高硬件性能的要求中解放，从而提升用户的消费体验。5G 时代下，基于云、网、边、端等多领域间的技术组合将进一步释放产业融合创新的潜在空间，有望打破单机版 VR 小众化的发展瓶颈，推动 VR 内容从视频观看、网络游戏、在线直播等多样化覆盖。我国领头科技公司不断在技术和应用上突破创新，三大运营商电信、移动和联通也加大投资，共同发力 5G + XR 的生态建设①。

我国与西方发达国家的差距还是明显的，国外在 VR 产业应用上有很大的先发优势。英美两国在 20 世纪八九十年代便将 VR 作为信息基础设施的重点支持领域。到 2017 年，英国提出加快 VR 技术应用于国防战略，美国则开始探索 VR 技术在心理疾病和中小学教育领域的应用。欧盟与日韩重视顶层设计和新技术，通过设计专项资金强化智能人机交互、网络技术、大数据分析等 VR 相关的基础技术研发。美国引领着全球 VR 产业发展，以企业为主体，着力于 VR 在各领域的应用示范。我国的 VR 产业起步较晚，目前国内外企业在渲染计算领域、感知交互领域均存在一定差距，我国在虚拟内容制作方面与国际一流水平差距各异，须强化对部分重点领域的技术攻关。但我国也有自己的一些优势领域，如根据中国信通院在《虚拟（增强）现实白皮书（2017 年）》中对产业梯队情况的研究，我国在近眼显示技术上与国际一流水平差距不大。② 特别在网络传输方面，我国在面向适配虚拟现实业务的 5G、新型 WiFi、网络简化、拥塞控制、自动运维等方面总体处于领先水平。中国信通院在《虚拟（增强）现实白皮书（2021）》中提出，强化基础研究，鼓励融合创新，深化产业协同，完善扶持政策，落地规模应用，打造商业闭环，构建公共服务，优化支撑环境等是未来我国发展虚拟现实的主要路径。

二、独特快感体验

在 VR 游戏中，玩家可体验到迥异于以往一切人类游戏形式的快感，这尤

① 参考中国信息通信研究院、华为技术有限公司、京东方科技集团股份有限公司，《虚拟（增强）现实白皮书（2021）》，2021 年 3 月。

② 中国信通院指出：“作为全球新型显示产业崛起的新兴力量，据中国光学光电子产业协会液晶会统计，预计 2019 年大陆面板企业将以 35% 的产能面积市占率位居全球第一，本土 TFT – LCD 骨干面板企业在高分辨率、低功耗、窄边框等技术积累达到国际先进水平。”同时未来“须强化对部分前瞻领域的技术攻关与专利布局”。

其体现在沉浸感、交互性、创生性等方面。尽管从道德伦理上，或从玩家的个体尤其是青少年玩家的生理、心理健康角度说，这类独特的快感体验并非都值得夸赞，但本文仅仅就事论事，从技术论的角度来讨论此类快感体验的独特性。

（一）沉浸感

所谓沉浸感，大抵是指玩家在将自身视为虚拟世界的一部分时，其投入时间、认知水平、感官能力、情感活动的参与程度。沉浸感不是一个孤立的概念，也不是一个能够明确定义的概念，如 E. Brown 和 P. Cairns 将沉浸感可视化为一个多层次的结构，① Ernest W. Adams 则依据不同的产生机制将沉浸感分门别类等。② 事实上，所有的游戏都有沉浸性体验，大部分艺术作品也能让人获得沉浸感。但 VR 游戏的沉浸性体验的独特性，则在于它对玩家主体意志的剥离以及重塑时空感知的强度都大大超逾以往一切游戏形式。在 VR 游戏中，玩家的感知环境是一个彻底的模拟环境界面，他戴上头显设备后，人与界面之间几乎没有物理上的区隔。玩家的主体意识基本从现实世界抽离，沉浸在虚拟环境中，其感官刺激和认识感知由游戏组件生产的图像、声音或其他的刺激来系统提供。可以说，VR 技术像是为玩家提供了一个新的时空连续统，他可以在幻觉（错觉）中在另一个世界来践履另一个自我的意志，甚至体验到另一个身体的行动。这就构成了 VR 游戏饱具拟仿感与现场感的独特沉浸体验。所谓拟仿感就是指玩家安心地在一个封闭且接近于自洽的符号系统内，放弃主体基于自由意志和生活常识（包括基于恐惧、挫折的怀疑本能）的先验自我，而彻底服膺于游戏世界的逻辑。这个游戏世界就可以被称为拟仿物，玩家体验即可被称为拟仿感。恰如鲍德里亚所说：

> 一个符号可以指陈着意义的深度，一个符号可以用来交换意义，而且会有某个东西来保障这场交换——当然是上帝啦！但是，如果说上帝

---

① Emily Brown & Paul A. Cairns: A Grounded Investigation of Game Immersion [C]. CHI 2004: Extended Abstracts on Human Factors in Computing Systems. April 2004.

② Ernest Adams: The Designer's Notebook: Postmodernism and the 3 Types of Immersion [M]. Gamasutra. Archived from the original on October 24, 2007. Retrieved 2007 - 12 - 26. https://www.gamasutra.com/view/feature/130531/the_designers_notebook_.php.

> 自身都是可以被拟制出来的，也就是说，祂被还原到造就出信仰的符号层——如此，所有的系统将变得轻飘虚浮，它再也没有自身，而是个巨大无比的拟仿物。并不是非真实，而是拟仿。也就是说，在那个不会被打断的、没有指涉也没有疆域线的环圈之内，它并非和真实做交换，而是和自己打交道。①

拟仿感令人满意的建立，就突出表现在 VR 游戏的“世界现实”构造并不是单单倚靠图像，而是依据“simulation”（模拟）。VR 体验是超越视觉信息系统的多维度构造（视觉、听觉、嗅觉、位感、参照物等），将三维景观扩大至我们的身体和感官，玩家会明确地感受到“你在现场中，自身就是现场”：在 VR 中，你的意识融入媒介，成为媒介的一部分。VR 技术对经典视频游戏“俄罗斯方块”的改造便是一个很好的例证。Tetris Effect，由日本 Monstars 和 Resonaire 公司共同开发的“俄罗斯方块”VR 化游戏。Tetris Effect 在游戏核心玩法上于经典的“俄罗斯方块”并无颠覆性的改变，只是玩家可以选择不同的视觉主题和节拍音乐，且可以通过拉动控制器来暂停滑落的方块。Tetris Effect 用音乐、特效、声音和虚拟景观将一个移动几何图形的消除游戏重新整合成了一场全方位的感官盛宴，眩晕的粒子效果使玩家置身于形状和线条的全息旋涡中。VR 提供的，不只是视听效果的逼真感官，并且通过对感官一致的全方位接管对玩家注意力进行绝对引导和控制——同时创造出一种既超载又轻松的游戏体验。全景式的虚拟环境在多模态刺激下调动了玩

---

① “——拟仿物是自然的，自然主义性质的，在意象——也就是摹仿与伪造的二元性——的基础上，加以建立。它们和原件的关系是和谐的、乐观的；而且，它的存在性，是要去重建出那个以上帝为意象的自然之理想性机构。

“——拟仿物是生产性的、生产主义属性的，它在能量与动力的前提上存在。那是一个普罗米修斯式的目标，想要造成永续不断的全球性与扩张。某种能量的无限解放。（欲望属于这样的乌托邦，它和这个层次的拟仿物相接合。）

“——拟像的拟仿物，在资讯、模型，以及电位操控的游戏之上，得以建立。它是全然的操作性、超度现实。想要企及的目标是全然的控制。对于第一种类型而言，它属于乌托邦的想象性。第二种类型，严格说来，则是对应到科幻小说的世界。对于第三种类型，它对应到的是：是否有任何一种想象性，对应到这个层次？最具可能性的答案是科幻小说的旧有想象性已经死去，而且某些别的事物正在悄悄地窜生出来（不光只是在小说，也在理论的层次）。相同的震颤与不定命运，把科幻小说了结掉。而且，就理论之于一个特定文类来说，也是如此。”（［法］布希亚：《拟仿物与拟像》，洪凌译，（台北）时报文化出版企业股份有限公司 1998 年版，第 233—234 页。）

家更高层次的感官参与。

另外值得注意的是，VR 游戏实际强化了“第一人称”视角对游戏进程的操控，这也带来了不一般的拟仿性沉浸体验。Marie-Laure Ryan 在《作为虚拟现实的叙事》里论述了 VR 技术对以自我为中心的“第一人称”式情感沉浸的加强：“同理心的产生机制在于只有当我们相信自己正面对着引起这些反应的物体时，我们才能体验恐惧、厌恶或性唤起。而以自我为中心的情绪不可避免地与‘现场感’联系在一起，所以这类沉浸感的产生在视觉媒体中比在文学中更占优势。”① 同样是第一人称式的固定视角，传统视频游戏对“沉浸感”的调动更倾向于在电影中的产生机制，比如当电影摄像机被安装在一个移动的物体上——过山车、赛车或飞机——观众就会被投射为“乘客”，成为事故的潜在受害者，产生“撞击地面”这种纯粹想象的可能性。而在 VR 游戏中，玩家通过一种与自身相关联的独特方式评估游戏信息，然后“故作信赖”（make-believe）。VR 作为一种身居其中的媒介，玩家身处游戏世界的错觉与自身的本体感受达到一致，获得了无可比拟的类似于第一人称主体介入感，他不再是一个偷窥者，而是一个虚拟世界中的“实存”。如游戏开发公司 Valve 对著名单机游戏《Half-Life：Alyx》的改造就是一个很好的例子。该操作模式以第一人称射击为主，融入 VR 技术后，模拟世界中填充了大量和游戏主线无关但基于游戏世界本身物理系统的细节：比如初始场景里，玩家可以用记号笔在玻璃上乱写乱画，留下字符，还可以用擦板擦掉；玻璃能够一部分一部分地打碎，每片细小的碎片都是可以单独抓握的物体；场景中的帽子可以拿起来戴在头上。通过对“现实”积极采取行动并感知其影响，玩家的行动直接具有干涉“现实”的质量，具有为自己编织体验的能力。VR 为空间沉浸增加了一个新的维度，这种体验不是来自叙事本身，而是来自将其呈现给感官的技术。

在 VR 游戏中，玩家的“化身”成为与虚拟世界交互的主要界面。VR 允许玩家通过一种“化身”的知觉错觉，或身体所有权错觉，来认同游戏角色，将自己置于虚拟角色的位置。不同于传统视觉输出方式游戏，VR 以霸占物理空间的方式使玩家直接体验角色所体验的东西，并调动玩家的身体参与。比

① Marie-Laure Ryan, *Narrative as Virtual Reality 2: Revisiting Immersion and Interactivity in Literature and Electronic Media*, Johns Hopkins University Press, 2015, p. 139.

如来自《Half-Life：Alyx》中的一个细节，玩家在一个电梯里，电梯门打开后，联合军用枪指着玩家叫玩家举起双手，那时候几乎每个玩家都下意识地举起了双手。其实这并非一定是一个游戏指令，玩家也不知道不举手是否会失败，只是类似于现实生活的交流方式，让玩家本能地做出反应。在桌面游戏中，这个环节可能会跳转到自动叙事——你的角色替你举起了双手，也可能是你按下某个控制键使角色举起双手，总之，你很难在屏幕外也举起双手。同样，当大型机甲从头顶越过时，玩家几乎本能地蹲在地上，穿过被真菌感染的走廊会本能地蜷缩身子。当猎头蟹（一种游戏世界中的怪物）突然贴在门板的时候，Alyx 惊叫了一声，这个声音和玩家在现实世界的惊叫几乎是同步的。经历过重重难关后，当 Alyx 喊出"我恨杰夫！（I hate Jeff!）"时，几乎也是玩家的心声。玩家身体性直接经验的参与加强了虚拟角色和玩家之间休戚相关的联系感，促使玩家在精神上成为虚拟角色。这恰如 Michael Heim 在《虚拟现实的形而上学》中指出的那样：虚拟现实标志着人类与技术互动和利用的本体论转变。①

当然，高强度的沉浸感也可能带来 VR 游戏的自身局限性。以下三方面的问题也许值得引起注意。一、玩家的游戏时间下降。即使头显设备的生理舒适度有了进一步提升，即使每个 VR 游戏都允许多玩家在线，这仍是一个孤独的个体体验，玩家像是一个困在头套中孤独的人。人类与真实世界互动的本能使玩家无法长时间沉浸在游戏世界中。二、第三人称视角类游戏与 VR 环境融入困难。第三人称视角类游戏中，玩家扮演某种脱离身体的角色，在 VR 环境中，玩家的动作体验将受到各个界面视角分离和转换的影响。如要将采用上帝视角的实时策略类游戏，或依靠桌面控制器进行快节奏操作的竞技类游戏进行 VR 化，设计师需要对游戏机制全面改革——这种改革有无必要大可怀疑。三、VR 环境中游戏的事实性信息难以被抓取。杜伊斯堡·埃森大学比较了视频桌面游戏环境和 VR 游戏环境对游戏内教育内容的传播和效率，结果表

① "当我写本体论转变时，我指的不仅仅是人类看待事物的方式的转变，也不仅仅是范式的转变或我们认识论立场的转变。当然，随着艺术、科学和商业的计算机化，我们获取知识的途径发生了巨大变化。……我们的知识和意识植根于整个环境，事实上，世界本身改变了，本体论的转变是我们脚下世界的变化。……本体论，即对存在的研究，是一种发展边缘视觉的努力，通过这种视觉，我们可以感知和表达存在的隐匿背景或世界，使它们变得真实和有意义。"（Michael Heim, *The Metaphysics of Virtual Reality*, Oxford University Press, 1993, p. 13.）

明虚拟现实游戏更有助于空间学习。① 这个实验告诉我们，VR 环境提高的是玩家的空间知识，而不是事实知识。对于游戏设计师而言，这涉及如何对玩家进行导航的问题，尤其在开放世界类游戏中。在 VR 环境里，每一个阻止玩家以自然的方式与虚拟世界互动的干扰因素都会破坏其非中介的假象，但玩家并不能从第一人称视图中完全了解游戏世界的构造。那么，对于 VR 游戏设计师来说，在必须给玩家提供事实性信息时，如何在必要的负担和阻碍沉浸感之间做出权衡是一项颇具挑战性的任务。

（二）交互性

VR 中的交互性指用户与虚拟场景之间的互动方式，在游戏中包括界面交互与玩家交互。在 VR 之前，人机互动的用户界面通常是以窗口、图标、菜单、指针等图形为范式的二维平面对象，人们在定性和定量的综合集成技术环境中进行程序化设计。而 VR 将界面转变为一个可以进入的虚拟世界，鼓励一种在人类用户的情感逻辑下多模式和智能化的新一代交互方式。前面提到 VR 中的游戏世界是建构在自身物理逻辑上的、与人体感受系统相匹配的一种“模拟”，那么如果要成为这个世界中合法的一员，玩家在其中的行为也需要一种对应的“模拟”。一直以来 VR 交互技术始终聚焦于如何将“一套完美的拟真动作”传达进虚拟世界中，对化身的自然控制程度通常被认为是 VR 领域实施化研究的出发点。

目前，VR 游戏使用的主流控制器来自 Oculus Quest、HTC Vive、PS VR 和 Valve Index 等头显设备套组。不同于传统视频游戏以鼠标—键盘与手柄—摇杆为操作系统，此类控制器在游戏交互中结合复杂的传感器输入，引入了积极使用身体的体感操作。玩家在现实空间中身体、手部的位置和运动映射入模拟世界，可通过手势信息对游戏对象直接实施指令。Valve Index 还可以感知并记录力量，突破了传统桌面游戏的二进制输入，改善了像“抓”和“扔”这类动作，也引入了“捏”“挤压”这样的新互动：玩家可以捡起石头把它们捏碎，或抓起一个手榴弹用挤压来触发爆炸倒计时。同时，这类控制

① Ferguson C., van den Broek E. L., van Oostendorp H., de Redelijkheid S., Giezemen G. J. Virtual Reality Aids Game Navigation: Evidence from the Hypertext Lostness Measure [J]. Cyberpsychology, Behavior, and Social Net-working 23 (9). June 23, 2020.

器保留了手柄按键：按钮、触发键和摇杆。作为一套标准的游戏输入，玩家和开发者可以为任何游戏进行控制键的重新绑定和自定义控件。

视频游戏操作由手柄/鼠标控制来触发位移、方向、攻击防御、物品收集等，是一套将现实生活总结简化的图谱和话语体系。而 VR 将界面互动带入了一个直观的自然交互领域，玩家对游戏元素的操控落实到一个具体化的行为上，创造了一种贴近现实逻辑直觉式的互动方式。以热门游戏 Half-Life：Alyx（以下简称为 HLA）为例。HLA 首先构建了一个优秀的类现实的物理系统，并扩大了场景内可互动物体的度量感受和多样性。除了前文提到的笔可以在玻璃上画画，啤酒瓶使劲砸会碎，帽子拿起来就能戴上等细节，物体有了明确的轻重区分，重物需要用两只手抬起，不再有之前无论多重的物体都能随意挥舞的抓握系统。这种“现实物理逻辑”也体现在玩家的游戏主线任务中。在传统视频游戏中，如果弹药在地板上，玩家只需要“点击按键”以获取弹药，在 HLA 中玩家需要进行这样一系列的动作：将手指向它，向后轻弹你的手腕，在空中抓住它，然后绕过肩膀把它扔到身后的背包中。这样的设计比比皆是：扔手雷之前需要按个按钮拉引线再挥臂扔出；霰弹枪装弹时用手把子弹上膛再甩一下让枪复位；射击的时候用反射式瞄准镜，玩家需要用左手托住右手防止手抖——这一切操作都非常“现实”。与此同时，“射击”作为独一的攻击手段被弱化。比如，当玩家发现子弹不够用的时候，可以顺手抄起身边的桶盖，就能抵挡一下猎头蟹的跃击；门不一定非要用钥匙打开，也可以被强力撞开；等等。那么，以符合直觉为机制的 VR 互动系统提出了 VR 作为游戏环境的独特优势：在完整且自洽的物理准则中，玩家被赋予了合理的自主能力，更为自由地探索解决问题的手段，开启了前所未有的场景丰富度。

另一种与界面互动的方式是以自身作为体验中心，由实际的身体动作触发在虚拟世界中的创作行动，使玩家的思考、灵感、行动在三维空间中被可视化。贴近现实逻辑直觉式的互动方式更多以结果为导向，在预设情景中规定动作指令，那么此种交互方式是纯粹构想性的，以虚拟空间为空白“画布”，将交互活动与感知创造统一为一个仿真的整体，形成人与虚拟现实技术双向感知的人机环境。比如 Tilt Brush，一款允许玩家用三维画笔进行虚拟现实绘图的房间级休闲游戏，通过兼容的头显设备和控制器，玩家可运用各类工具创建 3D 数字插画及雕塑。Tilt Brush 提供了数种画笔的样式选择，包括可复制墨水、水彩、油墨等传统效果的笔刷；如火、星星、雪花等特殊作画材料；音频响应式、颜色变换式、霓虹脉冲式等特效元素；允许玩家设置“颜料”体积大小的船体刷（hull brush）等。玩家可从不同角度描绘，进入并穿梭在3D画作中，通过比例缩放功能修改整合，创作出如“空间嵌套空间”这样迥异于二维空间的作品。同时，Tilt Brush也表现出虚拟现实技术多感知特征的趋向性，橡皮擦或画笔有时会触发手柄震动，基于力反馈的触觉界面为玩家提供了一种绘画的物理交互感，配合头显的视觉反馈和听觉反馈，共同提升玩家的空间感知。有研究者运用现象学理论阐释这种新互动形式的动态过程，描述意向性活动如何在虚拟现实的技术空间中丰富身体图式的结构①。在游戏场景中，如果在不完全以任务为目的的设计逻辑下更多地调用开放式、创造式（杰伦·拉尼尔称为“胡闹式”）的交互模式，引导玩家主观创造感知材料，或与直觉式、现实逻辑式的交互相结合，无疑会打开知觉空间与游戏体验的另一维度。2021年初，Google宣布停止更新Tilt Brush，而将其开源，并交付给社区创建者，允许用户免费编译和制作自己的应用程序版本，鼓励其成为未来持续迸发社群想象力的VR产品。

在玩家与玩家之间的交互中，VR自然交互方式的“行为现实性”（behavioral realism）将人类社交规范带入协作的虚拟环境中。行为现实性被定义为“人类化身能够实时展示自然主义行为的程度，就像人们在现实世界中预期的那样”。② 在现实生活中，语言表达和非语言表达在人际交流中同等重要。肢体语言是人们在意识的影响下表达自我的方式，同时在建立和维持人际关系、发展信任、传递情感以及对他人的初步判断方面起到重要作用。然而，肢体语言经常在计算机介导的通信中丢失。VR跟踪系统的发展却极大地促进

---

① 苏昕：《论VR绘画空间中的身心合一机制——基于梅洛-庞蒂的空间现象学研究》，《文艺理论研究》2021年第5期，第144—156页、Mark Hansen, Embodying Virtual Reality: Touch and Self-Movement in the Work of Char Davies, Critical Matrix: The Princeton Journal of Women, Gender and Culture, Vol. 12 (1-2), Making Sense (2001)、Don Ihde, Bodies in Technology, University of Minnesota Press; First edition (December 6, 2001)。

② 例如，在现实世界中，当我们在街上行走时，我们会期望经过的路人会表现出预期中的行为：他们会一只脚走在另一只脚前面，同时摆动他们的手臂从我们身边走过。但是，如果我们看到的不是一个人从我们身边“走过”，而是在我们身边“跳来跳去”，猛烈地挥舞着手臂，就会违反社会和行为预期，导致消极的互动。同样地，对行为现实主义的期望也发生在虚拟人物身上：一个看起来像人的化身，被期望表现得像人一样，当它像现实世界中的真人一样移动、行走和做手势时，就表现出了行为的真实性。［Blascovich J. & Loomis J. & Beall A. & et al.，“Immersive virtual environment technology as a methodological tool for social psychology”，*Psychological Inquiry*. Vol. 13, No. 2 (2002): 103-124.］

了肢体行为的量化，使其成为第一种可以同时利用语言和非语言交流的通信媒介。行为现实性的展示水平在各 VR 平台中有所不同，但一般来说手部和头部几乎是所有 VR 主流游戏所覆盖的交互选择。体感交互不仅实时映射了头部和手部运动，同时也传达了两者作为社交语言的具体意义。比如在游戏进程中玩家和玩家之间可以通过眼神接触、点头摇头、挥手、击掌、指向某个物品等动作进行更直观和灵活的交流，比起在视频游戏中发送表情或文字的交流方式，要自然亲和很多。因此，VR 在互动层面增加了交流的积极性。

研究表明，当玩家所扮演的游戏角色表现出行为现实性时，会加重身体所有权的错觉，从而增加自我存在感和环境存在感。当虚拟游戏环境多人在线时，社会存在感也会参与进来，即与他人同在的感觉。玩家会明确地感觉到他正在与另一个有知觉的虚拟主体互动。① 那么，当虚拟环境中的空间从奇观展演转变为激发集体幻想的游戏场所时，玩家的注意力将从沉浸感的实现进一步转向真实介质的活跃，促使他们积极地和有建设性地对非物质的虚拟物体创造行动和赋予材料新的意义。由此，游戏进程同时将被行为互动的戏剧性影响及沟通深度所推动，并非仅依靠游戏叙事或关卡设计。杰伦·拉尼尔在《你不是一个玩意儿》中将此种人际交流方式与巴舍拉“幼态延续”（neoteny）的概念联系起来，视为看待科技进步的浪漫方式，其中“幼”被表述为“魔法、乐观、创造力的本质、自我和世界的开放发明、人与人之间的温情和联结、代际的连续性、信任，玩耍和相互关系的核心”。② VR 技术延展互动维度，使得电子游戏并非作为一种人类抛弃自己身体的类似矩阵的存在，而是一种被有意识使用的工具以增强作为人类的意义。

（三）创生性

VR 的“创生性”指 VR 技术可能能够创造一种存在形式，并赋予其独有的意义。德国哲学家 Michael Madary 和 Thomas Metzinger 在 2016 年出版的《真正的虚拟：道德行为准则》中指出虚拟现实已嵌入人类意识，正以因果耦合和信息交织的方式进入技术系统，以代表可能的现实，所以“VR 技术将改变

---

① Herrera F. & Oh S. Y. & Bailenson J. N. , “Effect of Behavioral Realism on Social Interactions Inside Collaborative Virtual Environments”, *PRESENCE: Virtual and Augmented Reality*, Vol. 27, No. 2 (2020): 163 – 182.

② Jaron Lanier, *You Are Not a Gadget: A Manifesto*, Alfred A. Knopf, 2010, p. 120.

我们对‘意识体验’‘自我’‘真实性’等固有观念的理解”。[①] 意识研究哲学家 David Chalmers 比 Madary 和 Metzinger 更近一步，通过将虚拟现实的本体等价于物理现实，人类将虚拟体验视为真实体验，想象了一个未来日益虚拟化的社会。[②] 按照这种说法，VR 技术的发展最终可能绝对地混淆了真实和虚拟之间的区别，甚至可能形成精神意识直接干涉物理现实的情况。

但依据人类技术目前的发展水平，这类预测可能走得太远了。我们此间所谈论的“创生性”所指更为具体一些。“创生性”的产生条件是在人类合力建设数字世界“元宇宙”[③]（metaverse）的物质基础之上[④]，以万物互联为最终目标，强调互动平台和基础设施之间的互操作性、数字内容的可移植性和互联网的互通性，每个计算新连接的计算设备作为新增的网络节点，同时

---

① Madary M. & Metzinger T.，“Real Virtuality：A Code of Ethical Conduct，Recommendations for Good Scientific Practice and the Consumers of VR-technology”，*Frontiers in Robotics and AI*3（*Suppl.* 3），February 2016.

② Prashanth Ramakrishana，“*There's Just No Doubt That It Will Change the World*”：*David Chalmers on VR and AI*，The New York Times，https：//www. nytimes. com/2019/06/18/opinion/david-chalmers-virtual-reality. html.

③ 参考自维基百科词条，元宇宙（英语 Metaverse）一词由前缀“meta”和词干“verse”组成，通常用来描述未来互联网迭代的概念，由连接到一个可感知的宇宙的持久、共享的 3D 虚拟空间组成。广义上的元宇宙不仅指虚拟世界，还指整个互联网，包括增强现实的整个范围。这个词在尼尔·斯蒂芬森在 1992 年的科幻小说《雪崩》中创造，用以描述一个基于虚拟现实的互联网后继者，而后频繁出现在赛博朋克小说类型中。2020 年新冠肺炎疫情爆发后，元宇宙被认为是未来社群网络中的一种形态。（参见 https：//zh. wikipedia. org/wiki/% E5% 85% 83% E5% AE% 87% E5% AE% 99。）刘梦霏指出：“更明确地定义元宇宙，它应同时具有以下特点：第一，具有一个完全虚拟的空间，玩家（用户）可以实现全身心沉浸，并可在需要时随时在线；第二，玩家（用户）具有一套统一的数字化身，可在不同的虚拟世界之间穿梭活动；第三，玩家（用户）在虚拟空间中不仅可以消费，也可以进行创造（UGC）；第四，虚拟世界有一套统一的经济体系，玩家（用户）创造出的商品和数字劳动成果可以在此交易，且能与现实中的货币按照一定比率兑换；最后，具有多方位的社交系统，除传统的语言沟通之外，也可有动作沟通，以及实现虚拟化身之间、现实身份之间的丰富社交。”（刘梦霏、康聪聪：《拨开元宇宙的浮沫》，《环球》2021 年 5 月 19 日第 10 期。）

④ 元宇宙的物质建设指各大平台致力于创造一种用户可轻易从物理环境进入到一个无所不包的数字世界，比如 Facebook 的首席财务官 David Wehner 表示，该公司将花费数十亿美元研发 AR 和 VR，将社交媒体的运营概念转为元宇宙的概念。（参见 https：//www. forbes. com/sites/abrambrown/2021/07/28/facebook-metaverse/？sh = 7f8818aa18bc。）Epic Games 的首席执行官 Tim Sweeney 致力于让游戏平台的开放性，以确保元宇宙的建设与发展是开放的。（参见 https：//venturebeat. com/2021/01/27/tim-sweeney-the-open-metaverse-requires-companies-to-have-enlightened-self-interest/。）《纽约时报》探究了 Epic Games 的《堡垒之夜》《Roblox》《动物之森：新视野》等公司和产品是如何越来越多地加入元宇宙元素的。（参见 https：//www. nytimes. com/2021/07/10/style/metaverse-virtual-worlds. html。）

充当访问点以及为元宇宙新增信息，使元宇宙成为可以使用不同技术访问的、具有无限深度的、持久的、集合共享的且与物理世界的互动相交融的信息空间。那么，以 VR 为元宇宙的物理接入点，VR 游戏作为可感知的 3D 虚拟空间将有潜力统合以往各种人类学经验、社会信息、艺术媒介特质信息，包括以往游戏形式的各种独特体验，使玩家获得一个多领域交叉融合的数字内容建设平台，在此基础上玩家的身份将从消费者转换为建构者。在此情形中，玩家的游戏行为成了类似于现实劳动实践的行动，它不是简单地接受游戏软件的信息，而是能够有效反馈，直至改变、改造游戏的世界情境设定，游戏世界的变化也可能出现一些完全溢出玩家乃至产品制造者预设的东西。它因为玩家的行动自生成、自创造。这是我们此间所谓“创生性”的意涵所指。

像当前的 VR 社交游戏 VRChat 中已可以发现玩家个性化的建构内容。VRChat 的游戏玩法与“第二人生”（Second Life）类似，玩家可以创建自己的实例化的世界，在其中通过虚拟化身相互交流。VRChat 与其他 VR 社交平台如 Facebook Horizon、Altspace 不同的是，后者仅允许玩家在平台内提供的初始选项和工具集中创建自己的化身和虚拟世界。而 VRChat，支持玩家从第三方数字资源，如游戏引擎 Unity、应用程序 Wolf3D，创建自定义的角色模型和世界景观，并通过软件工具包（SDK）导入至 VRChat 中。这意味着 VRChat 对内容创作的开放权限，极大地拓展了玩家表达自身数字存在的定制选项，形成了如今 VRChat 中网络文化大规模的可视化。由于目前 VRChat 中没有关于版权或商标侵权的规则，玩家们随意挪用和改造来自电视节目、电影和电子游戏等视觉媒体中的角色形象，大量的动漫人物、流行角色、著名人物或众所周知的网络模因被描绘成各种奇异、古怪、低精度版本的化身。化身的设计种类有很多，我们能看到普通的人类形象、变异的虚构人物、无性别机器人、动植物形态、抽象符码在 VRChat 中进行着跨次元互动。同样，玩家在 VRChat 中创造世界也是不受限制的，目前 VRChat 中已经创造了超过两万五千个独特世界，并在持续增加。从完全复刻的 Chuck E. Cheese 餐厅、改造的马里奥赛车道到玩家用自己的头像做的房子、米老鼠酷刑室，VRChat 是一个狂野的、未被驯服的边界，似乎想象力才是其唯一的限制。当 VRChat 允许玩家变得古怪和匿名时，这种新技术有了一种互联网初期的蛮荒感，野生、粗糙、混乱，里面的每一刻都发生着怪异的新生之物。由于 VRChat 中的图形无法与 AAA 级视频游戏媲美，玩家如同在一个僵硬的 8 位数时代梦中漫步。在玩家探索世界、旅行其中时，这种“旧互联网”的感觉也在搅动——在垄断性的社交平台还没有将每日互联网最有趣的内容转变为“热搜”和订阅源之前，如果你想要看到一些真正酷和独特的东西，你就必须动身在一个又一个的链接间去寻找它。

这些被创造的化身通过互动得以延续，并迁移到其他数字平台，即使在参与生产和复制的玩家退出系统后，数字创造物的独特性也被长久地保存了下来。在虚拟现实中没有自然的稀缺，物理空间中不可能实现的、奇异的、大规模的公共工程在摆脱了物质匮乏的束缚的 VR 世界中将变得容易实现。同时，随着数字“元宇宙”的进一步建设，图形化工具变得更全面且易于使用，三维环境的使用习惯变得更加标准化，用户不需要具有书写代码和建模的实际能力便可以在 VR 中创造，就像社交媒体使每个人都可以成为文本和视频内容的创造者一样。VR 对新创造的个人赋权，使虚拟主体同时具有连接性和自主性。那么，越来越多的文字和图像将被翻译成三维空间，使公共数字环境变成一个密集的、共享的幻想景观。以及，当云端部署未来可完全实现实时渲染用户的终端输入时，用户的个人表情、动作和情绪等真实动态复制在 3D 体验中。虚拟世界将不再是简单地再现现实或再造已有的视觉样式，VR 必然会被激发出其百科式的潜能，将空间和感官表现的自身特性加之其上，使其成为互动艺术令人信服的表现媒介。大量以数字形式存在的信息在“元宇宙”中被迁移为丰富可触的细节，使数字创造物看起来像现实世界一样具有探索性，同时以广阔性和特殊性来表现虚拟世界，形成一个密集、广泛、交错、跃进的意义网络。

与区块链技术的充分融合，通过智能合约的交易处理，完整映射用户的信息和资产，数字内容的生产去中心化，或许能使得 VR 游戏的创生性特征得到更深刻发展。区块链是分布式数据管理、点对点传输、非集中式共识机制、加密算法处理等计算机技术的新型应用模式。存储于其中的数据或信息，具有去中心化、不可篡改、分布共识、可溯源、可验证、可共享等新特性①。基于这些特征，区块链技术奠定了坚实的“信任”基础，创造了可靠的“合作”机制。目前区块链和 VR 游戏的共生优势体现为以下三方面：第一，实

① 于戈、聂铁铮、李晓华等：《区块链系统中的分布式数据管理技术——挑战与展望》，《计算机学报》第四十二卷（2019 年）116 号。

现内容生产的去中心化，实现一个由用户作品填充，根据用户创建的规则运行，不通过平台中心式的管理和干预的、独立自治的游戏世界；第二，数字资产与加密货币市场的合并，用户可在游戏中通过经营业务、完成任务、收集物品等来赚取实际的收益，将游戏世界的内外部流通整合为统一的生态系统，推进虚拟现实的普及与应用；第三，区块链技术以协作的方式共享信息与数据，为用户提供安全加密的、永久的游戏资产所有权的确权与溯源，有效形成对知识产权和交易记录的保护系统。

市场上其实已经催生了几个结合 VR 游戏及区块链技术各自效用的独特案例，比如以数字货币出售 VR 娱乐或教育内容的 CEEK、VibeHub，针对 VR 媒体中广告内容的解决方案 Gazecoin、提供区块链内部工作方式视图体验的 Blockchain 3D Explorer。与游戏最为靠近的是以 Decentraland、Victoria VR 为代表的大型多人在线开放世界（MMOOW，Massive Multiplayer Online Open World），其游戏机制类似于社交游戏“第二人生”和沙盒游戏“我的世界”（Minecraft）。玩家在其中通过虚拟化身交流，利用 3D 工具创造虚拟空间、探索世界、游戏和社交。用户使用本地加密货币交易虚拟土地和数字资产，开发游戏或其他应用以填充土地，并与其他玩家进行物品、服务或土地交易，从而获得实际的收益。两者皆以打造 DAO（Decentrailized Antonomous Organization，去中心化自治组织）的方式，将建构数字内容和交易数字资产的控制权交付于用户社群和游戏个体手中，使网络游戏有潜力创造一个持久的元宇宙——一种有独立货币、所有权结构、虚拟角色和真实人类互动的替代现实。目前玩家在 Decentraland 中建造了不少如游乐园、主题公园、展览馆等娱乐空间，其中不乏许多精心设计的 3D 建筑，包括霸王龙骨架、带有圆形剧场的火山、散发怪异音乐的幽灵森林、陈列着珍贵数字藏品的走廊等。此外，在 Decentraland 中组织形成了各类主题社区：一个集合共同兴趣和用途的共享空间。玩家可以与虚拟世界中的各种虚拟事物互动，比如娱乐设施、乐器、收银机；交易虚拟物品或服务，比如化身的可穿戴配饰、社交活动的门票、虚拟空间的经营权或内容直播、广告空间的使用权。将于 2022 年发布的 Victoria VR，将近期在加密艺术市场表现火热的 NFT（Non Figible Token，非同质化代币）技术与虚拟世界结合起来，用户可将 2D NFTs 装换为 3D 对象，也可通过 VR 界面创建、修改和组合 NFT，进一步为数字资产在区块链或分布式账本的实施提供所有权证据。其他相似的基于区块链技术的虚拟世界还有 Somnium

Space、Cryptovoxels、The Sandbox、Victoria VR。“第二人生”的创建者也在EOS公链上开发类似的项目，叫作High Fidelity。

可以设想，未来随着以区块链电子商务机制作为基石的开放商业系统以及各种社交系统，用户创建内容的游戏引擎Unreal、Unity、Cytek等可能分层到现有协议、文件格式和应用系统之上。当这些不同的组件和VR的传感技术、实时引擎、实时渲染都汇聚到一个高度集合的框架中时，互相独立的数字生产部门将被连接在一起成为一个互相流通的数字内容产业。那么未来的游戏世界并不锁定在游戏厂商专有的生产系统中，它将在一个所有用户都可以创造的开放规范下共建完成。一个实时在线分散式云游戏平台，将形成一个多用户多尺度同步异构的虚拟世界集。如果这种创造能力能传递到每个消费者手中，那么VR的真正潜力可能就会被实现——游戏成了人类理解与想象世界的一种自然方式，这是“创生性”另一重理想的内涵。

三、产业潜能

据前所论，VR技术必将促进社会活动中的泛游戏化现象。

随着网络、数字技术、现代视像技术等的发展，当前社会生产各部门都渐渐催生了一种现象：他们有意识地将游戏设计的手段应用于非游戏场景，用游戏的框架来解决工作、生活中大量非游戏的问题，即把游戏的思维与社会活动（生产、消费、交换等）的逻辑方式并联起来。这种社会活动的游戏化，我们将之称为“泛游戏化”。比如，商业行为中套用“游戏机制”将行为反馈可视化和数值化在近年来已成为一个增加用户黏性的普遍策略：可量化的即时奖惩无处不在，用户的任何行为都会即时视觉化和数据化地反馈出来，天猫购物系统中购物金币的领取、视频门户的账号升级、应用程序的每日任务、交友软件的数据分析等均是典型案例。很多文艺作品对此颇有预见，它们反复描述一个“游戏社会”的图景：《时间规划局》中将生命数值作为一种货币；《头号玩家》展现了一种游戏和社会结合的未来趋势；《黑镜》第三季第一集《急转直下》中的世界是由社交网络评分单一驱动的。一个为游戏化理念和技巧充分渗透的社会正向我们走来。

而VR技术的广泛运用，可能从社会底层结构促进其泛游戏化进程。VR技术自然带有一定的游戏色彩，又具有信息接收量级巨大、场景拟态友好、符合实验现实主义、学习同盟随机错误少、数据收集容易实现跨科室传输等优势，使其最初在工业生产、科研、军事、医疗等实务领域又有着很强的实用价值，甚至是不可取代的作用。而后，不少企业为了解决员工培训的安全问题、创建复杂场景的资源问题而转向 VR 制作的模拟场景，让员工沉浸在低风险的工作场景中学习技能和工作经验。斯坦福大学人类互动实验室创始主任 Jeremy Bailenson 通过举出零售公司沃尔玛、通信公司 Verizon 和连锁超市 Sprouts 如何将模拟场景部署于员工培训模块中的案例，得出 VR 技术能帮助人们更有效率地掌握物理性程序，更安全地学习和交流软技能，以及帮助企业更好地阐明核心价值观和文化属性①。我国从 2019 年着手推进的国家“新工科、新文科”计划已充分考量了 VR 技术在教育领域的应用前景。

因此，有必要考察 VR 技术在泛游戏领域的一些具体实践问题。在这些领域中，我们应更多强调 VR 作为一种媒介给玩家（使用者）带来的体验提升，而非商业游戏的娱乐第一性和注意力主宰，良性利用游戏机制。经过 VR 强化的功能游戏至少应该具有以下两点特质：第一，体现游戏“逆向数字化”的现实关怀，聚合互联网前沿技术，跨界应用释放游戏的社会价值和实用性。第二，使游戏最大限度地触达各社会群体，突破以男性青年为主的现状，使游戏同时也能满足休闲玩家、女性玩家、老幼群体、残障群体的乐趣等。

本文从社交、体育/健身、教育三方面来讨论 VR 技术的泛游戏应用问题。在这几个方面，VR 运用已经获得一些令人瞩目的实绩。

（一）社交类

社交 VR 中有两点是对传统社交游戏的升级。第一，玩家可以在 VR 中创建一个全身化身，同时化身支持头部跟踪和全身动作传达，是一个可视的全身形象。这是对以往所有社交游戏、社交媒体的一种基于虚拟身份的再度虚拟。第二，玩家可以自主创建游戏世界、游戏事件和任务列表。借助游戏内的创造性工具，玩家们自主组织各种古怪有趣的小型团队活动，爆发出了令人意想不到的蓬勃创造力。

社交 VR 的发展前景除了在游戏方面，还包括可称为现实社交的真正替代

---

① Jeremy Bailenson, *Is VR the Future of Corporate Training*?, Harvard Business Review, Technologu And Analytics, https://hbr. org/2020/09/is-vr-the-future-of-corporate-training.

品。这突出体现在以下两点。其一，目前人类社会和工作的环境已呈现虚拟化的趋势。事实上，当前许多办公室职员的工作时间都在办公室看着屏幕，越来越多的远程和网络办公介入工作流程。同样的状况也发生在课堂和文娱活动中，2020年春季新冠肺炎疫情爆发后，线上交流与协作被大范围大幅度地运用在日常生活中。因此，一些基于固定场所的聚集活动是可能被“虚拟课堂”“虚拟办公室”“虚拟报告厅”“虚拟音乐厅”“虚拟酒吧”等替代的。另外，VR支持全身动作传达，社交网络中以前认为不可能以虚拟方式进行的活动现在正在以虚拟方式进行着。如The Wild、Yulio、Exxar CAD为虚拟现实用户搭建协作平台，为用户提供化身形象、聚会空间、交流手段的定制功能以及虚拟会议的录制和回放等的通用功能，为分布式团队的远程工作进行优化。不同的协作平台各有侧重：The Wild和InsiteVR更多面向建筑、工程、设计团队的用户群，以增强决策能力为主；Yulio着重于演示文稿的视觉化叙事，使虚拟现实成为一种方便、移动和经济的商业工具；Exxar CAD则是一款面向三维CAD数据可视化的VR应用程序。VRChat、Altspace、Horizon更多被认为是面向休闲娱乐活动的新兴社交渠道，除了在虚拟世界中对化身角色和场景空间的创建以外，用户的创造力也迸发在共享活动中。玩家可在网络公共空间中创建、制定并邀请他人参与，比如单口相声表演、体育赛事、演唱会等，钢管舞者被吸引到游戏中表演，人们在模拟场景中举行瑜伽和冥想，艺术家将此作为新的媒介空间进行绘画、行为等艺术作品创作。Altspace曾与NBC新闻合作，在2016年总统大选期间主持现场活动，也曾邀请过一些名人，比如喜剧演员兼音乐家雷吉·沃茨（Reggie Watts）、演员德鲁·凯里（Drew Carey）和科学名人比尔·奈（Bill Nye），他们都在虚拟舞台中为观众表演或与观众交谈。约翰·传奇（John Legend）最近的利用Wave XR直播“更大的爱”（Bigger Love）虚拟演唱会，为慈善机构筹集了资金，有50万现场观众在线观看。此类都是传统社交媒体所无法完整传达的集体虚拟在场实时活动。社交VR是一种可以引用于人类活动的技术，也可作为人类事物的中介，在未来有可能取代现实世界中面对面交流的部分场景，逐渐融入人们的日常生活。

另外值得注意的是，VR作为体验工具也正逐渐走入线下空间，融入线下社交生活。The Void依靠其巨大的投资体量和娱乐业的顶级团队，将VR线下空间打造成一个集合迪士尼IP的未来娱乐中心。玩家可体验如《星球大战》《无敌破坏王》《漫威电影宇宙》主题的线下多人作战游戏。在物理空间里，玩家在一个类似于“舞台 ”的地方，除了必备的 VR 设备套组，还有配合动作跟踪器、重定向行走技术、泡沫墙、风扇、烟雾机、热灯等特殊效果设备，将物理世界和虚拟世界在体验上进行无缝连接。在于 2021 年面世的 Jump 线下项目中，用户可穿上经过认证的飞行服，戴上安全绳被悬挂在空中，配合头显视听、风与热效果，体验如跳伞、跑酷、蹦极等多感官刺激性体验。目前 Jump 团队正积极开发类似于《黑客帝国》中“子弹时间”的体验设计。未来我们可以畅想 VR 技术对如实景剧本杀、真人 CS 体验、主题公园、街机厅等社交娱乐活动进行升级，将 IP、技术和饱满而有仪式感的体验结合，呈现出一个科技提升生活质量的愿景。

其次，VR 社交游戏作为新型媒介空间展示了一种超越语言表达与他人交流的可能性，可能激发前所未有的信息分享方式。杰伦 · 拉尼尔称之为“后符号交流”，即用户可以规定和塑造模拟世界中的活动和物体，分享想象中的事物，而无须使用语言或现实世界的参考。2006 年拉尼尔在《发现》杂志专栏中将头足类动物的变形行为与人类在虚拟世界中的化身行为做类比。头足类动物能够改变它们身体的形状、皮肤的颜色和纹理，以及用它们的四肢形成复杂的形状，他将这种行为看作一种直接的思想行为表达。随即，他假设如果人类在 VR 中也有能力像头足类动物一样可以随意变形：

> VR 是一种沉浸式的计算机图形环境，人类可以“进入”其中，然后把自己变形成各种各样的东西，这与（变形）体验是一种苍白的近似。……假设我们有能力随心所欲地变形，且生成图像的速度和我们的想象一样快，那么可能产生什么样的语言？还是使用同样的语言？或者我们能够对彼此“说”新的东西？例如，与其说“我饿了，我们去捕蟹吧”，你可以模拟自己身体的透明度，这样你的朋友可以看见你的空肚子；或者你可以变成一个关于捕蟹的视频游戏，这样你和你的同伴可以在进行真正的捕蟹行动前来一些小练习。我称其为“后符号交流”。有些人认为变形能力只是一本为旧概念集合提供另一种映射关系的新字典而已，用“化身”代替了“单词”，但其他人，包括我，认为这有着根本的区别。①

---

① Jaron Lanier, *How Octopi Morph Color: What cephalopods can teach us about language*, Discovery Magazine Planet Earth, https://www.discovermagazine.com/planet-earth/how-octopi-morph-color.

拉尼尔认为VR将引领“后符号交流”的到来，即在语言或任何其他符号的交流之外，“后符号交流”将通过创造一种共享的直接经验而带来意义的生动拓展。美国诗人、散文家约翰·佩里·巴洛（John Perry Barlow）曾批判过文本语言的局限性，他认为符号信息系统可能永远都是“生活经验里各种形状、颜色、声音、记忆和语境中沸腾洪流的可接受替代品”。对巴洛来说，“从我们手指尖滴落的字母数字流”根本不足以真正传达认知的细微差别，而VR及其在交互模拟方面的潜力，可能会“刺破我们被信息蒙蔽的眼睛”。巴洛进而指出“VR让人产生一种感觉，即无特征的模糊性背后蕴藏着巨大的潜能”。这并不意味着我们所知道的语言的灭绝，符号交流仍继续存在，不过“一串离散的符号”在VR模拟世界中被看作“连续性和动作姿势”的次级秩序，而后者构成了更广泛的世界。[①]

虽然“后符号交流”还没有在数字边界上实现[②]，但拉尼尔的交流理论表明了一种解放的技术将必要地作为思想和身体的延伸。这种非符号性的直接感知可以在身体运动、清醒梦，以及与大自然交流中的瞬时信号传递中找到[③]。而VR的介入，通过它的可塑性和创造性，让人能够通过再现记忆、触感和现象，而不是通过语言描述的面纱，直接地用体验交流体验。那么，以

---

① John Perry Barlow, *Being Nothingness*: *Virtual Reality and the Pioneers of Cyberspace*, originally published in Mundo 2000 2, 1990, now available from John Perry Barlow Library, archived on the Electronic Frontier Foundation, https://w2.eff.org/Misc/Publications/John_Perry_Barlow/HTML/being_in_nothingness.html.

② 拉尼尔的“后符号交流”从根本上依靠于人体完全沉浸在其可解性矩阵中。在VR中再造一个“苹果”是否构成了对其符号表征的一种规避，取决于VR技术系统是否有能力取代对于符号信息所固有对象的经验知识的匮乏。“苹果”不能仅仅看起来像一个苹果，而是需要在现象上是一个苹果。拉尼尔在自己的书 *You're Not A Gadget*: *A Manifesto*（Penguin Books, February 1, 2011）中也提出：“记住，我说的是未来高质量的沉浸式虚拟世界，而不是你今天在‘第二人生’这样的社交游戏中所看到的卡通世界。它必须包括能表达真实的麦克风或其他千变万化的工具，这些工具能否被创造出来还不得而知。”（其中，拉尼尔用爵士乐中“麦克风”的概念来比喻“即兴”。）

③ 拉尼尔曾在 Whole Earth Review 的采访中指出：“首先，与大自然交流是接收非象征性交流最明显的例子。当你在森林中漫步时，你对大自然的直接感知比符号重要。没有必要证明这一点，任何语言学家的反对意见都不应予以重视。”可参见 Adam Heilbrun & Barbara Stack and Jaron Lanier, *Virtual Reality*: *An Interview with Jaron Lanier*, Originally published in Whole Earth Review, No. 64（Fall 1989）：108 – 110, now available via Jaron Lanier's Homepage, http://www.jaronlanier.com/vrint.html, accessed 17 March 2013。

一种流动经验的实相化表达替代对假设经验的象征性提及，交流将超越语言或肢体语言而具有魔法、炼金术的特质。凭借 VR 媒介及其中艺术材料高度的空间性，一个模拟世界的用户可能会制造出前所未见的视觉、声音和运动的混合物。它们有意识地将自身建构在语言的语法和句法之外，通过动态和动觉传达意义。可能我们需要经过数年时间来学习如何在 VR 中将创造物升华为意义，正如学习一门语言一样，但回报将是切实的——创造者的自发发明将客观存在，成为一个可感可分享的实际对象。那么 VR 将以一种全新的方式同时结合语言、想象和物理现实的品质：它会像语言一样可以用于表达，会像想象一样产生无限的变化，会像物理现实一样成为客观和共享的具象形式。此时，社交 VR 以一种鼓励世界多样性的方式将真正的即兴者从符号世界中解脱出来，超越自然语言的限制，在协作对话中创造现实，在清醒状态下分享梦境。这将是一个无限的游戏。①

（二）体育/健身类

由身体运动控制的数字游戏，增加玩家锻炼积极性的游戏被称为“运动游戏”（Exergames）或“锻炼游戏”（Exertion Games）。随着微软的 Kinect、索尼的 Eye Toy 和任天堂 Wii 的推出，锻炼游戏与体感结合在娱乐行业中一度非常流行。VR 出现后，沉浸式交互媒介增强了玩家在游戏内的存在感，分散了对体育活动的注意力，同时空间音频和音乐配合极大地提升了游戏的整体体验，体育/健身类 VR 一定程度上有助于满足人们体育锻炼的复杂个性需要。

不同用户购买和参与 VR 锻炼游戏的原因各不相同，有些人仅仅是为了娱乐，而另一些人则使用它们来培养技能，或运动健身以取代现实世界中的锻炼。目前 VR 锻炼游戏的主题大多为运动主题类、节奏类、动作类、技能训练类、舞蹈类，各类游戏中存在着不同的行为交互方式以匹配不同的身体技能水平。有时玩家的动作执行并不与现实世界的真实行为相符，而有些游戏操作则将现实生活中运动的物理知识移植到 VR 中，这其中的区别关联着游戏的控制器、物理系统、力学系统、显示和图像的质量等因素。除了改进现存的

① “无限的游戏”借用哲学家 James P. Carse 区分有限游戏/博弈和无限游戏/博弈的概念。比如有限游戏就像国际象棋的一盘，总有一个结论。一个无限的游戏就像国际象棋的整体传统，没有必然的结局。可参见 Carse J. P.，*Finite and Infinite Games*，New York：Ballantine Books，1987。

锻炼游戏，VR 的潜力还在于它有能力将调动身体运动的交互特性运用在更多的游戏类型中，使运动和游戏的界限模糊。同时，因为身体运动的增加，VR 有望在电子竞技中成为与 PC 和主机共存的可行组件。

对于休闲玩家，VR 可以将以操纵抽象符号为主的休闲游戏改良成新型的锻炼游戏。娜塔莎·舒尔在《设计成瘾：拉斯维加斯的机器赌博》中批判拉斯维加斯赌场中的各类卡牌游戏，她表示走向可能性的“灭绝”是赌场的设计目标，其本质是邪恶的，因为胜利本身反而变成了一种恼人的分心。当我们要求着迷的玩家退后一步去注意游戏的文化背景时，我们就打破了一个非常宝贵的咒语，他们拒绝将抽象符号视为与共同意义网络相联系的意义符号①。视频游戏中诸如水果忍者、神庙逃亡、Candy Crush 便是这类游戏的典型代表。这类休闲游戏的基本特点是：几乎没有一个叙事主题或主线，玩家在其中只能靠操纵抽象符号完成成就系统。这类符号没有任何表征意味，不以现实为参照物，和游戏世界中的意义所指没有任何关系。当这类游戏运行在屏幕（手机或电脑）中时，我们的手和手指在屏幕或鼠标上不停滑动。一旦在某个环节失败便直接宣告游戏的结束，一切又得从头开始，我们可以为了更高的分数而轻易地花上好几个小时。而当这类游戏进入模拟世界中时，游戏世界的放大意味着身体动作的放大，手指的移动扩大至全身的移动。模拟世界对视觉和感知的霸占，伴随着体能的消耗，对于玩家来说是生理上的“累”，所以玩家很难长时间待在里面。游戏机制与健身目的结合在了一起，反而有效地抑制了这类游戏的上瘾机制。热门 VR 节奏类游戏 Beat Saber 便是一个很好的例子。Beat Saber 很像“吉他英雄”和“水果忍者”的混合体被转换成了直观的、富有想象力的互动方式，玩家可以在上千首曲库中选择歌曲和改变歌曲的速度，同时使用 VR 运动控制器挥动一对“光剑”去切割迎面而来的颜色各异的方块。Beat Saber 中对“光剑”的设计引用了《星球大战》和《杀死比尔》中的刀锋对决，玩家拥有了一种成为剑客英雄的权利幻想——移动、切割、躲避周期性障碍、在复杂的套路中进进出出。很难想象现实生活中有任何一种武术或击剑运动会让玩家把这种幻想付诸实践，但 Beat Saber 做到了。

---

① Natasha Dow Schull, *Addiction by Design: Machine Gambling in Las Vegas*, Princeton University Press, 2012, pp. 227 – 233.

这类新型锻炼游戏对休闲玩家和大众玩家也有着较高的可及性。它不存在复杂的界面转换，降低了晕动症的产生几率。同时高端游戏中需要依靠玩家敏捷能力的、繁复多样的微操作、随机操作、快速操作被转化为有规律性的、有序列的、可重复的全身系列动作样式。这对于动作模式上是一种简化，对于操作模式的学习难度也是一种降低。即使没有手柄经验的非传统玩家也可将日常生活中的健身和运动经验不费力地转化为游戏操作。技术物在身体习惯的累积过程中被不断透明化，衍生为唐·伊德所论的“具身关系”，技术与人类形成统一，并且这个统一指向世界，类同于我们通过电话与他人交谈。通过眼镜看到事物，技术物在身体使用过程中逐渐被遗忘其外在的物质性实存。在 VR 游戏里，玩家在与模拟空间的不断交互中获得身体空间拓展与延伸的技术体验，形成基于身体习惯的具身关系。

不仅在操作模式上力求精简，Beat Saber 的开发团队 Beat Games 同时也确保游戏代码的精简，他们说“如果需要的话，游戏甚至可以在洗衣机上运行”①。这个举措降低了游戏硬件设备的入门门槛，提高了游戏软件的平台兼容性。Beat Saber 在 VR 游戏市场取得了瞩目的成绩，2018 年发布时售价为 20 美元，在上市九个月后销售量便超过 100 万份，创造了超过两千万美元的收入②，同时也受到了玩家群体的普遍认可，肯定了它作为锻炼游戏的合理性。

首批节奏类游戏如 Beat Saber、Superhot 开创了市场成功后，专注于调动身体运动积极性和趣味性的 VR 锻炼游戏不断涌现，如 Supernatural、FitXR、VZfit、Pistol Whip，为玩家提供更丰富的样式选择、更专业的课程设置和更科学的周期计划。未来随着 VR 产品的普及，这种既玩又锻炼的趣味运动很有可能成为可持续的日常生活的一部分，对久坐族、上班族、家庭成员的情绪健康产生积极作用。

在电子竞技的专业领域，VR 技术有望实现电子游戏与身体竞技之间的平和。电子竞技自 1972 年迈出试探性的第一步后，以令人目眩的速度增长，现已成为世界上最大的产业之一。一些最受欢迎的电子游戏，如英雄联盟、

① Lucas Matney, *How Bear Saber beat the odds*, TechCrunch, https://techcrunch.com/2019/05/08/how-beat-saber-beat-the-odds/.

② Ben Lang. Beat Saber Has Sold 2 Million Copies & 10 Million Songs for an Estimated $67M [EB/OL]. RoadTovr. March 17, 2020. https://www.roadtovr.com/beat-saber-2-million-units-sales-revenue/.

Dota、守望先锋、反恐精英等，在世界各地定期举办锦标赛，观众总数约为4.54亿，全球总收入约为11亿美元，我国电竞收入占比19%[①]。虽然国际奥委会承认电子竞技有潜力被纳入体育运动，但电竞是否应该被视为一项体育运动在目前仍存在着争议。目前最主流的电子竞技比赛，依赖于选手手、眼、脑的配合，极具观赏性，但由于对身体部件利用太少，不足以与传统运动形成有效类比。VR对电子竞技的影响在于它并不是一种身体静态的活动，对身体的利用水平是它与标准视频游戏的主要区别。在VR里进行竞赛时，选手需要大量的体力活动以完成跑动、反应、抢夺、瞄准、射击等动作，目前围绕着电竞的一些争议，有可能会随着对身体机能调动的增多而减弱。VR的引入将重新定义电子竞技规则中的完整性和公平性，同时对竞技者的身体/心理素质提出了新的要求。VR电竞同时结合了传统电竞的快速反应和决策能力以及体育竞技里对身体和力量的灵活使用，有着不同技能优势的运动员将有机会在VR电竞中发挥自己的体育天赋。通过招揽不同的运动员群体，触达不同的观众群体，电竞和VR将互相完善。VR为电竞提供了一个有效的平台去创造更健康的竞技社区，而电竞则为VR提供了一个面向更多观众群的展示机会。

目前最流行的VR电竞游戏*Ready At Dawn*、*Downpour Onward*、*Echo Arena*、*Space Junkies*仍缺乏大众关注度，由于用户数量少，竞技游戏组合有限，设备可访达性的限制，VR电竞目前是一个非常小众的市场。世界各地的VR游戏联盟正做出将VR与电竞融合的努力。2017年成立的*VR League*是世界上第一个也是目前最大的VR电竞联盟，试图通过创新的游戏玩法结合VR的物理特性逐步建立起一个集开发者、竞技团队和玩家为一体的社区。Virtual Athletes League（VLA）于2016年在美国犹他州启动，在全球范围内举办了超过160个VR街机游戏的锦标赛，并向公众开放供大家欣赏。Weavr联盟为VR电竞提供技术解决方案，帮助企业在2D、AR和VR平台上同时传递内容。商业公司如Facebook、HTC从硬件开发到整个垂直领域支持VR电竞的发展[②]。和传统电竞一样，VR电竞需推出更多既能吸引玩家又能吸引观众的热门竞技

① 前瞻产业研究院，《中国电子竞技产业研究报告》，2020年1月23日。

② 详情参见 Tom Ffiske，*VR and Esports*：*The Growth of a Plucky Niche*，ibc. org Trends，https：//www. ibc. org/trends/vr-and-esports-the-growth-of-a-plucky-niche/6294. article。

型游戏，才有可能与电竞行业全面融合。

（三）教育类

从最传统和原始的口头教育发展到现代课堂的多媒体教育，教育一直在适应并采纳新技术。随着 VR 在设备和硬件上成本的降低，VR 的使用已经从最初军事应用逐步进入到教育场景的设置。VR 即将普遍应用在教育领域中，这是毫无疑问的。最初应用 VR 环境的特定知识领域有数学、语言、商业、医疗、计算机科学和项目管理，采取 VR 技术有两个指导原则：一、年轻人对新技术的迷恋，有明确的例子表明他们在 VR 环境中学习更有兴趣；二、VR 可以帮助学生从视觉上理解复杂概念，减少误解。[①] 而教育游戏旨在提高学生学习的积极性和参与性，将学生从被动的接收者升华为主动的参与者。这里我们对“游戏机制应该怎么设计入教学中能有良好产出”或者“有教育内容的游戏如何被设计得更吸引人”这两个问题不做过多讨论。可以明确的是，VR 尝试以一种更安全和更有亲和力的方式来实现对教育内容的交付。VR 有能力在相对较低的花费下提供规模化的场景，可视化复杂的抽象信息或运作机制，为学生创造一个沉浸感极强的学习体验。学生可以通过亲身体验在动态实践中了解一门学科知识，最终以对体验的本能反应形成记忆和理解的基础。

如今以上的指导原则仍然有效，通过将实际的物理场景转化为虚拟，VR 技术在教育领域的应用在专业的学科教学（如在虚拟实验室进行化学实验）、职业技能（如在工业、军事领域，员工在 VR 场景中接受“无风险”训练）、软技能（如训练学员公开演讲）等方面取得了明确的成果，并拓展到了更有普适性的休闲游戏中。在 VR 改善用户获取知识的方式下，传统教育场景对 VR 体验的评估着重于切实的教育成果、知识/技能的习得，休闲游戏中着重于程序的可用性、用户的满意度。在此我们讨论 VR 教育游戏作用在传统教学场景之外，如何应用在公共领域和社会空间中。目前 VR 教育游戏以实现用户对环境的感知为中心，创造基于视觉体验和互动探索的学习范式，

---

① David Checa & Anders Bustillo, “A Review of Immersive Virtual Reality Serious Games to Enhance Learning and Training”, *Multimedia Tools and Applications* 79, 5501 – 5527 (2020), January 17, 2019.

已展现出对有关天文地理、人文历史、社会科学、艺术创造等教育内容的创新性传递方式。

VR 带来的现场性是超越时间和空间维度的，这种硬件设备和技术系统可最低成本地完成“跨时代和地域”的场景学习。比如 Nefertari：Journey to Eternity，玩家作为“现代旅游团队”进入数字化扫描的 Nerfertari 埃及古墓中，在解说和互动点的引导下，向玩家介绍陵墓的历史、文化和建筑。由于使用了超精确的数字扫描技术，它拥有惊艳的超清视觉效果和毫米进度的细节呈现。The Kremer Collection VR Museum 通过 VR 技术将传统博物馆表现为一个全新的建筑空间，其中展出了伦勃朗、埃尔伯特·库伊普、弗兰斯·哈尔斯等荷兰黄金时代的绘画大师的作品。玩家可近距离接触这些画作，仔细研究其笔法和色彩，并聆听藏品的创始人 George & Ilone Kremer 解释每幅画作的特别之处。游戏化的 VR 模拟世界也应用在对历史事件的重演中。Apollo 11 VR 重现了历史性的“阿波罗 11 号”登月体验。玩家沿着“纪录片式”的路线前进：从 20 世纪 60 年代的小房间开始，而后进入发射序列，随即与登月舱对接，最后重返大气层。玩家可在其中选择参与互动组件，比如坐在指挥员的飞行座位上控制控制仓或登月舱。Apollo 11 VR 结合了真实的历史材料，比如肯尼迪总统有关登月行动著名演讲的录音，美国宇航局（NASA）的数据、图标及影音资料，以精准再现其虚拟体验。整个体验过程中并不着重于解释登月行动背后的物理现象或科学原理，而是以电影式的宏伟和戏剧性激发玩家对这一历史事件的情感联系。另外，VR 在自然科学中以空间维度的变换展现出强大的场景述说能力。由大卫·阿滕伯勒爵士参与的 VR 项目 Micro Monsters 将用户置于甲虫的视角，当面对即将吞食自己的巨大螳螂，感官震慑力是巨大的。Micro Monsters 系列剧集利用 VR 的沉浸性，用一流的 3D 视觉质量和空间声音将昆虫微观活动放大，比如一只蝎子和一只蜈蚣战斗至死，一只 potia 蜘蛛致命的音乐摇篮曲或一群绿蚂蚁建造房屋。

社科内容融入 VR 教育游戏有助于促进玩家形成主动性和批判性的学习态度，进而影响到他们对社会议题的认知和决策。目前，创作者和研究者主要通过设计虚拟现实换位思考（VRPT，Virtual Reality Perspective-Taking）体验，以此增加用户对相关社会目标的同理心培养。斯坦福大学虚拟人类互动实验室（Stanford Virtual Human Interaction Lab）的研究考察了 VRPT 经验在多大程度上可以训练移情技能，应用于与对象不相关的社会目标和环境[1]，并与 WorldViz 工作室合作的“Becoming Homeless”（成为无家可归的人，2018）。它将观者置于一个刚刚失去工作的人的角度，讲述者引导观者通过数个场景，比如选择卖什么物品来支付一个月的房租，如何在地铁上寻找避难所的同时保护自己的财物不被偷。游戏开发者比对了传统桌面中 2D 版本的场景互动方式，同时阅读了关于无家可归者困境的叙述，使观者亲身体验街头生活的残酷现实。这个作品不仅是研究 VR 如何影响人类同理心水平的实验，也成为参与者了解经济/廉价租房政策等社科内容的类型案例。同样以建立同理心来传递隐性知识和叙事力量的手法还运用在环境问题如全球变暖、海洋酸化等，以及贫穷、种族、性别等议题。比如，VR 影片 Hungers in Los Angeles 里，Nonny de la Peña 让人们体验了在接受救济食物时碰见的癫痫发作流浪汉的情景；Chris Milk 用 VR 影像“Clouds over Sidra”记录叙利亚难民；Tabitha Peck 通过将用户融入深色皮肤的虚拟身体来减少种族主义。目前 VR 教育类游戏和应用中优质内容的数量和类型还相当有限，未来需吸纳更多样的材料并对其作出相应的艺术化处理，以及借用其他媒介的各类设计结构、类型资源，以丰富自身对教育内容的呈现。这应当是当前技术条件下，VR 技术最具现实应用性的一个社会生产领域。

结　语

2020 年 10 月 29 日，中共中央就制定国民经济和社会发展第十四个五年规划和二〇三五年远景目标提出了若干指导性建议，其中特别指出了健全现代文化产业体系、发展战略性新兴产业的必要性和重要性。电子游戏作为新兴的“第九艺术”，在现代科技的力量加成下，其传播力度及影响力范围或将超过既有的任何一种艺术形式。利用电子游戏输出价值观更是早已屡见不鲜，而受限于电子游戏产业的发展，我国长期在此领域处于相对不利位置——在针对青少年群体的文化话语领导权斗争中，这一情形尤其突出。我们认为，加强 VR 游戏的研究与产业链的基础建设，具有以点带面、以点破局、争取国

① Mado M. & Herrera F. & Nowak K. & Bailenson J. N. , “Effect of Virtual Reality Perspective-Taking on Related and Unrelated Contexts”, *Cyberpsychology*, *Behavior*, *and Social Networking*. Volume 00, Number 00, 2021.

际中立力量、减少争议、共同繁荣的效应。此种方式，不但能够有效地将人工智能、量子信息、集成电路、生命健康、脑科学等前沿科技整合进入文化产业实务开发中，弥补我国相关产业创新能力不适应高质量发展要求的现实，同时还有助于提升文化产业的产业链供应链现代化水平，加快数字化发展。这对于畅通国内大循环、促进国内国际双循环、全面促进消费、拓展投资空间等方面的工作，均有辅助功能。事实上，这方面的项目开发，对加强国家安全体系和能力建设，也不无助益——我们从 VR 游戏的社交、体育/健身、教育等功能的拓展中，不难引申出这方面的价值作用。

当然，在现实实践中，如果 VR 游戏过度泛化，忽视其致瘾性及其对未成年人的伤害，必将导致一系列社会、教育方面的问题。我们应当对之保持足够的警惕。不过这属于另一个话题了，在此不做展开。

AI时代的 AI 艺术问题[①]

人工智能艺术正处于悬崖边上，我们仍然不确定它作为工具、媒介或独立创作实体的角色。对人工智能的接受将取决于我们自己对数字时代不断变化的美学的动态理解，在这个时代，景观可能最终会成为不可磨灭的一部分。

——Arnav Adhikari, AI art is on the rise-but how do we measure its success[②]

20 世纪中期以来，作为技术现实和文化想象的人工智能（Artificial Intelligence，下文或简称 AI）与人文学科、艺术实践，均发生了非常紧密的关系。随着 AI 技术的不断发展，这方面的关联性不断深化，以至于发展、生成了某些全新的精神领域与思想问题：开始是想象的 AI 的未来，有时甚至纯然幻想性的；进而是在人类特有精神活动领域的介入（如数学定理的证明，棋类游戏等），甚至是从事艺术创作等。20 世纪 90 年代，AI 通过模仿人类既有的艺术实践，在某些领域已取得了明显的突破，像美国发明家库兹韦尔设计的写诗程序 RKCP，计算机视觉艺术家哈罗德·科恩设计的 AI 阿伦（Aaron），[③]

① 本文与郭佳合作完成。曾发表于《中外文化与文论》2020 年第 3 期，发表时有较大删节。

② Arnav Adhikari, *AI art is on the rise-but how do we measure its success*, https://www.apollo-magazine.com/ai-art-artificial-intelligence/.

③ 相关成果的说明，可参见［美］雷·库兹韦尔《灵魂机器的时代：当计算机超过人类智能时》，沈志彦等译，上海译文出版社 2006 年版，第 212—219 页。

他们的作品有不少明显已经能够通过图灵测试。① 进入 21 世纪后，随着互联网技术、大数据捕捉技术、脑科学、材料技术以及人文学科的学科知识数据化等相关领域技术、认知水平的飞速进展，AI 在艺术实践的潜能得到了深刻的释放。这其中，2016 年谷歌公司推出的绰号“阿尔法狗”的围棋 AI 与人类顶尖棋手李世石的人机大战更是一个具有里程碑意义的事件。阿尔法狗在人机大战中取得压倒性胜利，一定程度上证明在那些超大型复杂计算、思考的精神领域，原来被认为人类独有的“直觉”“模糊计算”等思维现象，其实有可能是 AI 刚性逻辑计算的较低版本。人类传统关于“人类独特思维方式本质上优于智能软件机械性思考”的认知，或许是一种错觉，人类的此种心理优越感其实只是因 AI 技术发展原始阶段的局限性而来。

从这个角度说，思考 AI 在艺术上的可能性在现阶段就是一个必要的事情。拿围棋来比附艺术并不完全恰当。围棋的计算量虽然庞大，但毕竟可能利用规则定输赢，即有希望求得一个逻辑因果关系非常明确的、自洽的解。这是 AI 的特长所在。而艺术问题牵涉到人类特色的模糊思维、不确定性等方面则要复杂得多。作为人类思维活动的一种特殊领域，是否存在着一个具有普遍自洽性的 AI 表述方式，也远远超出了现有的人类思想水平和认识水平。人们尚无法回应这样一类疑问。当前的 AI，尚只能在某些具体的艺术领域，学习模仿人类的既有经验，并在一定条件下产生可能深化发展或随机的组合变异。尽管当前 AI 的智能发展水平还很有限，② 但考虑到艺术史上技术发展

① 图灵测试（Turing Test）是英国数学家阿兰·图灵在 1950 年提出的一个思维实验。为了解答“机器能思维吗”这个问题，图灵设计了一个“模仿游戏”，其基本规则是：在匿名的双人对话中，让计算机扮演对话的其中一方，看机器是否可以骗过与之对话的人。这里指在特定艺术活动里，AI 的作品已经达到让人分辨不出来的水平。

② 就 AI 目前的发展而言，我们可以清晰地看到四点不足：鲁棒性较差、通用性不足、依赖于刚性法则和过分依赖外部信息。可参见张钹《走向真正的人工智能》，《卫星与网络》2018 年第 6 期，第 24—27 页。张钹：《后深度学习时代的人工智能》，《杭州科技》2017 年第 2 期，第 41—42 页。也可参见陈奇佳《“阿尔法狗”后的 AI 艺术问题》，《中国社会科学报》2019 年第 5 期。

首先，鲁棒性较差。所谓“鲁棒”，英文为 Robust，其含义是稳健或强壮，而“鲁棒性”是 Robustness，故也翻译为“稳健性”或“强壮性”。鲁棒性是一个来源于控制论的概念，简单地理解，鲁棒性是“抗扰动的能力”，细致来看，“事物”、“事物的某种性质”和“事物的某种形式的扰动”是言及鲁棒性所必需的三个方面，换言之，鲁棒性针对的是某事物的某一特性所应对一定形式的扰动的稳定性。（对鲁棒性的进一步解释，参见段广仁编著《线性系统理论》，哈尔滨工业大学出版社 1996 年版，第 342 页。）目前 AI 在艺术实践中广泛使用

的深度学习算法，是数据驱动而非知识驱动的算法，而数据驱动的算法对训练数据以外的干扰非常敏感。借用张钹院士的举例，一个通过数据驱动建立的人脸识别系统，虽然对给定资料库的图片有很高的成功率，但是对于其他噪声干扰，就有可能将人识别成动物。（张钹：《走向真正的人工智能》，《卫星与网络》2018 年第 6 期，第 24—27 页。）

其次，通用性不足，这是指人工智能在现有的应用范围内缺乏迁移能力。现有人工智能的应用范围比较窄，比如，会下围棋的 AI 不会下象棋，会智力问答的 AI 不会人机的日常对话，会书法的 AI 不会作画等。即便是在单项任务中，人工智能的理解、迁移和推理能力与人相比还是大为逊色。以儿童的语言学习为参照我们可以明悉这一点。众所周知，儿童的牙牙学语是一个由慢而快的过程。婴儿开始说话的时候，他们只能用一个单词来表达一句话的意思。从第一个有意义的词开始，发展到 10 个单词量，大概需要花 3—4 个月，在这期间他们的词汇量以一次一个词发展；在 18—24 个月，婴儿单词学习的速度就增长到每周增加 10—20 个新单词，这被心理学家称为“命名爆炸”。到 2 岁，儿童大约会讲 200 个单词，而他理解的单词数量可能要多得多。儿童到 6 岁，他们能理解 10000 个单词，到了 10 岁，这个数字会达到 40000。但是儿童理解单词量的指数性增长，并不一定意味着一个小学生就学过这些单词，但他们可以运用自己的词法知识、推理能力，分析出如 hopelessness，custom-made 这样的单词的意思。（［美］戴维·谢弗：《发展心理学：儿童与青少年》（第 8 版），中国轻工业出版社 2009 年版，第 364—378 页。）对人类来说几乎是天生的推理、迁移能力，对于 AI 来说却很难获得。一个凑手的例子可以是，如果在对话 AI 的知识库里存上“特朗普是美国总统”，用“特朗普—总统—美国”这三元组存在计算机；如果问它“谁是美国总统?”，机器马上回答“特朗普”。但是你如果问其他有关的问题，如“特朗普是一个人吗?”“特朗普是一个美国人吗?”“美国有没有总统?”，它都回答不了。换言之，人工智能没有理解所储存的信息，因此只能对特定形式的问题作出回答。（张钹：《走向真正的人工智能》，《卫星与网络》2018 年第 6 期，第 24—27 页。）张平文院士认为，突破人工智能研究的关卡，在于对黑箱式的深度学习算法作出原理和可计算性的解释，进而建立可解释性的新型人工智能模型。［张平文：《北大数学系的天才不是培养出来的，而是保护出来的》，2019 年 11 月 10 日，雷锋网（https://www.leiphone.com/news/201911/unADaDORFg3yvExu.html）］。

又次，AI 依赖于刚性法则。目前 AI 尚停留在刚性计算的层面上，即试图通过穷尽式的算法算出结果，就目前 AI 的发展来看，再有弹性的算法也是基于刚性运算的法则，而刚性算法的弊端是明显的。刚性法则无法绕过几近无穷的海量数据，面对涉及无穷的问题也无能为力。如费尔马大定理（$an + bn \neq cn$，a、b、c、n 均为正整数，且 $n > 2$）。费尔马大定理证明了刚性计算的无效，无论刚性计算到的 n 有多大，对此定理都不起作用。另外即便是在已然克服的领域，刚性法则对计算机性能的高要求、高耗能，也通常是其受到攻讦的地方。比如 AlphaGo 的资源消耗很大，有人这样诟病：“AlphaGo 下一盘棋消耗上吨煤。”当然这固然与 AlphaGo 的算法有关，另一方面也是现阶段技术发展水平的限制。（张钹：《后深度学习时代的人工智能》，《杭州科技》2017 年第 2 期，第 41—42 页。）

最后，AI 过分依赖形式化的外部信息。就目前 AI 的算法来看，AI 还是要在高度占有形式化的外界信息的基础上，才能作出贤明的判断。不论是“AlphaGO”“AlphaMaster”，还是早一些的沃森、更深的蓝，他们都是在学习、处理了海量数据之后，才在智力问答和棋类比赛中作出判断、推理。换言之，AI 过于依赖形式化的外部信息来发展自身能力。相比之下，虽然人类同样从外部世界获取知识，但是却能合情合理地整合外部知识，发挥自身的能力完成对世界的认识与再创造。当我们把目光放到 20 世纪初那些立体主义、形而上画派的作品上时，就会发现高明的艺术家可以通过意料之外又情理之中的方式，将直观以抽象和形式化的方式应用到艺术创作之中，并对以往艺术经验形成巧妙的继承与创新。但同样的任务交给 AI，促进艺术变革的诸多经典案例，① 考虑到 AI 在某些特定领域学习人类经验并反哺人类智慧的成功案例，② 当然也考虑到现有的 AI 艺术实践的现实状况，我

就可能会让后者力不从心。另外一个技术上的难点，是如何将海量的外部经验形式化。我们知道，相当一部分的经验世界难以在短期内用计算机语言形式化，涉及经验、常识的任务对于 AI 来说尤为困难。比如，“赛车超过了校车，因为它速度太快。谁的速度太快?”这个问题对于人类来说，只要结合常识（校车通常出于安全考量车速较慢），以及上下文关系，就不难作出正确回答，但对于 AI 来说却是个难题。另一个相似的例子是：“市议员拒绝示威者进入，因为他们害怕（主张）暴力事件。谁害怕（主张）暴力事件?”（The city councilmen refused the demonstrators a permit because they feared violence. /The city councilmen refused the demonstrators a permit because they advocated violence. ）对这个句子来说，如果动词是“害怕暴力事件”，正确答案应该是市议员；而若动词换成“主张”，则答案会变成示威者。这些涉及代词判断的难题由斯坦福大学的计算机科学家威诺格拉德（Winograd）提出，旨在对 AI 的常识能力提出挑战。（［美］赫克托·莱维斯克：《人工智能的进化》，王佩译，中信出版社 2018 年版，第 63—69 页。也可参考第 4 章。）上述例子证明，因为 AI 的智能表现过于依赖外部信息，因而在面对因为体量过于巨大、一时难以形式化的经验常识方面，显出明显的不足。

① 尽管不能说所有重大艺术变革都是由技术变革推动的，但我们几乎可以说重大技术发展必然导致艺术的变革。新技术对艺术带来的震撼，不仅在材料、工具、媒介、物理环境等方面的拓展上，甚至会形成新的艺术门类，而这些后来者对既有艺术的形式、观念、整体生态会形成即使称不上颠覆，至少也是冲击性的影响。

上述表达的前半部分，我们很容易在青铜器、造纸术、玻璃、镜子、摄像机、计算机和互联网等事物上找到例证。一个新鲜的例子是，有人认为，文艺复兴时期以“自我发现”的个人观为中心的艺术探索，形成了自我审视的美术与自传写作，而这与 13—16 世纪的优质镜子的发展几乎是同步的，因此有人论证优质镜子与文艺复兴时期的个人观有关，当我们联想到伦勃朗的自画像时，多少会认同这一论证。（［英］艾伦·麦克法兰、格里·马丁：《玻璃的世界》，管可秾译，商务印书馆 2004 年版，第 81—82 页。）而表达的后半部分，则可以参见摄影技术对绘画的影响。如果我们观察摄影技术的发展，及其对绘画的逐步影响，可以更好地理解新技术与艺术形式、观念、生态的关系。与今天的相机不同，摄影法的写实能力是逐步发展起来的：在 19 世纪 30 年代，达盖尔的暗箱摄影术还没有足够的表现力，可是到了 20 世纪 50 年代，具有更高色彩表现力的柯达彩色胶卷的发明——更不要说后来的拍立得、数码相机等的出现——人们才越来越认识到摄像机可以完美地模仿现实。随着摄影技术的发达，具象绘画越来越退缩。如果一开始的黑白胶片还不能很好地传递绘画感觉，那么到了伊斯曼的柯达以后，人们用肉眼已经很难分辨最好的具象画家与摄影师创作的区别了。由此，具象绘画的观念不可避免地受到摄影术的冲击，而抽象画适时地兴起，毕竟在具象的尽头，以挥洒心情、表现自我为主的抽象画在绘画中将拥有更大的余地。

② 在此，围棋高手对 AlphaGo 招法的学习、模仿是一个很有代表性的案例。

AlphaGo 为代表的围棋 AI 的创造性招数有很多，在此姑举一例，即开局第 5 手的点三 3 定式。从直观上，这是一招很简单，很容易想到的招法。但在以往人类的对弈经验中，围棋开局的第 5 手从不会走出点三 3 的变化（图 a）。这是因为按照人类的既定思路，点三 3 之后必定形成类似图 b 的变化。这个变化对黑棋作战不利，因此除非极特例的情况，人机大战之前的人类高手几乎没有开局第 5 手点三 3 的。但人机大战后，开局第 5 手点三 3 几乎成了时尚。这是因为围棋 AI 开发出了类似图 c 之类的下法。按照人类既往的经验以及所谓的“棋感”，图 c 之类的变化，是一种不好的形状，一般情况下应当尽量避免。但通过与 AI 的大量

们认为在不远的将来，对 AI 艺术的未来可做较为乐观的估计。本文将从三个方面讨论 AI 艺术的前景问题：在既有艺术领域它的成就如何，它是否可能独创某些艺术形式，它将改变艺术生态。本文只讨论 AI 根据程序自生成的现象，不涉及人类对相关问题的理解、想象、创造。

一、AI 从事现有艺术

目前 AI 艺术所取得的成就，相当一部分是在人类现有的艺术门类之上，比如绘画、文学、剧本和电影创作等。这一类的作品，经由 AI 对人类艺术的模仿性学习，通过模式识别、风格定义和自行创造等阶段实现。其运作的机制大体如下：

面对可以自然激发人类感性冲动的艺术作品，AI 首先要做的是通过机器视觉分析作品的结构和风格。目前机器视觉和模式识别的实现，主要是通过

对弈实践，人们不得不承认，像图 b 这样自然的招数，其实并不符合围棋的棋道，像图 c 这样的棋形，也未必如人们想象的这么糟糕。

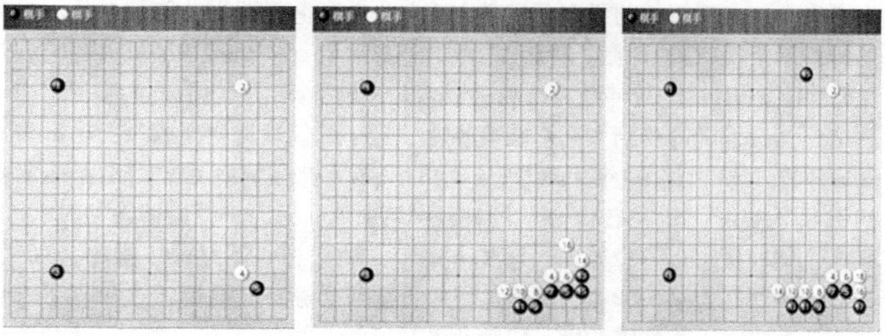

图 a　　图 b　　图 c

为什么看似如此简单的招数，在人类世界从未被开发出来？这是由人类生命的有限性、个体性、试错机制的匮乏决定的。这招法虽然看起来简单，但它需要最强大的棋手（二流棋手的经验没有说服力），在功利的条件下（对弈会有输赢，输赢决定棋手收入高低）勇于试验，并以之获得佳绩（一盘棋的进程是很复杂的，对输赢的关键不同高手会有不同的见解，让大家一致公认某些招数决定性地影响了未来棋局进程，如图 b 黑 13、15 扳粘是此后黑棋作战不利的决定性因素，在 AI 出现之前几乎是不可能的），这些都是人力难以达到的事情，但却是 AI 的特长优势所在。也就是说，至少在某些特殊的人类精神形式的领域，只要有充分的自我学习样本，AI 通过力迫性的刚性运算，能够获得其较优的通解。这种通解能够洞察到人类一般认知水平达不到的层面，即看到人类看不到的东西。人类虽然不可能像机器那样运算，但因为这些通解从根本上说还是从人类经验上发展起来的，它因此也不会完全有别于人类的思考方式，也就可以反哺于人类，为人类学习、模仿。

围棋如此，艺术等领域也有可能如此。

人工智能研究中的神经网络方法来实现的。① 神经网络派基于认知科学的发展，认为智能的实现是在人类的神经系统之上，进而试图用程序设计模拟人脑的神经网络；其中卷积神经网络（Convolutional Neural Networks），在实现机器视觉和完成图像处理任务上，又是公认的最有效的途径。利用卷积神经网络，计算机可以通过模仿新大脑皮层各区、各层级的前馈、反馈过程，实现人脑表征记忆和预测功能，进而，以较为精简的程序体量和工作计算量来处理、识别和分类海量图片和文字。训练神经网络使用的数据，一般需要人工标注来辅助，② 尤其是高等概念，如人脸、手、名人等，（不久之前的）机器还难以做到自主学习、建库；但对于一些基础要素如边缘（edge）或斑点（bolb）检测，神经网络已经可以做到无监督学习，即使用无标注数据（unlabeleddata），自行建立数据特征库。③ 在模式识别的基础上，AI 进而对作品风格（style）等结构性要素进行识别。以绘画作品为例，研究者们对不同风格画作元素的空间分布和层级关联进行描述，让人工智能可以识别并模仿不同艺术作品的结构和色彩表达。④ 由此，人工智能可以对艺术作品中的图形、色

---

① 大方向上，人工智能的研究在实现方法上分为自上而下讲功能的符号派，和自下而上讲结构的神经网络/联结论两派。神经网络派自麦卡伦（Warren McCulloch）与皮茨（Walter Pitts）1965 年的开山之作《神经活动内在概念的逻辑演算》诞生后，产生了诸如“感知机”的神经网络模型，但随即受到人工智能奠基者、符号派倡导者明斯基（Marvin Minsky）的攻击，后一蹶不振。20 世纪 80 年代随着神经学的发展，神经网络派又在霍普菲尔德（John Hopfield）的引领下复兴。20 世纪 80 年代的神经网络研究，致力于模拟神经元的单元及其联结，并认为联结主义模型可以解释知识、感觉和运动，故而神经网络派也被称为联结论者。近些年来，神经网络派在自适应学习、深度学习等方面成果渐丰，在两派之中占了上风；但符号派的支持者认为当人工智能需要做出依赖背景知识的“智能行为”时——比如常识判断、表现“街头智慧”时，形式运算这一“老式人工智能”（Good Old-fashioned AI）仍有不可替代的作用（参见尼克《人工智能简史》，人民邮电出版社 2017 年版，第 19—32 页、第 97—115 页。熊哲宏：《认知科学导论》，华中师范大学出版社 2002 年版，第 20—23 页。［美］赫克托 · 莱维斯克：《人工智能的进化》，王佩译，中信出版社 2018 年版，第 1—12 页。）

② 最为著名的训练数据是猫的数据库。当下，对神经网络视觉的初步训练往往是是否可以在一批图像中识别出猫（Du Sautoy M.，*The Creativity Code*：*Art and Innovation in the Age of AI*，Belknap Press，2019，pp. 65—66）。

③ 随着神经科学的进展，神经网络在无监督学习下获得高级概念也获得重要进展。Le Q V etal，“Building high-level features using large scale unsupervised learning ”，*Proceedings of ICML*，No. 1（2011）.

④ 比如在对名画的识别上，德国的研究者已经训练人工智能来有效识别与模仿如印象派、立体主义、抽象主义的绘画（Gatys L. A. & Ecker A. S& Bethge M.，*A neural algorithm of artistic style*，https：//arxiv. org/abs/1508. 06576）。

块、结构、语词、语法成分等要素进行模块识别和提取，再以算法架构重组要素，进而创造出出人意料的艺术组合与效果。

问题是通过这样方式创作（制作）生成的文本，与人类艺术是否具有可比性呢？或者说，此类 AI 作品，能被称为“艺术”吗？相关问题当下学术界还有一些争议，但总体来说，以是否能通过图灵测试为基准来讨论相关问题，渐渐成为主流。笔者认为塞尔等对 AI 是否具有人类意义上智能的反诘还是有一定的道理，但总体上，也赞成以图灵测试来作为检测 AI 艺术制作的一般标准。

图灵测试的规则很简洁：让一个充当裁判员的人通过无线装置和另一名对象通话，并判断通话对象是人类还是机器，如果机器在对话中成功地“冒充”了人，那么就认为机器具有相当于人的智力。① 在我们评价从事艺术实践的 AI 时，通常的做法就是评判者（行业专家或者大众）在不知道作者的情况下判断作品的作者是 AI 还是人。我们熟知的写作机器人小冰的“出道”，或者干脆就是以“图灵测试”的方式，隐去身份出现在公众面前，或者诸多绘画机器人的作品，也会让人不由自主地将之与人类作品比较。

在涉及艺术的图灵测试时，有两点需要特别说明：其一是结束的问题，其二是参照者的问题。

图灵测试什么时候可以判定结束？这个问题的答案并非想象中的简单。图灵的“模仿游戏”是个要么输、要么不结束的游戏。② 因为无论何时，当机器很好地回答了第 n 个问题时，人类都有理由认为它在第（n + 1）个问题时会露出马脚，直到它真的力有不逮。此时的问题是，如何设置图灵测试的终点？换言之，在多大的范围里，AI 成功“愚弄”人类判断，它才算获得本体论意义上的艺术能力？譬如围棋，如果说当 AI 在 9 路、17 路围棋中战胜人类的高手时，人们还认为这是一种有限的围棋智能（变化的有限，人类一般高手水平的有限），那么现在的 AlphaGo 已经可以在 19 路围棋中做到几乎算

① ［英］图灵：《计算机器与智能》，载博登编《人工智能哲学》，刘西瑞、王汉琦译，上海译文出版社 2001 年版，第 56—91 页。

② 对图灵测试规则的解释，可参见拉赛格（Lassègue）的文章。拉赛格认为，这是因为图灵假定模仿游戏的参与者可以回答无数主题的问题，那么对于提问者来说，只有两种可能：一是做出正确判定，那么机器没有通过测试；二是提问者在无限主题上一直与对象进行问答。（Lassègue J.，“What kind of Turing test did Turing have in mind?”，*Tekhnema*：*Journal of Philosophy and Technology*，No. 3（1996），pp. 37 – 58.）

无遗策、战胜顶尖高手，我们可以判断 AI 已经具有，起码在围棋这一特定领域中的本体论意义上的智能了吗？或者，还需要假定一种变化对象接近无穷的 27 路围棋，以这一范围来测定 AI 的能力水平呢？

在艺术领域这一问题还会复杂化，这就来到第二个参照对象的问题。一方面，目前 AI 的艺术作品，已经基本超越了“能不能”，而达到评判“好不好”的程度。以绘画机器人 CAN 现在的作画水平，在盲测中可以做到与一般的抽象画家难分伯仲，① 而经过精选的小冰的诗句也颇可以让一些诗人汗颜。但是，如果与第一流的艺术家相比，AI 艺术无论于质还是于量都仍然相形见绌。然而，评价艺术作品的质与量又并非易事。于质而言，艺术作品不像棋类比赛，除非水平过于悬殊，否则很难有显明的输赢。毕竟，判断艺术作品，尤其是现代艺术作品高低的标准十分复杂。除色彩、构图、搭配等技巧上的精纯外，同样重要的还有一些看似随意但又合理、合意象的细节和质感，而后者只有在采取某些直观、非理性的方式时才能领悟（譬如绘画的笔触、雕塑的组件以及书法的笔势）；对于人工智能而言，这一类的细节很难在纯粹像素化的条件下被识别、再现。于量而言，虽然著作等身的大家比比皆是，但横空出世而后昙花一现在艺术史上也绝非个案。因此，如何评价 AI 艺术中的优作与 AI 艺术的整体水平，也是一个微妙的问题。对此，应该注意到艺术作品出现的偶然性与时代性，并以此公允地对 AI 作品作出评价与发展性指导。一方面，一鸣惊人而孤篇横绝的作品，即便对于人类来说也是偶然性的产物，但作品本身的审美价值与精神力量，并不会因为作者身份或生平资料的佚失而失去其艺术史地位——当然，这也只是针对 AI 艺术可能（但尚未）出现的杰作而言。另一方面，艺术作品，尤其是一些现代艺术的价值又具有特定时代的“一次性”特点。对这类作品而言，它的首次出现固然是石破天惊，但二次三次就难免落入重复的俗套（譬如现代艺术中的现成物品，或后现代的即时艺术），换言之，这类作品本身就是不可模仿的。而如果 AI 要学习和创作这类时代性的作品，除须对艺术史、思想史与社会现实有深刻了解外，还应对人类的生活有深入的经验性感知，才可做到严肃、合理地挑战生活与艺术的界限。

① 杨晓凡：《解读 Facebook CAN：如何给人工智能赋予艺术创作的力量》（https://www.leiphone.com/news/201706/ZVPLKrdmImtTc6wz.html）。

由上论知，采用什么标准、选取什么参照对象来评判AI的艺术作品，如何在评判中把握优作与整体水平的关系，均是讨论AI艺术时需要把握的尺度。但总的来说，在AI涉足的诸多艺术之中，它已经凭借足够数量的优秀作品表现出自身的艺术潜能。换言之，尽管我们尚不能给予AI以拥有“创作意识”或“创作概念”的身份，但它们已然可以在艺术上达到人类能力与想象之外的增长点。我们认为，在以下三个板块AI有较为突出的艺术表现：高水平的拟真图像，抒情短诗与抽象绘画，以及数据可视化。

所谓高水平的拟真图像，指的是优秀的人工智能算法，可以复现拟真的动画图像和复杂的运动形态，展现脱离实在的虚拟真实画面。一方面，目前的生成性对抗网络（GAN）可以根据给定的表征、轮廓生产逼真的静态图像乃至虚拟环境，这项成熟的技术已有较广泛的商业艺术运用。以2019年的两部电影《狮子王》和《双子杀手》为例，前者是采用VR技术制造了非洲草原的环境，创立了VR拍摄、电脑制作仿真动物的“全真动画”，后者则通过计算年龄对相貌的变化，用同一名演员扮演了不同年龄的三个角色。另一方面，人工智能技术还可以建立模型、拟真融合，进而创造新的混合物种形象。2009年上映的《阿凡达》以真人和动物的动作捕捉、图像分析，模拟合成了“那维族”猫人的特殊融合相貌、肢体特征和运动形态，是AI作为辅助技术在拟真和创造的边缘上的全新突破，即便在10年之后的今天，仍在技术艺术化方面具有很强的先驱性质。

在美术和文学领域，AI的进步也是人们有目共睹的。其中，AI在抽象绘画与抒情短诗上的艺术表现尤为不俗。在AI艺术的研发史上，绘画有可能是尝试最多、成果也最丰富的项目，从早先的绘画机器人阿伦（Aaron），PUMA画师（PUMA Paint）①，到傻瓜画家（The Painting Fool）②，云画家（Cloudpainter）③，

---

① PUMA画师（PUMA Paint），又称PUMA画师工程（The Puma Paint project），是马修·斯泰恩（Mathew Stein）在1998年的设计。他给一个PUMA 760机器人（Programmable Universal Machine for Assembly）装上画笔和网络摄像头，将之改装为绘画机器人。

② 傻瓜画家（The Painting Fool）是2001年西蒙·克尔顿（Simon Colton）研发的绘画软件。随后这一研发项目在英国金史密斯学院（Goldsmiths College）继续发展（参见 http://www.thepaintingfool.com/）。

③ 云画家是美国范阿蒙（Pindar Van Arman）团队研发的绘画机器人，其绘画手段包括3D打印、机械臂以及电子屏幕。关于云画家的信息可在 http://www.cloudpainter.com/ 网站上获得。

大卫（e-david）①，微软小冰，人工智能的图像实践已经从机械臂走向数字屏幕和材料打印，从单纯的内容模仿，走向风格总结和自生成、无监督的创作；在其中，人工智能在抽象画上的表现最为突出。

比如，罗格斯大学艺术与人工智能实验室（Art& AI Lab）的计算机科学教授艾哈迈德·艾加马尔（Ahmed Elgammal）的团队，在2017年研发了名叫CAN（Cenerative Adversarial Networks）的人工智能。根据“艺术家的创新，是在不引起观看者负面反馈的前提下，尽可能追求反常规的艺术刺激”这一对创新的心理定义与计算原则，② CAN学习了横跨5世纪的西方艺术史上超过10万幅经典绘画，并且被设定为必须基于艺术史进行艺术创新。在创作时，CAN并非（像后面会提到的一些AI那样）和人类艺术家合作，而是在无人监督的条件下自行选择风格、主题、创作手法、颜色和绘画的材质创作，并自行命名，进行“与几世纪来的艺术史的对话”。③ CAN自主创作的抽象绘画，曾经让75%的评论者误认为是人类创作的。④

在2017年11月，AICAN的首部拍卖作品《圣乔治屠龙》（*St. George Killing the Dragon*）以1.6万美元售出。⑤ 在此之前，AI的图画作品的单幅售价一般不超过1万美元。⑥ 虽然艺术作品的价值绝非仅用拍卖价格就能衡量，但应该注意到AICAN的独特之处在于其在无监督学习的前提下，“规定”要艺术创新的自主性。

---

① 大卫（E-david）是德国康斯坦茨大学（University of Konstanz）奥利弗·多伊森（Oliver Deussen）教授团队研发的绘画机器人，该项目开始于2009年，致力于将输入信息准确地转化为具象绘画（大卫的作品可参见 http://graphics. uni-konstanz. de/eDavid/）。

② Elgammal团队依循的心理理论由Martindale提出。（Elgammal A. & Liu B. & Elhoseiny M. & Mazzone M.，*CAN: Creative Adversarial Networks, Generating 'Art' by Learning About Styles and Deviating from Style Norms*, https://arxiv. org/abs/1706. 07068.）

③ 对AICAN的原理等相关介绍，还来自AICAN2019年的展览Faceless Portraits Transcending Time，《展览手册》，https://uploads. strikinglycdn. com/files/3e2cdfa0-8b8f-44ea-a6ca-d12f123e3 b0c/AICAN-HG-Catalogue-web. pdf? id = 153502，以及AICAN的介绍网站 https://www. aican. io/。

④ Elgammal A. & Liu B. & Elhoseiny M. & Mazzone M.，*CAN: Creative Adversarial Networks, Generating "Art" by Learning About Styles and Deviating from Style Norms*, https://arxiv. org/abs/1706. 07068.

⑤ Meet AICAN, *A machine that operates as an autonomous artist*, https://theconversation. com/meet-aican-a-machine-that-operates-as-an-autonomous-artist-104381.

⑥ 《中国拍卖 | 人工智能画作拍卖引深思》（http://m. sohu. com/a/287813215_120055030.）但到了2018年，这项纪录又被打破，法国Obvious团队设计程序所创作的“无中生有”的肖像画《埃德蒙德·贝拉米》（*Portrait of Edmond de Belamy*）则在佳士得拍卖会售出43.25万美元的价格。

在抒情短诗上，人工智能的表现同样突出。2014 年，微软亚洲互联网工程院发布了 AI 机器人“微软小冰”，至今历经七代发展，已可以写诗、绘画、唱歌、会话、写新闻稿、主持节目，目前已经覆盖了 9 亿内容观众，成为最大的跨领域人工智能系统之一。① 在文艺领域，小冰在 2017 年出版了历史上第一本人工智能诗集《阳光失了玻璃窗》，又在 2019 年举办自己的首次画展《或然世界》。② 这里暂先谈论小冰的两首抒情短诗：

合藏着半弯腰的蜡纸/太阳带着暖的黑色的大星/我的心如同我的良梦/最多的是杀不完的人。（其一）

看那星，闪烁的几颗星/西山上的太阳/青蛙儿正在远远的浅水/她嫁了人间许多的颜色。（其二）③

这两首短诗在意象选取、气氛营造、情感表达的跳跃性上，都具有相当高的水平。第一首诗通过意象的选择、融合与跳跃，很好地把握了阴森陡峭与平衡舒缓之间的平衡，塑造出一种颇具张力的情调。第二首诗则清新自然，看似有些平常，但就视点与情绪的关联与发展来看，具有相当连贯协调的节奏，也属于抒情短诗中的佳作。

AI 艺术另一个值得关注的板块是通过 AI 实现的数据可视化。现代人工智能技术可以通过神经网络架构实现对图像的拆解、处理和识别，当 AI 经过一定数量图片的学习，它们就可以模仿、学习某个对象或者某个绘画流派的图像，进而得以将原有的精神现象的抽象数据以具象化体现，生成富有新意的写实或风格化作品。这一类图像生成的方式只有通过 AI 技术才能实现，另一方面，通过数据可视化生成的图像往往面对新现象、产生新主题，有些还会采用新的媒介与表现方式。

---

① 《微软小冰解锁新技能的背后：正努力连接人类和世界》，环球网（https://smart.huanqiu.com/article/7RW7ld5efQI）。

② 小冰的绘画原理是生成式对抗网络（Generative Adversarial Networks），她学习了 400 年艺术史上的 236 位著名画家的 5000 多张画作，展览人选取了小冰较为成熟的 6 种风格和一种随机风格展出。[参见《人工智能办画展，你们人类颤抖了吗》，中国青年报客户端（https://share-app.cyol.com/cmsfile/News/201907/15/share243915.html? t = 1563165084&from = singlemessage&isappinstalled = 0。）]

③ 《我找 AI 写了几首诗》，搜狐网（http://www.sohu.com/a/232264565_488705）。

比如，《花叶病毒》将比特币的比率与郁金香的败谢建立动态联系，在寓意上呼应了17世纪荷兰郁金香在市场作用下的盛衰，是面对比特币这样的新鲜现象，用动态屏幕展现出来的新鲜视像。另外，有评论将AI呈现为动态郁金香，与画家作画方式联系起来，认为这是一种没有见过郁金香的“AI的想象”，可以算是对数据可视化的一种乐观解读。

但是，AI的艺术缺陷仍然十分明显，即不论在视觉艺术还是文学作品方面，AI都缺乏大规模叙事的能力。由于神经网络技术自身数据驱动的特点，AI艺术过于依赖选定的大规模样本。一方面这类艺术创作从某种意义上讲，仍然是对选定数据样本的学习与复制性生产。尽管小冰可以栩栩如生地模仿不同时期各种流派大师的风格，[①] 尽管《埃德蒙德·贝拉米》拍卖出了43.25万美元的高价，[②] 但归根到底，人工智能呈现的作品还是只能实现选定样本库的组合生成，而不能做到真正生成叙事性的具象作品。究其根本，可能是目前AI终究难以在学习时，将绘画作品真正的叙事性要素从结构中提取出来，更谈不上与人类整体艺术实践历史轨迹进行有效的互动对话了——当然，这指的是学习算法意义上的“互动对话”。

另一方面，人工智能在抽象艺术作品上，虽然具有较强的自主生成和创新设定，但是其抽象作品仍然缺乏内在结构。而在复杂的抽象艺术，如贾科梅蒂、蒙德里安、康定斯基等抽象大师的作品中，我们正可以见到这种冲破了既有规则的直观想象力。对于人工智能来说，如果它不能在其抽象艺术中展现出具有个人风格的抽象表达，那么我们很难想象AI在成功混迹众多抽象作品中之后，还能取得更大的突破。

二、AI创造独特艺术

一直以来，对图灵测试的一种直接的诟病是：为什么AI要能够像人一样

---

① 策展人把6种风格凝聚成6个人设：俄罗斯十二月党人的妻子、欧洲17世纪最伟大画家之一伦勃朗的女儿、风景画家透纳的女教师、枫丹白露派画家柯罗的女学生、野兽派创始人马蒂斯和现代派大师毕加索的女伴、师从江户末期浮世绘大师月冈芳年的艺伎。

② 《埃德蒙德·贝拉米》是巴黎艺术团体obivous利用14至20世纪、超过1.5万幅人物肖像画进行训练的AI所绘制的艺术作品。［《中国拍卖丨人工智能画作拍卖引深思》（http://m.sohu.com/a/287813215_120055030）。《Portrait of Edmond Belamy：首幅以AI绘制的画作以天价拍卖》（https://hokkfabrica.com/first-ai-painting-is-sold/》）。］

对话，才可以获得本体论意义上的智能呢？在 AI 艺术里，类似的问题可以是：为什么 AI 一定要能像人一样写诗、绘画、作乐呢？是否存在一种可能，AI 能够如其所是地、用它自己的特长、算法、组合，来创作艺术，补充现有艺术世界的版图？这里所说的 AI 创造独特艺术，即指 AI 不必模仿、遵循人类已有的实践模式从事艺术活动，而是结合人类既有的艺术经验，依靠自身学习能力、大数据、计算能力、线上交互性，以及 AI 与其他技术的结合，形成一种传统艺术无法实现甚至无法想象的形态。从当前 AI 艺术的实践状况看，AI 在海量拼贴、交互性、沉浸参与等方面，显示出一种不同于人类的运作潜能。

海量拼贴是指，基于 AI 依附的大数据基础，AI 依据特定算法与外界刺激，自动创作的艺术。比如在 2018 年夏普（Oscar Sharp，居住在美国的英国导演）和古德温（Ross Goodwin，谷歌的程序员）用人工智能程序“本杰明”（Benjamin）创作的《开小差》（*Zone Out*）。古德温用 20 世纪七八十年代的科幻电影剧本训练本杰明，并且应用深度学习算法，让它在给出标题、对话等有限要素的情况下独立创作剧本。在 2016 年本杰明就独立创作过一部剧本《太阳泉》（*Sunspring*），2018 年，双人组决定再进一步，让本杰明在自己创作剧本的基础上，利用现有的公开电影资源和 AI 换脸技术，来制作电影。在这个过程中，人类为 AI 提供的“灵感”包括电影标题（开小差）、重要对话（“他们想给它起名为亚当，讲真的”）、道具和动作要素（一名角色举着一块镜子，并且用它反射亮光）、科幻要素（只针对孕妇的基因编辑病毒）。同时，另外一个 AI 会根据本杰明剧本中的情绪，为电影配乐①。

其实《开小差》的缺点是明显的：影片呈现粗糙、换脸技术明显、影片长度有限（5 分钟）、主要灵感点来自人类等。但我们可以设想这种 AI 利用自身的特长，对海量影片和剧本的学习，进行更有创意的剪辑拼贴。而在 AI 出现之前，不论是对海量视频资源的占有和处理，还是要素分离与拼贴（如动作与脸的分离），都是难以想象的。

第二类是交互艺术。当我们谈到 AI 交互艺术的时候，首先应该注意交互性对 AI 研发本身来说就是一个关键要素。AI 工程师们对 AI 的调试，以及 AI 的学习算法，本身就是程序根据外界刺激，并作出反应，再调试、输出、学

① Sam Machkovech, *This wild, AI-generated film is the next step in “whole-movie puppetry”*, https://arstechnica.com/gaming/2018/06/this-wild-ai-generated-film-is-the-next-step-in-whole-movie-puppetry/.

习的一个过程。早在20世纪60年代，聊天软件ELIZA采用的自然语言处理程序，就是通过谈话对象的反应来学习、进化、发表观点。当这种交互过程从AI的研发、学习，转移到艺术实践领域，程序所作出的即时、随机反应，就成为艺术实践的一个部分，并迸发出AI艺术独特的闪光点。

电子游戏可能是最早关注人机交互的过程与结果的一种活动。英语世界称为interactivefiction（互动小说）的电脑程序，指的是可以供一名或多名玩家参与互动、影响剧情，乃至建构游戏世界的电脑程序；发展到今天，互动小说从单纯的文字界面软件，到图文、电子以及3D渲染的游戏，越来越可以识别玩家的自由表达，并对之做出相应的互动。比如，马特斯（Michael Mateas）和斯特恩（Andrew Stern）基于自然语言处理系统（natural language processing）、3D技术以及剧情程序，研发的电子游戏《婚姻战争》（façade，2006）。《婚姻战争》将玩家放在一个家庭戏剧的开场。玩家扮演的角色是一对夫妇崔普（Trip）和格蕾丝（Grace）的朋友，受邀来到他们的公寓参加鸡尾酒聚会。但玩家一进入公寓，两人就发生了争吵。玩家这时可以直接打字，来与两人“对话”，劝和、劝分或者说错话被踢出公寓。这个游戏的亮点就在于它让玩家自主发言，而不是选项，来参与到游戏的互动场景中去。

在逐步发展的互动小说中，我们可以进一步设想AI所参与的交互式、偶发艺术。在这类偶发艺术中，经过特定编程的AI可以灵活地识别参与者的言语、行为和反应，并为偶发艺术活动提供环境支持、反应环节甚至是成为互动者，来直接回应人类。传统的偶发艺术由人来承担行动者角色，会给人造成更大的负担以及行动的不确定性。但是对于AI来说，它在一定艺术理念下的环境渲染与反应会更强大、全面与合理，并更可能带来合观念的艺术创新，而给予反应的过程也会成为互动艺术的一个部分。

最后一类是AI制造的沉浸参与的装置艺术。在这类装置艺术中，AI可以结合算法、即时反馈、环境控制以及材料学等技术，给参与者提供完全沉浸式的环境，进而实现更为全面的环境/感官模拟，并扭曲、变化。具体到例子中来看，是2013年英国艺术团体“兰登国际”创作的《雨屋》：

> 《雨屋》将“雨”这一自然现象变为了人造景观，利用交互技术使人在雨中漫步而不被淋湿。在参观者走入“雨”中的瞬间，作品中安装的摄像机根据参与者的身体部位迅速制作3D图像，由图像信号转换成的

控制信号可即时操控“雨”的分布和停歇，让参与者不被“雨”淋到。[①]

当然，《雨屋》的技术原理仍然相对简单，但它获得的热切反应，其实揭示了AI在装置艺术中的巨大潜能。这一装置让人步入雨中却不被淋湿，修改了人造自然景观的物理规律。换言之，《雨屋》通过“雨中不淋雨”的景观与体验，改造了人对下雨的日常经验与感知，影响了人与自然的接触经验，并进而改变了感性知识里对自然因果的觉知与判断。

在这个思路下，我们可以设想AI的其他沉浸参与装置。假设在空气成像的条件下，AI进一步模拟周围环境的体感风速、湿度和触觉，参与者可以一时间进入沙漠，扑面触手的都是沙漠的风，周围是干燥、闷热，脚底是陷下的沙地，随后又进入城市环境的喧嚣，踏上坚实的钢筋混凝土……诸如此类的模拟变换在AI，当然还有相应的调节装置、材料学的配合下，不但很可行，同时也可以产生一种全新的沉浸式装置艺术。朗西埃曾经高度评价某些后现代艺术。他认为，这些后现代艺术总是破坏既有的艺术生产体制及其政治预设（偏见），使得主体在艺术作品中每一次的介入都像是一种至为深刻的、对既有感性分配机制的冲撞、瓦解与再组合的过程。[②] 从这个角度说，AI艺术

① 《著名互动装置艺术作品〈雨屋〉沪上首秀》，新华网（http://www.xinhuanet.com/politics/2015-09/01/c_1116441897.htm）。

② 朗西埃将当代艺术分为四种形态：游戏、盘点、邂逅和神秘。第一是游戏，或者说是双重游戏。它的双重性体现在，“一方面它通过谴责娱乐工业，另一方面通过波普式地对伟大艺术和大众消费文化之间的区分的嘲讽来向其暗送秋波”。至于游戏，“与席勒认为游戏是对支配关系的悬置不同，在这里，游戏标志着对展示出来的拼贴意指关系的悬置。这些升华出来的富有争议性的价值逐渐变得让人难以判定。这就是这种难以判定性的产物，这些就是许多艺术家和展览的作品的最核心的东西。……我们十分热衷于去游戏这种不可判定性。恶搞是种美德，今天的艺术家们已经认同了这一点：恶搞，非常不起眼，也很容易迷失，可以通过展现出一个符号序列，或物的布局来对之加以挪用”。

第二是盘点。“首先，它是对历史上的诸多痕迹的盘点物、照片或单纯的名目，这些东西证明了一个共同的历史和世界。”其次，“按照这种逻辑，艺术家就是集体生活的档案管理员，是一种共有能力的搜集者/见证者。盘点，将造型艺术家的艺术与拾荒者和作品放在一起，它从共同的历史的角度出发，将物和影像的潜能放在显著的位置上，这也展现了艺术的盘点行为与创造一个共同世界的行为和生活的创造上的多元性之间存在着亲缘关系弹球游戏、收藏、语言游戏论证材料，等等。”盘点有两个使命：“批判性艺术的政治使命和争论使命，被盘点转变成了社会或共同体引导的使命。”

第三是邂逅。“或许应更合适地称之为邀请（invitation）。在这里，艺术家仍然作为一个收集者，他设立了一个接待区，吸引那些路人加入，与某些人产生了一些预想不到的关系。例如，博尔坦斯基的电话号码的装置，参观者受邀请从架子上拿下一本电话簿，在桌子旁坐下

的这种召唤沉浸参与的潜能是更值得期待的。因为人类此类艺术作品的设计，多少会受现实条件的制约，影响被召唤者的参与度；此外，种种操作还难免受外界的意识形态和商业因素的影响，有时甚至会变成乡愿、变成陈词滥调。[①]而 AI 在这方面，其设计是真正随机的，因而总是能够震动主体的思维惯性。

当然，回顾起来，海量拼贴、交互性、沉浸参与等种种，在后现代实验艺术的领域，早多有尝试，还不能说是 AI 完全独创的艺术形式。但在这几个方面，AI 自生成文本无论在风格上，还是在不可预测性上，都呈现出自身的某些特性：人们可能从中嗅到一些源自人但完全不同于习常人性活动的内容。它们在目前还谈不上给人们带来了多大的惊喜，但未来可期。

来问问题。”艺术家的目标是营造情境化和邂逅。“他们依赖的是物与情境的简单对立，形成了一个短路循环（un court-circuit），其关键在于，实现对那些有问题的空间进行变革，在那些空间里，概念艺术和艺术对象/商品是对立的。前者相对于货物的保持的距离被颠覆了，他们提出了一个新的命题，即在塑造新的社会关系形式的基础上，创造个体之间的新的亲邻关系。艺术不再是对商品和符号过剩的回应，而毋宁是对关系纽带的匮乏的解答正如一个主流的学院派理论家所说：‘通过提供微不足道的服务，艺术家缝合了社会关系上的裂缝。’”

第四是神秘。“神秘”是象征主义的核心概念。但毫无疑问，象征主义在今天的秩序中焕然一新。“自从马拉美之后，神秘范畴已经决定了各种异质性元素彼此联系起来的特殊方式。”“神秘成了类比的游戏，在这个游戏中，这些异质性的元素证明了一个共同的世界，在这个游戏中，那些看似相差十万八千里的现实，实际上来源于同一个感觉结构，它们通常被戈达尔所谓的‘隐喻的博爱’而链接在一起。”在朗西埃的设想里，神秘是“更为温和，甚至有时候无法感觉到的方式，通过这种方式，对物体、图像和符号的布局在当代展览中展现出来，从一种极富挑衅的异议的逻辑变成一种神秘地证明了共存的逻辑。”（［法］朗西埃：《美学中的不满》，蓝江、李三达译，南京大学出版社 2019 年版，第 59—68 页。）

如上所言，朗西埃在描写当代艺术时，沉浸式体验艺术占据其例证的很大部分。正是在沉浸中，主体意识到既有艺术体制的功能和局限，也就是对感性的分配体制。沿用朗西埃的论述，我们强调的是，当代艺术的形态变化和目的在沉浸性有限的前提下会受到局限。相反，AI 辅助下的沉浸艺术则可以通过海量和随机的变化设定、更为真实的情境营造，来增加主体的参与度，进而揭示感性在美学体制中的分配。此外，在如盘点、邂逅之类的形态中，为 AI 设定的逻辑，而产生变化将会有超出人力想象的深度组合。在 AI 参与的情况下，当代艺术可能产生超出朗西埃所设想的相关形态的可能性。

① 对此，齐泽克曾评论道：“随着资本主义，尤其是今天的‘晚期资本主义’的全面展开，占据支配性地位的‘正常’生活本身，以某种方式被‘狂欢化’了，因为它具有永恒的自我革命化的性质，以及它的倒置、它的危机和它的再创造的能力，使得它成为从一个‘稳定的’伦理立场出发的对资本主义的批判，并且在今天越来越表现为一种例外。那么，对于一种本身的原则就是永恒的自我革命化的秩序，我们应该如何将之革命化呢？这可能就是今天的问题。”（［斯洛文尼亚］齐泽克：《无身体的器官：论德勒兹及其推论》，吴静译，南京大学出版社 2019 年版，第 386 页。）

三、AI改变艺术生态

对AI艺术的设想的最后一部分，是当AI部分或完全地参与到艺术实践中后，AI（将）对既有的艺术生产、形式和观念产生反哺作用，进而影响更为宏观的艺术生态。

在艺术生产领域，AI首先将对辅助性和重复生产的艺术领域产生冲击。经济学家认为，在包括精神生产在内的经济领域，人工智能作为一种独立要素，将逐渐累积进而替代其他资本要素、劳动要素，进而在行业和生产中产生替代作用。[①] 但人工智能所起到的替代作用又并非全局式的，而具有行业和岗位结构特异性。比如，相比于一线的劳动岗位，处于中间层的程式化岗位更容易被替代，这是由于一线劳动岗位对人类擅长的经验判断、精细操作以及低失误率有较高要求，因此反而受到的替代性的冲击较小。具体到艺术生产领域，艺术蓝领所从事的生产环节与岗位将被AI替代。所谓艺术蓝领，在这里指的是艺术生产中重复性、辅助性工作的从业者。比如，从事动作设计的原画师，势必受到动作捕捉技术的冲击；从事批量绘画生产的绘画工人，也将被逐渐成熟的绘画机械臂取代——事实上，机械臂已经在一定程度上弥补了书法教育行业初级教师的紧缺情况；戏剧和影视中的道具和布景生产方式，也将随着3D打印技术与空气成像技术的发展，产生结构性的变化；而AI通过观看和学习程式化的电影片段，也掌握了按照正反打等视听语言格式自动剪辑电影。

同时，上文提到的AI复制性艺术作品的出现，也会对艺术商品市场，特别是工艺品市场造成冲击。虽然在先前，我们对基于GAN原理的人工智能艺术给予缺乏自主性的“风格模仿”进行了友善批评，但这类技术在风格化作品的批量生产中，无疑将大大降低人工参与的成本，进而影响艺术品

---

① 蔡跃洲、陈楠：《新技术革命下人工智能与高质量增长、高质量就业》，《数量经济技术经济研究》2019年第5期，第3—22页。该文指出，除了替代性，人工智能还具有协同性、渗透性的特点。协同性指人工智能将在生产过程中与其他要素配合，提高运行效率。渗透性是人工智能的首要特点，是指“某项技术所具备的能够与经济社会各行业、生产生活各环节相互融合并带来经济运行方式改变（的一种潜能）”。

的价格。① 此外，在其他商业化艺术领域，如新媒体艺术、工业设计、建筑与环境设计、视觉传达设计、纺织与时尚设计、陶瓷设计等，AI 也扮演着重要的角色。总之，作为独立生产要素的 AI 已经对艺术生产产生了结构性的影响，而在不远的将来，这一影响仍将扩大。

在艺术观念领域，人工智能对艺术的参与又将导致对艺术本质问题的反思。这个对 AI 艺术的预判式论述，可以从 20 世纪艺术格局的变化中找到支持。

电影，随着摄影技术的进步，从一种先锋的、实验性的观看艺术，发展成为艺术活动、艺术共同体中的重要成分；它的出现不仅扰动和拓展着艺术的边界，而且对艺术观念乃至整体倾向产生结构性的影响。正如福柯所言，电影扰动、打开了对“艺术是什么”这一问题的思考：“电影总是徘徊在非艺术的边缘，它是一种触及非艺术的艺术，一种经常充满庸常形式的艺术，从某个角度看它低于艺术或在艺术周边。电影在各个时期都拓展了艺术与非艺术的边界。电影就在边界上，把关于存在的、来自艺术或非艺术的新形式混合起来。”② 它“打开了所有艺术，去除了它们的贵族性，在存在的影像里把它们交付出来。作为无绘画的绘画，无音乐的音乐，没有心理的小说，带有演员魅力的戏剧，电影就像所有艺术的大众化，这就是电影有着普遍使命的原因。”③ 除拓展艺术的边界外，电影在观念和形式上整体地影响了 20 世纪的艺术生态。譬如，20 世纪的戏剧观念从着重写实，到非写实或写意的转变，即是为了应对电影的强大写实力。当舞台布景无论如何也不能在写实上超越摄影机时，戏剧原有的艺术理念就变得摇摇欲坠，进而需要从其他表达形式上谋求突破。在 20 世纪初，中国人轻传统戏剧而重“文明戏”的原因，很大一部分是因为话剧有更强大的写实能力，而这种艺术等级随着写实性在戏剧观念中愈加下降的地位，也发生了改变。到了当代，注重写意的传统戏剧又

---

① 除了《埃德蒙德·贝拉米》的个案，2017 年拍卖的 AI 作品均价在 1 万美元左右，这个价格无疑比人类作品要低廉许多。因此有人预测，当 AI 能以更快的速度和更低廉的成本创作艺术作品时，艺术品市场特别是工艺品市场将会受到很大冲击。（《中国拍卖 | 人工智能画作拍卖引深思》，http://m.sohu.com/a/287813215_120055030。）

② ［法］福柯：《宽忍的灰色黎明：法国哲学家论电影》，李洋译，河南大学出版社 2014 年版，第 15 页。

③ ［法］福柯：《宽忍的灰色黎明：法国哲学家论电影》，李洋译，河南大学出版社 2014 年版，第 15 页。

重新受到了重视。再如，在文学上，电影中信息丰满的图像和运动，也让文学语言走向纯粹与简约。正如基特勒所言：

> 过去，作家运用“意象”来营造一种“画面”感。现在，意象丰富的语言反倒产生一种古旧过时的效果。为什么报纸杂志的特写文章、小品文和评论中再没有意象的存在，就如中产阶级公寓墙上的图片一样消失不见？以我之见，这是因为随着电影的发展，一种语言从其视觉画面上孕育而生，而从文学.作品的语言中形成的视觉画面却无法与之媲美。最终，语言变得纯粹、干净、精确无比。①

就电影自身的形式特质而言，蒙太奇又是电影震动 20 世纪艺术运动的很好例证。蒙太奇——这项在电影艺术中得以发扬光大的视听手法，创造了不同以往叙事艺术中的完整结构与整齐节奏，蒙太奇对叙事单元的打乱、精选和拼贴，在爱森斯坦、伯格曼和戈达尔等导演的实践中丰富和发扬光大，这种电影艺术的形式特征如果不是形成，至少也是呼应了 20 世纪以来的现代戏剧乃至现代艺术世界观的主调，即“对全人类荒诞性的存在形而上的恐惧情绪”。② 可以说，蒙太奇这种电影手法和电影形式特征，颠覆了巴尔扎克式的全神贯注的凝视、逼真的模仿，进而不可恢复地打碎了人物行为和心理所体现的完整内在性世界的原则，进而扰动了包括小说、戏剧在内的叙事艺术的整体生态。

由上，我们可以继而设想，在当代和不远的未来，AI 的艺术实践会以何种形态或观念，影响乃至塑造艺术生态？在此我们提出两点设想：交互性的本质化与抽象力量的呈现。

交互是 AI 研发、训练和调试中的重要环节，是 AI 程序的重要应用导向和发展领域，因此，对于 AI 艺术而言，它也以近乎本质化的观念与形式要素，深入到 AI 的小说和影视实践中去。早在 20 世纪 70 年代，互动小说/互动

---

① ［德］基特勒：《留声机 电影 打字机》，邢春丽译，复旦大学出版社 2017 年版，第 179 页。

② ［德］汉斯－蒂斯·雷曼：《后戏剧剧场》，李亦男译，北京大学出版社 2016 年版，第 56—57 页。

叙事[①]已经作为最早一批计算机游戏走向大众，尽管早期的互动叙事仍然存在选择有限、分支简单的模式，但随着自然语言处理程序、3D 环境渲染和多媒体技术的发展，互动叙事已经走向了复杂、拟真、沉浸的高阶发展阶段。在视频和电影制作方面，除了互联网上普及的商业化互动视频，在技术尝试的前沿，电影导演 Armen Perian 在制作《愤怒的大河》（*The Angry River*）时，利用眼球捕捉技术（eye-trackingtechnology），让 AI 捕捉计算观众眼球停留的时长，进而自动剪辑出五种不同的剧情走向。[②] 当然，不论是互动小说还是互动视频、电影，它们都还存在相当明显的缺点，即商业套路重、制作水准低以及模拟技术粗糙——但在这些已然形成一定规模的实践中，我们可以看到 AI 艺术潜能的回响。一方面，传统小说的鸿篇巨制、苦心孤诣的形式和评价取向受到互动小说的冲击，后者展现了对传统小说具有挑战性的形式可能：文字与多媒体的结合展示、松散的结构、多变的情节、读者决定的主题走向等。更重要的是，当交互性作为要素性形式出现在 AI 艺术之中时，它将起码影响到叙事作品的精神取向和强度，进而从形式取经，对艺术生态的内核作出渗透性的影响。而对于影视、虚拟现实等有较大发展前景的媒介来说，交互性又成为沉浸性的前提：不论是在虚拟眼镜和头盔的渲染下，走向多感官的内向发展，还是在空气成像、环境模拟的帮助下，发展现实化的“缸中之脑”，当交互与沉浸的综合媒体形式成为艺术构想的主要展现形式，原有的接受性、单感官冲击媒介，必然会改变其自身的发展逻辑，走向外向性、互动性的多感官通道艺术。

另一方面，在艺术批评上，交互性、过程性的艺术形式也将会带来艺术在复制手段上的民主化，而围绕 AI 艺术也可能会再次经过形式的经典化和形

---

① 与互动性相关的三种游戏/艺术形式是：互动小说（interactivefiction）、互动叙事（interactivestorytelling）和视觉小说（visualnovel）。其中，互动小说非常看重用户的文字输入，强调用户输入对小说剧情走向的影响，而互动叙事尽管与互动小说存在重合，但更为强调人机交互性，特别是计算机环境给人带来的沉浸性，而相对弱化故事性。最后视觉小说则如其名，极为弱化游戏性，强调小说性；它并不强调玩家/读者的选择所造成之不同后果，而强调小说本身的叙事以及根据情节人物等匹配的多媒体（图像、声音、动作等）要素。（上述资料参考：https://en.wikipedia.org/wiki/Interactive_fiction，https://en.wikipedia.org/wiki/Interactive_storytelling，https://en.wikipedia.org/wiki/Visual_novel）

② 对《愤怒的大河》之介绍，可以参考：https://www.odditycentral.com/news/high-tech-movie-has-five-different-endings-depending-on-who-is-watching-it.html，https://www.creativeplanetnetwork.com/videoedge/ai-your-eyes-and-the-angry-river。

式创造的过程。果真这个过程将要发生，传统的批评概念如情节、叙事、主题、视角、镜头、景别、声画同步，都可能会受到影响，同时，新的概念如触觉、环境、反应延时、反应可能、文字—图像效果等可能也会加入AI艺术的批评话语中去。

我们的第二点设想是AI在艺术中呈现其综合、抽象的力量。目前人工智能的艺术原理，是对基于标记或无标记数据的学习、模式化、程序计算和再次输出，从本质上看，仍是一种由下而上的黑箱式计算。然而，“黑箱”在各领域实践所取得的成功，以及再前一步所遇见的瓶颈，已经引起了对黑箱原理的梳理探析和建构计算模型的尝试。AI黑箱中的感官抽象与重组之原理，必然是超出人类现有数学和解释学模型的抽象力量。我们设想，如果AI艺术能以可视化、可感化的方式呈现这种抽象力量，那么不论是绘画、视频，还是装置艺术，都想必会是一种超出人类设想的艺术经验。除了艺术实践，这种抽象综合的经验还可以应用到艺术批评中去。当AI学习到一定时间跨度、不同门类和不同流派的不同电影之后，它作为批评主体，在援引资源的广度和密度上，都将是单独个人难以企及的；果真在未来，AI架构已经发展到良好地综合其面对的艺术作品资源时，作为批评者的AI也将会为艺术评论提供独到的见地。

最后需要指出的是，正如戏剧面对来势汹汹的电影，最终左支右绌地、一定程度上在后现代主义的浪潮下找到了自足的立身之处一样，我们很难决断性地预言在AI冲击之下，某种艺术形式必然消亡的命运。毕竟，预言科技的未来，尤其是对进展如坂上走丸的AI，很难避免保守或乐观的误判。但是，以AI涉足艺术领域的深度而论，我们可以判断未来的艺术界将发生某种结构性的震动。而本文试图做的，正是通过描述和分析AI的艺术现状，尝试性地论证与预判这种震动。

在今日，以及可以预期的未来之中，AI不论是对人类已有艺术行为的模仿，还是自足而如其所是地进行艺术实践，都会成为我们时代艺术的一个不可取代的部分。但是，有关AI及AI艺术的许多问题，还需要科技和人文学科的从业者共同努力，让我们用图灵的一句话来结束本文：初见前路近可见，细思百事静待忙（We can only see a short distance ahead, but we can see plenty there that needs to be done）①。

---

① 此译法引自尼克《人工智能简史》，人民邮电出版社2017年版，第291页。

图绘动画之灵性

——以《狮子王》改编为个案[1]

一、"图绘动画"

随着大数据、AI 技术的发展，动画领域内广泛运用 CG 技术[2]已成必然之势。此种应用将从基础上动摇传统动画美学的基本内涵，使得"逐格拍摄"不能再成为区分所谓"真人电影"与动画的自明前提。不难想象，在不远的将来，将出现这样的动画：其中的图像形象及其运动基本上都依据 AI 的抓取及运算得到，无论其故事背景的设定基于现实或纯属想象的世界，它们的行动都是流畅的，人的感官直觉已经不能凭借经验基础判定它们是人为的抑或是自然本有的。[3] 这样的作品，实际上采用的是"逐格拍摄"技术，但表面上看起来却与"真人电影"无异。能够设想，这类动画将在许多方面引领动画乃至整个电影世界的视觉感官美学的深刻变革。本文将这类动画命名为

---

① 本文与孙甜鸽合作完成。曾发表于《电影艺术》2020 年第 2 期，发表时有删节，枚举的艺术个案也有较大调整。

② CG 技术：Computer Graphics，计算机软件绘制图形技术，几乎囊括了目前所有的视觉艺术设计领域。

③ 比如《阿凡达》中的猫人以及星球中的诸多奇怪生物，都是纯粹想象世界的存在，但该作品的成功在于，其中的图形及运动涉及，符合人类的感官直觉需要，以至于其中的虚构形象都像实际的自然存在物一样。当然，《阿凡达》的拍摄还是以真人的活动为基础的，CG 技术主要承担的是合理变形、过渡与拼贴方面的工作，而我们在此设想的是，在不久的将来，在某些电影中，此类图像、运动的设定与剪辑，将基本依靠 AI 来得到。

“拟真动画”。① 相对来说，以传统如绘画、人偶、模型等方式制成的那类动画（基本上就是我国过去所谓的“美术片”②），本文称为“图绘动画”。因为它们的视觉呈现直观地有别于真实场景，一望即知是按照某种方式画出来的。

拟真动画具有广阔的发展前景。不过本文欲讨论的却是：在拟真技术强劲冲击的大背景下，传统的图绘动画又将葆有何种不可取代的价值意义呢？

我们试图以《狮子王》为个案，对此问题略作讨论。

这首先是因为图绘版《狮子王》在传统动画界的崇高地位。③ 将它视作图绘式动画技术美学的代表之一，当无大的争议。其次是不可忽视的拟真动画大潮，该类作品或完全依赖 CG 技术合成，如国产的《秦时明月》系列

---

① “拟真”这个概念我们基本上借之于鲍德里亚等关于“拟像”的一些概念。但在动画领域，它主要涉及现实真实的模仿问题，故称之为“拟真”：首先，它是按照某种“再现”的观念看起来是真的（vraisem blance）。（［法］雅克·朗西埃：《语词的肉身：书写的政治》，朱康、朱羽、黄锐杰译，西北大学出版社 2015 年版，第 132 页。）其次，这种真实只是视觉感官意义上的真实，人们并不追问其实体的存在。再次，在这种关于真实的感觉基础上，感觉器官将形成自足的快感形式，是否存在真实的实体变成了乌托邦甚至是一个值得憎恨的话题：

> 这就是拟像。它会一直和再现成为对立之势——再现肇生于符号与真实的平等交换法则，即使说，这样的平等本身是乌托邦式的，它还是某种基本定理。刚好相反地，拟像肇生于平等法则的乌托邦，诞生于对于“符号等同于价值”（signe comme valeur）的基进否定。也就是说，符号是每个指涉的死刑与逆转。正当再现意图将拟像视为“虚假的再现”来吸纳它，拟像就吞咽下整个再现的地基，并将再现转化为一个拟仿物。是以，这会是意象的不同进程——1. 它是某个壮丽真实的投影。2. 它遮盖了壮丽的真实，并异质它的本体。3. 它让这个壮丽的真实化为乌有。4. 它和所谓的真实一点关系都没有，它是自身最纯粹的拟仿物。在第一道程序中，意象是优良的表相；再现就在神圣秩序之内。在第二种程序，它是个邪恶的表相，处于恶意昭彰的体系中。在第三道程序，它玩弄着可能变成表相的游戏——那是魔法的秩序（l'ordre du sortilège）。在第四道程序，它早就不在表相的秩序内，只属于拟像。（［法］尚·布希亚：《拟仿物与拟像》，洪凌译，（台北）时报文化出版企业股份有限公司 1998 年版，第 22—23 页。）

② 美术片：中国动画领域的专有名词，指“主要运用绘画或其他造型艺术的形象（人、动物或其他物体）来表现艺术家的创作意图的影片样式”，包含传统动画片、木偶片、剪纸片等。（《中国大百科全书·电影卷·美术片》（第二版），中国大百科全书出版社 2009 年版，第 15—508 页。）

③ 1994 年迪斯尼影片公司出品动画电影《狮子王》，该片由罗杰·艾勒斯与罗伯·明可夫共同执导，制作成本 4500 万美元，1995 年在中国上映并获票房 4103 万元人民币，（数据来自 http://58921.com/alltime/）全球票房 9.8 亿美元（数据来自 http://www.piaofang.biz），目前累计票房超过 60 亿元人民币（10.63 亿美元，数据来自 https://www.boxofficemojo.com/title/tt01103 57/? ref_ = bo_se_r_1，查询日期 2021 年 8 月 26 日）。1995 年获第 67 届奥斯卡金像奖（最佳原创歌曲、最佳配乐奖项）、第 52 届金球奖（喜剧类最佳影片、最佳原创歌曲、最佳电影配乐奖项）、第 48 届英国电影和电视艺术学院奖等多项荣誉，成为迪斯尼动画史上一座名副其实的丰碑。

（杭州玄机科技信息技术有限公司制作的3D武侠动画）及《画江湖》系列（北京若森数字科技有限公司制作的3D武侠历史动画），日本的《最终幻想Ⅶ：圣子降临》（2005），迪斯尼的《狮子王》等（2019），或由真人表演与CG技术结合制成，代表作如迪斯尼系列的《灰姑娘》（2015）、《美女与野兽》（2017）、《阿拉丁》（2019）、《花木兰》（2020）等。2019年7月12日在中国地区上映的拟真3D动画电影《狮子王》当数其中的重要节点。该作气势宏大、图像逼真、运动造型流畅。尤其开篇非洲大草原万物奔腾、生命发育的情境，虽完全出自CG制作，但已乱真，以至于有观众感慨此场景像是《动物世界》纪录片的剪辑合成。再次，拟真版《狮子王》严格按照图绘版复现场景，有时竟像是一一映射似的。所略有差别者，是拟真版较原版叙事拖沓，多了些冗余的过渡性情节，这是导演叙事能力所至，并不影响本文的形式比较分析。因此，以《狮子王》的图绘版与拟真版相比较，当能富有典型意义地说明图绘版动画是否可能在其固有的长项领域，继续张扬其不可更易的美学旗帜？

暂且撇开拟真版《狮子王》所取得的成就不论，我们认为图绘版《狮子王》确实经受住了拟真技术咄咄逼人的复制性挑战，并在此挑战中，向人们展示：图绘形式自有其超脱的灵性内容，这些内容是很难被拟真性的向度所覆盖、替代或放逐的。随即需要指出的是，我们此处“灵性”的概念大体借之于本雅明（Walter Benjamin）《机械复制时代的艺术》“aura”说（一般译作光晕、灵韵）。它包含有原真性（与复制相对）、距离性、与被膜拜的神圣性等特性。本文认为，在表现的丰富性，包含想象力在形式塑造、叙事构建等方面的高度活跃中，图绘动画有着难以明言的某些特殊内涵，且无法被拟真技术以复刻、机械计算的方式取代，故名之为“灵性”。但此概念与本雅明当年的谈论也还有所差异，在此就不展开。

结合《狮子王》及相关的实际案例，本文重点讨论图绘动画在脸的塑造、姿态的表现及自由联想等方面传达表现的美学内涵，而此种表现是很难被以拟真性的方式复现的——或者说，它们如果也被拟真化了，那么拟真就变成了图绘的一个部分，就失去了其独立的美学价值意义。

二、图绘动画之表情

在各种视觉的表现方面，但凡涉及人格展现的问题，脸部的造型设计必然居于核心的地位。这和脸（面容）在人类长久进化过程中形成的绝对优势地位的对个人身份的识别功能相关。恰如诺贝特·埃利亚斯（Norbert Elias）所言：“人的脸部较之于任何别的身体部位而言都更加是人的一个外在标志。”[①] 列维纳斯（EmmanuelLevians）说得更深刻：“脸是自身的痕迹”，“是一个失序倒错的直接性”,[②] “是将自我（Ego）的那种天真幼稚的自发性置入问题之中者”。[③]

当然，从文化人类学的角度看，脸部的造型与识别还将涉及许多的问题，我们在此暂不展开。但就动画艺术而言，在此则将必然遭遇一个问题：如何在动物（或其他世界存在物）的脸部表情中展示一种人格化的情愫呢？因为动画中所有的事件都是拟人化的，是某种人格（人性）的象征、隐喻、影射或寓意表达。这种拟人性事物脸部的人性表现，艺术史传统中多有经典的技法，而用拟真的手段来表现，有时便不免方枘圆凿，甚至令观者产生不合情境的滑稽感。对拟真版《狮子王》的许多批评正集中在此。[④] 这种批评是有一定道理的。

根据图绘版《狮子王》，我们能够发现，图绘过程中对表现对象脸的混合表情、怪诞表情、目光的处理以及与色彩关系的设计，都有很大的自由空间，在这些领域中，拟真图像的艺术表现力似有不及。

首先来谈谈混合表情问题。

人脸的表情得益于五官结构及肌肉收缩的协作，就其整个表情系统的变化而言，虽然复杂但都依然可被识别为人脸，这体现了人脸自具其基本的图

---

① ［德］诺贝特·埃利亚斯：《个体的社会》，翟三江、陆兴华译，译林出版社 2003 年版，第 225 页。

② ［法］列维纳斯：《另外于是，或在超过是其所是之处》，伍晓明译，北京大学出版社 2019 年版，第 220 页。

③ ［法］列维纳斯：《另外于是，或在超过是其所是之处》，伍晓明译，北京大学出版社 2019 年版，第 222 页。

④ 娱乐硬糖（自媒体公众号）：却道真狮不如假？迪斯尼的“真人化”征途还能走多远？（2019 年 7 月 20 日）自拟真版《狮子王》上映后，此类批评文章丛生，仅列此例做参考。

像变化规律。“人们把被表现体及其表情、情愫与面孔的集合整体叫作‘图像’。”[①] 相应地，动物脸部图像规律也具有其独立特点，就此才造就了各类脸部的辨识度。这种图像认知能力即康德所谓的图型法（Schematismus）[②]，图型作为一种心灵的先天能力造就了不同对象的图像分别之基础，但就图像种类间自有一种不同程度的亲和关系，例如人脸与各类动物脸部也具有一定的相似性，所以图绘才可据此进行一种图像的调节。人类的表情隶属于其面部图像活动的规律，将其移植在另一图像系统中必然会面临匹配不适的问题，图绘在处理动物的拟人表情时，往往在不同图像的亲和可能中调整动物面部形态以接近人脸图像，至一个合适的临界点时再与人的表情加以无缝融合。

在拟真版《狮子王》中，动物面部的处理最为明显的表现在于眉毛的添加及嘴部线条的改造。首先是动物眉毛的添加，主要角色如木法沙、刀疤、辛巴等都有表现。达尔文指出，眉毛为人所特有，并与情绪的表达有着细致、密切的关系：

> 值得一提的是眉毛。唯有人类这种动物，才在其眼睛上方和光滑无毛的额部下端长有两道短毛。眉毛的作用曾被认为是防止汗水流入眼睛，但在莫利斯看来，表达人的情绪变化才是它的基本功能。达尔文在论述各种情感时，对于眉毛的变化有着细致的描述。紧锁双眉显然是忧愁，在恐惧和惊骇时眉毛会往上抬起，在愤怒时会往下垂，在表示顺服时，则低眉垂眼，此外还可眉目传情、眉开眼笑……[③]

相比动物原初并无眉毛的样子，这种设计有力地实现了动物面部形态与人的靠近。在图绘版《狮子王》中，刀疤的眉毛与木法沙对比最为明显，其眉毛高耸尖利几成锐角，正与狭长的眼部构成了一个三角区域，对比木法沙平展的眉毛，其诡诈性格一览无余。

---

① ［法］吉尔·德勒兹：《运动—影像》，谢强、马月译，湖南美术出版社 2016 年版，第 156 页。

② 图型法：是一种隶属于心灵的先天认识结构，由先验想象力产生，知性概念与感性直观依据图型法而结合，由此产生可认识的表象。（［德］康德：《纯粹理性批判》，邓晓芒译、杨祖陶校，人民出版社 2017 年版。该概念具体内容详见原理分析论第一章。）

③ ［英］达尔文：《人类和动物的表情》，周邦立译，北京大学出版社 2009 年版，第 6 页。

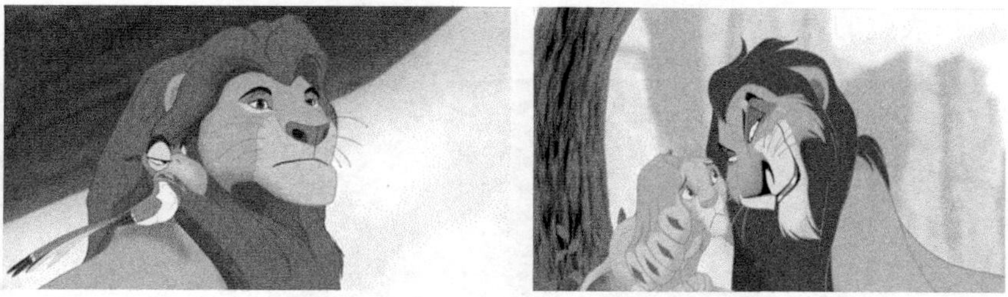

图 10－1　（图绘版《狮子王》）木法沙（左）与刀疤（右）剧照①

就嘴部而言，图绘中最为明显的改变是提高了动物嘴角的弧度，这一点对于欢乐及悲伤情绪的表达尤为重要。与人相比，动物的嘴在上下扩张中表现犹可，但嘴角弧度却因面部肌肉的不发达而基本固定，整个面部因此呈现出紧绷的状态，几无表情。相比之下，图绘版《狮子王》以基本未改变嘴部外形而只延伸嘴角弧度线之方式取得了和谐的效果，如狮王木法沙上扬的嘴角就是其仁爱性格的显著表现，但这同时也并不减损其狮子样貌的可辨识度。

图 10－2　（拟真版《狮子王》）木法沙（左）与刀疤（右）剧照

拟真理念导致动画设计必然严格遵守动物面部图像的规律，在与人脸图像规律具有明显鸿沟的同时无法直接植入人类表情，否则必会造成图像系统不兼容的错乱感与诡异感，正如拟真版《美女与野兽》中众多家具的表情添加令人顿生恐怖感，与图绘版中灵动的形象相去甚远。有鉴于此，迪斯尼在拟真版《狮子王》中直接放弃了惯常采用的拟人化表现，即表情的添加，但它在声音的添加中却再次触及了这种尴尬：没有表情的动物口吐人言所引发的违和感。迪斯尼毕竟没有完全放弃其拟人姿态，但显然，这种对于图绘艺

① 本书中选用的所有剧照及图片均为研究之用。

术在图像表达的优越性之放弃造成了其相当的困境。

图 10－3　两版《美女与野兽》中茶壶太太形象对比

图绘造型中还存在一种非常活跃的表情样式，即怪诞表情。这几乎也是图绘中才能自然出现的形式化，它已经超出了真人的表演可能，即使某些完全架空的拟真图像设计对此的运用也是颇有局限的。

怪诞作为一种独特的审美类型，其主要特点首先是直观的“怪”，其次是一种独特的喜感魅力。如图绘版《狮子王》中鬣狗既接近于笑又显露出随时进攻的凶狠缔造了一种诡异的表情。仔细观察可发现，图绘过度延伸其嘴角曲线造成了这种可笑与可怖的共存，所以夸张手法是怪诞表情生成的根源。“夸张、夸张主义、过分性和过度性，一般公认是怪诞风格最主要的特征之一。”① 夸张作为绘画常用的一类手法，在对图像结构的改变中具有极大的伸缩空间——图绘通常在无限度地改变五官面貌中延展表情：“嘴，占据着优势，实际上，怪诞之脸可以归结为一张张开的嘴，而其余的一切，都不过是这张嘴的框子，是这张大张着、吞咽着肉体的无底洞的框子。”② 如鬣狗的嘴一般，绘画尽可以极度强化其嘴部线条，甚至达到对脸部其余器官的逼仄，但人身体的局限性造就了表情变化的封顶，所以在真人表演中最为狰狞的面部变化也仍处于人类表情的正常范围内。想要在真人面部表现怪诞表情也不得不借助绘画——小丑的滑稽与可怕能够并存于真人脸上正是依靠红色画笔在脸颊上勾勒的狭长嘴角。

怪诞手法对人体表演的突破本质上表现了一种创作的自由精神，“怪诞形象的艺术逻辑藐视人体中封闭的、平坦的和无生气的表面（平面），只定格那

① ［苏联］巴赫金：《拉伯雷研究》，李兆林译，河北教育出版社 1998 年版，第 351 页。
② ［苏联］巴赫金：《拉伯雷研究》，李兆林译，河北教育出版社 1998 年版，第 367 页。

些超出于人体界限或通向人体内里的东西”[①]。在其驱使之下，被极度夸张乃至变形的事物以一种惊奇的外貌唤醒了我们关于此类事物的周边想象，巴赫金（Bakhtin）批评德国学者亨利·施涅冈斯（Henry Schnegans）仅以讽刺理解怪诞形象正在于后者忽略了“怪诞深刻的、本质的双重性。”[②] 所以，图绘动画以其怪诞风格正造就了一种新奇的观感更兼深层意义的表征。

此外，表情与目光的紧密联系也造就了图绘动画与拟真动画艺术表现的巨大差异。

拟真动画的画面设计基本按照真人的表演来构造。在真人表演中，脸部的表现是如此地突出，乃至于它往往俘获我们的眼睛，迫使我们忽略了周围的事物。“以麦克·阿盖尔（MichaelArgyle）为代表的实验心理学派，将这种感知现象称为凝视距离效应（gazedistanceeffect）。观者越是走近一张脸，这张脸就越是抽离出来，自成一体。”真人表演的背后是镜头的在场，摄影机选取的角度与表演具有密切的呼应关系，例如利用景深将特定影像放置在清晰焦距范围内，表现层次便自然而然产生了。真人的目光一般是镜头取焦最为关注的点，人类眼睛的聚焦功能可与镜头对接，影像由此获取了真人脸部的生命感。可以说，目光是面部表情所指领域的核心点。

> 在意指活动之中，无疑有着某种可靠的语义核心，没有这种核心，目光就不可能想说明什么：严格地讲，一种目光不能是中性的，它甚至不能意味中性特征（eutralite）；而如果目光是含混的，那么，含混则明显地是充满了二重性；但是，这个核心被一种光晕包围着，这种光晕便是意义外溢、扩散而不损失其印记（印记的动作）的无限扩张的领域：这正是当我们听一种音乐或注目一幅绘画时的情况。目光的“神秘性”即它借以构成自己的那种纷乱，显然位于这种外溢的区域。因此，这便是人赖以与过分有联系的一种对象（或一种实体）我们要记住这些外溢现象。[③]

在观赏真人表演时，我们总是能感受到演员面部对观者目光的锁定，或

---

① ［苏联］巴赫金：《拉伯雷研究》，李兆林译，河北教育出版社 1998 年版，第 368 页。
② ［苏联］巴赫金：《拉伯雷研究》，李兆林译，河北教育出版社 1998 年版，第 352 页。
③ ［法］罗兰·巴尔特：《显义与晦义》，怀宇译，百花文艺出版社 2006 年版，第 323 页。

者说面对真人面部出现时我们总是不自觉地主动选焦，这也能解释我们在观看一幅图像时总是不能一眼获取所有信息的现象。就此，真人脸部对构成一幅影像的其他因素便形成了一种必然的压制，我们所关注的往往不是事件本身，而是事件中的人，更具体的是人的脸，这一点也正对应了电影中偏好人脸特写镜头的运用。

图绘动画中面部的强势明显被削弱了，最直接的体验便是观者目光的相对自由，我们将目光流转于动画角色的面部、身体及其他场景变得可能，虽然面部仍旧是绘画的一大亮点，但其目光表现的弱化使观者的眼睛具有了活动的空间。正如图绘版《狮子王》中三只鬣狗第一次围攻辛巴与娜娜的场景，鬣狗环绕小狮子不停转圈，我们的目光更多被鬣狗不怀好意的环绕及小狮子瑟瑟发抖的姿态所吸引，动物们在此处灵活的肢体表现占据了画面的亮点，而周围深紫色冒着雾气的阴冷环境也静静地渲染着气氛。此类体验在动物聚集的大场景中尤为突出，图绘动画中面部的弱化可能有利于环境的表现。相反，目光的出现就总是收缩着观看的范围，《阿拉丁》便作为一个很好的例证。图绘版《阿拉丁》中神灯精灵向阿拉丁展示神力的精彩之处正在于各类夸张的肢体动作及层出不穷的场景变换，神灯精灵简易的造型本身并不能负担此处场景的奇妙与梦幻。像威尔·史密斯（Will Smith，美国著名演员，出演了拟真版《阿拉丁》中神灯精灵一角）这样熟悉的面孔毫无疑问紧紧抓住了观众的目光而迫使其忽视了精灵神力展现的事件本身，当然，著名演员的脸孔本就具有吸睛作用，但本质原因仍在于人脸因目光在影片中的特殊聚焦功能。

最后，图绘动画对脸部的色彩形式的自由运用也特别值得重视。

色彩在形式表现中的重要性不言而喻，这得益于人类视觉在诸感官中占据的首要地位。当图像进入人眼时，色彩首先冲击视觉，而线条紧随其后。正如德勒兹所描述，“色彩—影像不归属于某个对象，而是尽其所能吸纳一切：正是这种力量夺走其范围所及的一切或者是截然不同的对象所共有的质。”① 这一点在远距离观看时更容易实现，所依赖的正是色相、纯度、明度三要素②的协作。色彩的不同特性导致了视觉感受的差异，而联觉将色彩感受

① ［法］吉尔·德勒兹：《运动—影像》，谢强、马月译，湖南美术出版社 2016 年版，第 189 页。

② 色相即色彩相貌，是色彩最显著的特点，如赤橙黄绿青蓝紫七种基本色相。纯度指色彩的纯净程度，也称艳度、饱和度。明度指明暗度。

拓展到整个感官系统中，触及温度、硬度，色彩所蕴含的意义便丰富起来。

艺术创作利用色彩的对比强化形象内涵，而不同色彩的选择所产生的对比效果截然不同，因色相的差别程度或会产生和谐、冲突、跳跃等诸多风格。绘画很大程度上正是以色彩对比来赋予对象意义。正如西涅克（Paul Signac）和克罗斯（Henri-Edmond Cross）在修拉（Georges Seurat）死后所做的改变一般，“因此，他们在他们的艺术中创造空间，他们主张图画就是一个传达情感的画面，情感通过色彩独立的交互作用传达出来，或者通过色彩的本性传达，或者是我们对它的视觉感知使然”①。

在拟真版《狮子王》中，最为直观的视觉体验即画面色彩整体较暗，这也是由拟真制作决定的——自然场景较人工色彩总是相对暗淡，于是众多动物，尤其是狮子们间的差异便不甚突出，角色的鲜明度下降不少，尤其是成年辛巴与木法沙在外观上实在极难区分。而图绘版《狮子王》及一众图绘动画都具有明丽鲜亮的色彩，不仅在观感上较为活泼，且就形象的直观对比也更为鲜明，毕竟图绘色彩的选择范围更为宽广。具象到脸的塑造中，图绘版《狮子王》在主要角色辛巴、木法沙、刀疤及鬣狗的色彩选择、对比及意义赋予中都别出心裁。

首先是色彩设计与角色品性的对应关系。和谐、温暖的色彩多会应用在品格光明的角色身上，反之，色彩阴暗、冲突多反映出角色品性的低下。木法沙与刀疤的对比最为明显，狮王的毛发是正红色，面部以土黄或金黄为主，整体色彩搭配和谐。而刀疤的配色中最不和谐的便是眼睛，黄色配以饱和度极高的荧光绿，一望便令人不快。且色彩在文化中具有不同的含义，色相的选择往往就象征了角色的品格性情。红色与黄色属于暖色系，且黄色的相近色金色往往更是高贵的象征，所以狮王木法沙的配色由正色、暖色、相近色缔造出庄重、光明之感。而刀疤的毛发呈黑色，面部以深棕或棕红为主，过度饱和的暖色已显示出一种沉重感：深色的面孔在阴影表现中更出色，而刀疤扭曲、诡诈的性情与此密不可分。我国川剧中的变脸就显示出色彩之于表情的奥秘，如红色代表刚直不阿，蓝色代表残暴鲁莽，人物情绪的变化通过脸谱色彩的转换而显露出来。图绘版《狮子王》中辛巴被刀疤诱骗，在峡谷

① ［美］理查德·布雷特尔：《现代艺术：1851—1945》，诸葛沂译，上海人民出版社2012年版，第38页。

练习吼叫时遭遇牛羚群狂奔，辛巴由于惊吓脸色从浅黄直接变为棕色，色彩的明显变动特意刻画了大惊失色的含义。

图 10－4　（图绘版《狮子王》）辛巴面部色彩变化

真人表演对色彩的使用一般仅停留在化装、滤镜的层面，而情绪的变动一般多依赖面部纹理展现，色彩仅以辅助的手段存在。而绘画中色彩的运用甚至被提升到本体论的地位，在突破面部轮廓、表情乃至时间对于脸部的凝固感都有成功的实践，弗朗西斯·培根（Francis Bacon）的肖像画正是典型代表。

三、图绘动画之姿态

图绘动画在姿态表现上具有独特的优势。姿态并非简单的动作、姿势，而指凝聚了主体精神，能够展露其思想的一种行为态势。“重要的并不是两个极端的差异，而是从一极端到另极端的过程，从态度或姿势到‘姿态’（gestus）的难以察觉的过程。姿态这个概念是由布莱希特（BertoltBrecht）创立的，并把它变成一个不受情节或者‘主题’限制的戏剧灵魂：他认为姿态必须是社会性的，尽管他承认还存在其他类型的姿态。我们一般称之为姿态的，是态度之间的关联或核心，它们之间的配合，但前提是它不隶属一个先设故事，一个先存情节，或者一个动作——影像。”① 可见，与纯粹的姿势相比，姿态具有一种静止的运动倾向，这种倾向是两种状态的交界点，承载了行为欲望最强力的集中，负担着不同行为指向的转折，其作用等同于“情节点”或“中介点”。“姿态的特性即在于在其中既无东西被产出，也无东西被演

① ［法］吉尔·德勒兹：《时间—影像》，谢强、蔡若明、马月译，湖南美术出版社 2004 年版，第 304—305 页。

作，而毋宁说，是某种东西在其中持续和维持着。换言之，姿态打开了行止（ethos）的领域，这个领域是人之为人更为本己的领域。”①

图绘动画在动作间张力的设计、高难度动作的展示及极速运动乃至拆解身体的意境渲染诸方面，具有拟真动画难以复现、比拟的形式美感，达到了姿态展现的最高点。

首先来看图绘动画中动作张力的设计。在真实或拟真的情形中，姿态表现中的动作应该是流畅而自然的，但图绘选择的姿势往往是不连贯的，衔接间独有一种“张力”：图绘并不将动作的完成全部如实展现，而是在动作的节点处加以捕捉，这不仅是出于节约工作量的考量，更是一种表现方式的选择。“动作的选择性和强调性是值得研究的另一方面，动作力求简练，在众多的取舍对象中，它保留最必要的元素，被保留的元素就承担了最重的任务，因为它还要表现出被舍弃的元素，即使在最具体的形式下，身姿手姿也不会表现出运动的每一阶段。”② 图绘版《狮子王》当中，辛巴与刀疤最后在悬崖边的对决正以图绘仿照了狮子搏斗的真实场景，并挑选了力量点最为集中的时刻进行姿态描摹。刀疤侧身、低头、抬脚偷袭的动作一气呵成，但三种姿态的迅速转换造就了连贯动作内在强烈的起伏，每一动作都蓄积了该动作周边的缓冲力量，爆发的姿态立显。

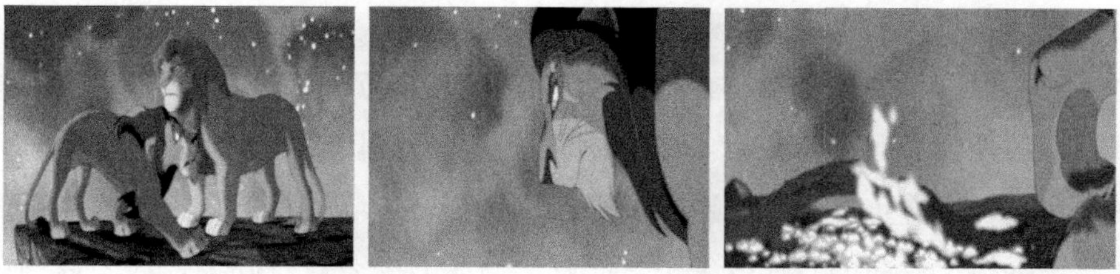

图 10－5　（图绘版《狮子王》）刀疤侧身、低头、抬脚动作

就此，疏简动作的衔接造成了一种张力，使得图绘中的运动具有“粗放”的质感，相应地，以图绘为基础的“美术片”基本具有此特点，观察木偶戏、皮影戏的表演即可发现此种风格的痕迹。由于运动环节中支撑动作变换的细

① ［意］吉奥乔·阿甘本：《无目的的手段：政治学笔记》，赵文译，河南大学出版社 2015 年版，第 77 页。

② ［匈］伊芙特·皮洛：《世俗神话：电影的野性思维》，崔君衍译，中国电影出版社 1991 年版，第 40 页。

微变化被刻意减损，画面连接后的运动会表现出不具缓冲的跳跃感、力量感。在国产经典动画《宝莲灯》中，嘎妹族人在望月节的群舞极具生命的原始活力，其动作之绵延起伏乃至于力度的强烈交错较真人舞蹈更具冲击力。其中不少动作的设计都可见出彩陶舞蹈纹盆①的绘画风格痕迹。这种张力十足的姿态表演与奇特的动画形象配合得相得益彰，但移植在真人表演中却会产生违和感。在2007年的《爱丽丝梦游仙境》② 中，白皇后的扮演者安妮·海瑟薇时常保持手臂半举，手指微弯的姿势，这正是在刻意模仿图绘动画中经典的公主形象（其余人物并不如此）。这种绘画中的动作被直接表现在真人身上引起了一种反差：真人表演与意指明显的姿态相结合更强化了姿态的指向性，进而产生了逆反作用，正如白皇后刻意的优雅姿态正指射了其造作与伪善，此类实践正从反面印证了绘画中姿态意蕴之强烈。

除动作间的张力外，图绘中充斥着大量的高难度动作是真人所无法完成的，如高韧性及机械性动作，姿态在其中得到了有力强化。

人体运动自有其规律，目前的拍摄技术虽然可以解决如运动速度的问题，但就运动中人的动作形态改变仍是绘画中独有的优势。对人体柔韧的正反向拓展造就了高韧性及机械动作两种表现，前者呈现出过度的柔软，后者表现出机械般的生硬及精准。正如图绘版《狮子王》第一段（15分19秒起）与第二段（27分24秒起）歌舞中表现的那样。

第一段歌舞展现了动物们向未来狮王致敬的场面，其中长颈鹿与猴子在舞蹈中肢体都被明显拉长，长颈鹿的脖子更是互相缠绕打结，这些动作都意在强化动物们尊重喜爱这位狮王接班人的姿态，所以动作的韧性被极大扩展。在各种摇摆、弯曲的身体线条中，严肃、分离的姿态被打碎了，代之以缠绕、联结，夸张的动作幅度使画面的狂欢气氛立显。正如特里·伊格尔顿（Terry Eagleton）所言，“狂欢最重要的就是关涉身体的多元化和欲力的专注化，把身体的整体性肢解成新鲜的、可移动的显比各个部分，并毫无休止地超越身

---

① 青海省文物考古工作者1973年在大通县上孙家寨遗址甲区发掘第20号汉墓时发现的。其上舞蹈画面简洁，线条明快，笔法酣畅。透过静止的画面，仍能让今人感受到远古的舞蹈艺术家击节踏歌、肢体扭动时强烈的节奏感的特点。

② 迪斯尼影片公司2010年出品的3D电影。

体的极限”①。

图 10 -6 （图绘版《狮子王》）长颈鹿颈部缠绕（左）与鬣狗方队（右）

而第二场歌舞中刀疤向鬣狗宣告自己的野心，鬣狗排列方队、踢正步、受检阅的姿态正是机械动作的展现。踢正步这一动作正显示了违背人体规律，高度机械化的理念，虽然真人肢体可以尽力实现这一动作，但就完全的角度精准、力量表现而言是无法与机械相比的，机械动作设计的讽刺理念也被相应减损。“修拉对于机械的趣味和他的控制习惯同样延伸到人类。舞蹈者和杂技演员同样以一种越来越概括的运动根据计划来表演。严肃的修拉被作为人类机械化（或者可能作为从机械中得以缓解）的滑稽演员所吸引。在后期绘画中，人物越来越非个人化，最后，他们在感情的表达中承担起了讽刺漫画式的简单与怪诞。”② 这一场景中的鬣狗方队是以一只为摹本复制而出，在抬腿的设计中更是采取了高于地面平行的角度，完全整一与刚硬的动作形成了绝对的规整感，鬣狗极度谄媚的姿态及刀疤的野心立显。毫无疑问，此片段显著的讽刺意味直指希特勒及纳粹极权组织，权力的膨胀及绝对服从在图绘的设计中被表现得淋漓尽致。

正是这些人体难以企及，而图绘独可实现的动作设计强化了角色姿态，但动作性质的改变此时仍处在身体之中。动作的极度延展最终将导致身体的拆解，在其中姿态的表现突破了身体。

动作以身体为载体，所以身体在作为动作得以展现的平台中同时限制了它。真人能够表现的动作一定遵从身体的完整性，不论动作具有何等的困难

---

① ［英］伊格尔顿：《瓦尔特·本雅明或走向革命批评》，郭国良、陆汉臻译，商务印书馆 2015 年版，第 198 页。

② ［美］夏皮罗：《现代艺术：19 与 20 世纪》，沈语冰、何海译，江苏凤凰美术出版社 2015 年版，第 139—140 页。

及新奇性，就其没有破坏身体而言都遵从了和谐观念。但一个不能保持的姿势在我们看来就是破坏身体的，高难度动作在杂技中司空见惯，但观者感受到的依然是身体的美感。所有可实践的动作在本质上都从属于身体，而绘画却实现了动作与身体的分离，在身体的拆解中突破了它。

> 福柯（MichelFoucault）欣赏施罗德（Schroeder）的影片，就是因为这种分解身体和将其某些“部分”从机体单位中解放出来的能力。所以在关于萨德（Sade）的采访中：“这只不过是身体的减速，增生，对身体碎片最细微的部分，最小可能性的所谓自主热衷。这是身体的无政府化，人体的层级、定位、命名、器质可以说正在被解构。[……] 这意味着身体与摄影机的相逢既是经过计算的，也是偶然的。它要发现些什么，找到某个角度、某个体积、某条曲线，依据某个痕迹、某条线索，或者很可能是一道皱纹。然后，身体一下子被拆解，成为一道风景，一个沙漠商队，一场风暴，一座沙丘等等。”福柯强调这样一个事实：这不意味着在某个事物上分割某些部分，从人体上切割某个器官（如果这样，施罗德的影片就不是“萨德式”的），而是相反，意味着将举止和运动从它的载体上解放出来，让它们自己产生价值，将它们归还给它们自身的纯质力量：不是人们切出的厚度，而是我们得到这种感觉存在本身狂喜的表面。所以，体现在银幕上的不全是身体的画面，还有这些身体本身所有的分子状态、纯运动、质的张力，它们与其说以媒介形式构成，不如说以局部方式相融合。[①]

图绘动画中最为欢乐的歌舞场面旨在体现一种狂欢的氛围，其动作的设计素来大胆，将身体的某一部分单独显现或者直接拆解与其余部分共舞成为一种奇特的表现手法。图绘版《狮子王》中第一段歌舞处，斑马的色块、长颈鹿的脖子、鳄鱼的头部都以特写的方式首先占据了整个画面，其次才显露出整个身体。而拆解这种激进的做法在图绘动画中早已被多次运用：《阿拉丁》[②] 中神灯

① ［法］帕特里斯·马尼利耶、道尔·扎班扬：《福柯看电影》，谢强译，华东师范大学出版社 2016 年版，第 150—151 页。

② 迪斯尼公司 1992 年出品的动画电影。

精灵变出自己的几个头进行舞蹈，《冰雪奇缘》① 中雪人奥洛夫的身体几次分离，变成三块跳动的雪团。在日本动画《千与千寻》② 中，汤婆婆的屋中有着三个只有绿色头颅的奴隶。这些设计破坏了身体的完整性，将服从在身体完整性下的动作解放出来，此时，身体不再完全笼罩动作，而残缺的身体在动作依然进行的情况下让出其统摄地位，动作在身体的隐退中主导了画面，正如我们看到图绘版《狮子王》中长颈鹿脖子的晃动占据了整个画面并不会感觉残缺一般，此处的姿态表现成为画面传递的第一信息。

就此，强烈而直观的姿态在图绘动画的歌舞片段中因密集碰撞更体现出其狂欢气氛。虽然迪斯尼的拟真动画系列不少仍保留了歌舞形式，但其冲击力明显因真人表演而减弱了，毕竟真人舞蹈仍旧处于“和谐的身体”中而无法实现与身体的分离。迪斯尼长久以来的歌舞亮点于此也不得不黯淡下来。

四、图绘动画与自由联想

图绘动画自诞生之初就以一种自由联想的魅力征服了观者。联想的根性本来就是根植于自由的，“由心理联想构成的集合并不限于把呈现某种共同点的要素拉在一起，心理还抓住在每个场合把要素联系在一起的种种关系的性质，从而有多少种关系，就造成多少个联想系列”③。但在真实或拟真的场景中，联想的展开需要服膺于某种内在的逻辑线索，所以其运用一般来说还是受到节制的，但在图绘形象中，这种内在的约束可以说最大限度被打破了，精神思想真正的自由以可见可感的形态被释放了。这也是许多电影人何以对动画形式情有独钟的原因。爱森斯坦（Eisenstein）曾以无比艳羡的口吻比较自己与迪斯尼在艺术创造自由度上的差别：“须知他和我们不能相比，我们不得不费尽力气寻求真实的大自然的效果，恨不得跪下来祈求大自然赐给我们一些日出和日落、多雾的黎明或乱云疾驰的交响画，而他完全可以随意制造他的风景的气氛和各种元素的！他所从事的这门动画艺术使风景的各种元素具有通过现实的变形而与整个其他动作合拍地生活和搏动的

① 迪斯尼公司2013年出品的动画电影。

② 日本动画师宫崎骏代表作品，吉卜力工作室2001年出品。

③ ［瑞士］索绪尔：《普通语言学教程》，高名凯译，商务印书馆1980年版，第174页。

无限可能性。”①

真正的自由联想世界当然是属于图绘动画的。它对自由联想的精神意蕴表现的手段很多，我们在此主要讨论变形、拼贴及其特殊的叙事联想、与音乐的联动关系等。

在形象创造中对材料原有形式比例进行更改，达到令人惊异并产生怪诞之感时就称之为变形。图绘中各类变形形象常令人耳目一新，这正体现了艺术创造的自由意志。变形后的事物与原型间的相似程度可大可小。创作者为突出某一事物本身的特点，特意放大某一特征成为最常见的手法。这种变形因为破坏了事物原有的比例均衡感常带来滑稽感或恐怖感，正如安伯托·艾柯（Umberto Eco）所指出的：“形式上的丑则是一个整体的各部分之间的有机联系缺乏均衡。”② 在图绘版《狮子王》中，刀疤面部常表现出过分的瘦削与扭曲，诡诈的性格一览无余。

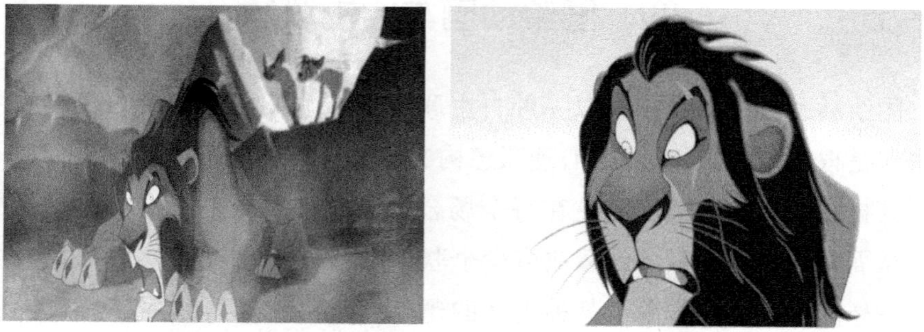

图 10－7　（图绘版《狮子王》）刀疤脸部的变形

当变形程度过大乃至完全脱离原型，创作者对形式塑造的自由也就达到了制高点。迪斯尼图绘动画的笑点经常建立在动画角色的身体变形中，而日本动画，如宫崎骏的作品素以画风清新而意蕴深刻取胜，其作品中的变形更倾向于彻底摆脱原型面貌，以突出一种深刻的思考。如《千与千寻》中贪婪无度的父母变成了两头猪。变形角度的多样产生了不同的艺术风格，但图绘

① ［苏联］C. 爱森斯坦：《并非冷漠的大自然》，富澜译，中国电影出版社 1996 年版，第 520 页。萨杜尔对迪斯尼动画中的自由属性问题也曾有热烈讨论，虽然整体论调偏向批评过度自由之弊，但也客观承认了迪斯尼大胆、巧妙的创作姿态，并谈及此种创作手法对其竞争者显著的影响力。（详见［法］乔治·萨杜尔：《世界电影史》，中国电影出版社 1995 年版，第 505—506 页。）

② ［意］翁贝托·艾柯编著：《丑的历史》，彭淮栋译，中央编译出版社 2012 年版，第 19 页。

因变形而改造了世界一成不变的面貌，并就形式创新的想象火花中展现了艺术家的自由意志。从变形对象、程度选择的偏好差异中我们可以看到，在不同理念驱使之下的自由改造最终呈现出巨大的画风差异，杰出画家的动画作品独自构成一个王国，虽然其取材都来自同一个世界，但建筑理念各具特色。

与主要更改对象外形比例的变形手法不同，拼贴作为图绘塑造形式的另一手法，其主要特点是直接将两类完全不同的事物融为一体。这种手法将直接打破不同事物之间的性质差别，极大拓展了艺术联想的边界。

> 超现实主义、表现主义和超现实主义都呈现出与电影艺术的某种一致性：剪技术和拼贴、蒙太奇成为它们的表现基础。而这需要并鼓励接受者在联想方面的智力和联想的丰富性。现代剧场观众必须逐步培养一种把异质性的东西联系在一起的能力。然而，关联的逐步扩展却越来越失去了意义。观众逐渐失去了耐心，只要看到些许的暗示，就觉得够了。未来主义、达达主义只不过是昙花一现，而超现实主义运动却更加持久。究其原因，或许因为单纯的速度美学和纯粹的否定并不能建立正统，而对于梦幻、想象与无意识的新探索却为艺术创作提供了丰富的素材。①

拼贴形象最早可追溯到神话中，我国最古老的神话集《山海经》中异彩纷呈的神兽形象基本上都建筑在人与动物身体的直接拼贴中。毕加索的绘画中也多出现这种手法。可见拼贴手法由来已久。

在图绘动画中，拼贴大多以事物特征为素材，在巧妙避开直接拼贴的怪异感后，这种处理方式赋予了普通事物以多元的艺术特色，如图绘版《狮子王》中的老狒狒拉飞奇正是巧妙融合了巫师与狒狒的特征，巫师神秘的动作与狒狒近似人性的特征得到了完美的结合。

真人表演中拼贴也较为常见，但最为常见的正如拟真版《美女与野兽》②中人身与兽头的直接结合，而像米老鼠那样拟人化的动物形象却再难出现，这正是出于写实与自由联想理念本质冲突之限制。拟真动画中动物形象的苍白正是由人性特征的缺失造成的，而这仅可通过绘画中的拼贴实现。

---

① ［德］汉斯－蒂斯·雷曼：《后戏剧剧场》，李亦男译，北京大学出版社2016年版，第74页。
② 迪斯尼公司2017年出品的奇幻电影。

图 10－8　（两版《狮子王》）拉飞奇形象对比

动画奇妙的想象不仅展现在形象的外形设计中，就故事情节的构建也显露出自由联想的精髓，我们称之为叙事联想，或也可以称之为“异趣性”。动画叙事当然需要关注逻辑的自洽，但在一些情节无伤故事主要脉络的前提下，图绘动画却能自由地延伸出去。这些与故事发展并无直接关系却趣味十足的设计正体现了联想在叙事统摄下自由的尝试。

在图绘版《狮子王》中，此类场景比比皆是，大多都表现出戏谑的风格。第一段歌舞中沙祖在辛巴的追逐下落入泥潭，顺势就用大象的耳朵来擦拭鼻涕。动物们一片欢腾，鳄鱼的嘴张开时涌现出许多彩色的鸟。鬣狗追逐辛巴时，辛巴与娜娜跌落在骨堆上却因速度过快而演变为乘滑滑梯。这些情节多数为了制造笑点而设计，就其本身而言并无过多必然存在的意义，但正是这种随性的设计体现了自由联想的魅力，且此类情节一般都建筑在一些不可能的事件设想中。

在拟真版《狮子王》中，真实场景直接限制了这些趣味情节的表现，中规中矩的故事走向不禁减少了些许活泼的气氛。试想如若真实的鳄鱼嘴中飞出五彩斑斓的鸟，可能造成的恐怖感更大。真实场景时刻将我们的思维拉回到理性的频道中，此类情节除却表现的可能性尚难实现外，就其展现可能也会被认为是多余的，这一理念自亚里士多德（Aristotle）起就被规定了。“正如在其他摹仿艺术里一部作品只摹仿一个事物，在诗里，情节既然是对行动的摹仿，就必须摹仿一个单一而完整的行动。事件的结合要严密到这样一种程度，以至若是挪动或删减其中的任何一部分就会使整体松裂和脱节。如果一个事物在整体中的出现与否都不会引起显著的差异，那么，它就不是这个整体的一部分。”① 在此，我们并不试图否认真实或拟真场景的叙事进程中自

① ［古希腊］亚里士多德：《诗学》，陈中梅译，商务印书馆 2012 年版，第 78 页。

由联想的可能，但一般地说来，它将较受限制，还容易形成恐怖、怪诞气氛，除非是一些特定的喜剧作品。而这些喜剧的叙事联想却往往与图绘动画类似，因此带有诗意抒情或狂欢的气息。

图绘动画中此类随意且奇妙情节的联想正撬动了规整的叙事结构，动画自由的精神在言说方式中也跃跃欲试。但此类情节本质上只在故事中起点缀作用，自由联想对叙事的真正撼动借助音乐之手才实现了。

音乐在动画中的构成性还不可以从对叙事的单纯辅助视角来看待。动画片的配乐自有声电影诞生以来就成为其创作的一个深入点，这与动画的本质有密切关联。真人电影以表演为主体，音乐作为辅助手段常起到渲染烘托气氛的作用。而动画是一种绘画的运动，图绘设计的图片之衔接本身自成一种律动感，这与音乐的配合产生了巧妙的呼应之可能，所以动画中音乐节奏与叙事节奏一般都对应紧密。

但音乐作为一种抽象性极强的艺术，在表意方面的自由性之强烈为艺术之最，在与图像叙事相结合时难免会产生指意之分歧。音乐一般会自动引发视觉、触觉的连通，解放了联想中感官的界限，瓦解了视觉意象的确定。于是，由音乐开启的自由联想中，图绘画面色彩、线条、质感的选择及叙事结构的安排便活跃了起来。“康定斯基（Vasily Kandinsky）将心境完全视为其人格的功能，或是其精神的特殊官能；他选择与其心灵状态有着最大程度的契合的那些色彩和图案，恰好是因为它们在感觉上并不隶属于对象，而是自由地从其活跃的幻想中冒出来的。它们乃是从内部投射出来的、他的心境的完整性及其独立于外部世界的具体证据。”①

两版《狮子王》中歌舞的段落几乎没有改动，但整体的表现力却相差甚远。图绘版《狮子王》中刀疤暴露野心的一段歌舞中，伴随着男低音和声，刀疤每迈一步都有绿色的烟雾升起，这诡异的颜色及形态使人联想到巫婆利用魔法烹煮毒物的场景，无疑象征着刀疤的诡计及野心之腾起。刀疤向鬣狗宣告自己意图为王之后，合唱部分的画面转变为鬣狗的方队踢着正步受刀疤检阅，这一场景象征着刀疤的权力野心及独裁精神，鬣狗的谄媚姿态也尽显。整段歌舞中峭壁线条多为直线型，色彩以冷色为主，正预示了这些动物的阴

---

① ［美］夏皮罗：《现代艺术：19 与 20 世纪》，沈语冰、何海译，江苏凤凰美术出版社 2015 年版，第 239 页。

冷凶残。歌舞片段中色彩、线条乃至情节别出心裁的设置都表现出对音乐的强烈呼应，而拟真版《狮子王》中音乐对联想的刺激在写实的表现中却无法展现。可以说，迪斯尼动画的成功离不开音乐艺术对绘画想象的全方位强化。

在真人为主导的表演中，叙事的核心表现由人承担，音乐需控制其表现以安守烘托气氛的职责。“听觉风景不描绘任何现实，而是在观众的意识中创造出一种联想的空间。围绕在剧场画面周围的‘听觉舞会’向四面八方敞开着文本间的符指，或通过音乐声响以及具体的声音母题，对场景材料进行着补充。”① 这种氤氲在表演上方的听觉气氛并不能与叙事产生强烈的互动，音乐基本被排除在封闭的叙事空间外，而叙事本身也满足于自身系统的构成现状。

迪斯尼并不满足于这种艺术间的壁垒，除以往叙事较为明确的大多数作品外也曾尝试过以音乐为主导来构建叙事，代表作品即《幻想曲》及《幻想曲 2000》②。《幻想曲》尝试以图像展现音乐的内在精神，在画面符号的选取中囊括了几何图形、植物、动物、天体等诸多种类，画面流转完全以音乐为主导。这两部作品因绘画指意之晦涩与对音乐艺术性的具象表现手法之尝试遭到批评，但不可否认其散发的联想之活跃性实在令人惊奇，如最为精彩的《魔法师的学徒》片段（《幻想曲》与《幻想曲 2000》中皆包含此片段）。那些意义不明、随心切换的符号正代表着迪斯尼对于联想的自由放逐，对动画表现领域的可贵探索姿态。正如弗洛伊德所说的那样：“我若问某人对于梦中的某一成分有什么联想，我便要他将原来的观念留在心头，任意想去，这便叫作自由联想。自由联想需要一种特殊的不同于反省的注意，反省是我们要排除的。”③ 我们的理性对于表意明晰具有天然的追求，这种反省固然有利于知识的增进，但自由的联想在艺术的原初生发地却如此重要，乃至于康德在创造能力中特别将天才的想象力放置在首位。迪斯尼的这种实践给整个艺术领域带来了自由的风气，也是其能纵横动画领域近一个世纪的重要根源。但在拟真化的大潮中，动画这与音乐在灵性上的联结关系就将可能在本体上失落了。

---

① ［德］汉斯－蒂斯·雷曼：《后戏剧剧场》，李亦男译，北京大学出版社 2016 年版，第 194 页。

② 迪斯尼公司出品于 1949 年及 2000 年的两部动画电影。

③ ［奥］弗洛伊德：《精神分析引论》，高觉敷译，商务印书馆 1984 年版，第 78 页。

我们明白，就当前的情势看，拟真技术的艺术潜能还远远没有被认识、释放。但正在这个时候，来回望图绘动画难以被动摇的那些美学蕴藉，并非要为其吟唱一曲无尽的哀歌，而是在思量：我们向前的脚步如何迈得更加坚实一些。

“阿尔法狗”后的AI艺术问题[①]

2016年，一款被称作“阿尔法狗”的围棋软件（AlphaGo，“go”是日语“围棋”的音读，但中国文化界一般愿意将它戏称为“阿尔法狗”）以很大的优势击败了世界顶尖高手李世石九段。此后改进版的各种围棋软件如雨后春笋一般出现，人类完全无法抵挡这些软件，世界冠军们纷纷被降至授二子的水平——差不多就是业余高手与职业高手的差距。

曾几何时，围棋被视为人类思维方式在游戏领域的最高代表之一，成为考验各种AI智力水平的自然标杆。围棋盘共有361点，棋手可以在任意一个空点落子，再加上规则中所谓“打劫”的设定，围棋所可能衍生的变化远远超过361的阶乘，这是一个不可思议的巨大数字，以现在最高级计算机的运算能力，大概也要用几百万年才能穷尽其变化。人们因此在很长时间里对AI在围棋领域的低弱表现视作理所当然：尽管20世纪末AI在象棋世界已碾压人类高手，但围棋毕竟是人类智慧的自留地，人类的全局观念、直感、模糊计算的弹性及变通能力，都是AI所无法模仿、习得的，等等，诸如此类。

但阿尔法狗的出现相当程度上革新了人们的看法。沿着阿尔法狗击败人类的基本路径，人们有理由追问以下几个问题。①逻辑性的计算是不是所谓“智慧”的本质？就是说，一切问题的思考最终都可还原为力迫式的计算？也就是说，如果假设一种理想状态，即AI在硬件方面获得足够的支持，又有足够的信息资源和“自我学习”的演进时间（“学习”是阿尔法狗作为一款AI的一个突破性的技术进展，大体是指它能够根据给定的信息，自我博弈，积累经验，在此基础上获得解决问题概率论意义上的较优解），在一个给定的智

① 本文曾发表于《中国社会科学报》2019年2月22日第1638期。

能活动领域，AI 能够把人类思维活动还原为一种逻辑计算的过程，并将超过人类？从这个意义上说，阿尔法狗击败人类看似是 AI 发展史上一个小步，其实是一个真正的大跨步。②由问题 1 人们能否进而推论：“人类特有智慧”是不是根本不存在？所谓模糊计算、直观云云只是人类无法长时间有效的刚性力迫式计算的一个遁词？③由于网络、云计算、大数据、生物神经技术、脑科学等新兴技术领域的拓展，AI 终将在越来越多的领域获得海量“自我学习”的资源，并在这些领域最终取代人类工作？——由此推论，在艺术领域，AI 艺术即由 AI 来生成艺术，也将成为艺术活动的主流形态？

由阿尔法狗及其同类 AI 技术将给人类社会带来怎样的冲击，这一问题十分复杂而深刻，不是我们这样的一篇小短文能够讨论。本文所欲献芹的一个疑议是：就阿尔法狗及同类 AI 所可能达到的智慧水平而言，在一个能够预见的未来，有无可能在艺术领域获得突破性进展？——或者表述得更加严谨一些：在那些具有经典形式规范的领域里，生产出非抽象性的、能够通过图灵测试的艺术作品？

事实上，就研究界当前公布的材料看，我们对这一问题尚难做出肯定或截然否定的判断。理由如下。

第一，阿尔法狗的胜利远不足以说明力迫式的计算比较人类计算方式具有一种真正的优越性。

如前所论，围棋潜藏的游戏变化数量极其庞大，阿尔法狗的算法能够绕过穷尽计算的数量陷阱又能得出较优解，这诚然是 AI 发展史上一个值得庆贺的事件，但我们于此还必须注意两点。一是围棋变化虽然庞大，但毕竟是有穷的，尤其人类在几千年的历史中，已经总结出了一些堪称规律性的游戏技巧。阿尔法狗是在人类几千年棋谱的基础上展开其学习过程的，这就规避了许多冗余思考。顺便说一句，据说后来阿尔法狗的改进版如 AlphaMaster 摒弃人类棋谱而自我对弈，自我产生经验，自我学习，并彻底击败阿尔法狗，有论者以此证明 AI 之伟力，但这不能令人信服。因为 AlphaMaster 的整体框架的改进正是建立在阿尔法狗的胜利和暴露的 Bug 基础上。二是围棋的变化虽然庞大，但整体来看，它的游戏逻辑仍然是线性的：在博弈中获得的多少即决定游戏的成败。它的计算逻辑虽然远比象棋复杂，但本质上仍是线性的。

我们知道，人类的活动，特别是社会与人文精神方面的活动，其思维活动的根据与来源非常复杂，很多事情真实的信息源，连人类自己都含含糊糊，不甚了了；其是非成败得失利弊更需考虑多方面因素，绝无线性的判断依据。比如说，设定一种 AI 程序，判定王羲之书法与一个小学生书写之间的差别是可能的；设定一种 AI 程序，判定王墉书法与一个小学生书写之间的差别也是可能的；但设定一种 AI 程序，能够同时在王羲之、王墉和小学生书写之间做出有效判断，困难也许就超乎想象。这一程序如果还要兼容其他书法风格，困难就更难想象。而问题在于，对任何一个略有文化的中国人来说，要在这问题上做出贤明的判断却不是什么难事。人类类似的精神活动非常多，我们不得不承认人类思想方式自有一些非力迫式计算所能覆盖的有效智慧领域。

第二，阿尔法狗算法的普适性远未得到证明。

阿尔法狗通过有效的力迫式的计算战胜了人类顶尖高手，这一成就值得尊重。但人们能否据此而推论：人类思维中的计算无非也是一种力迫性的计算（或者说从 AI 的发展趋势看，是其低配版而已），其中如有一些非力迫式的算法，终究是无效的（或低效的）？笔者对阿尔法狗智慧在这方面的标志价值表示存疑。诚然，在一个已知的给定计算区域中（如 19 路围棋，或更低的计算区域，如 17 路、9 路围棋），阿尔法狗的智慧将力压人类，这无可争议。但如果将这个计算区域放大，如假定有一种 27 路围棋，逻辑关系不变，算法不变，只是游戏变化程度超过原有对象近于无穷，在没有充分“学习”的条件下，它与人类对弈胜负将是几何呢？如果阿尔法狗根本无法展开对弈或惨败于人类，则当前此类 AI 的普适性就值得怀疑。阿尔法狗的胜利只证明：人类如能以其智慧将某种极大值的可计算对象有效递减为可力迫式计算的对象，在这一对象领域，AI 较人类智慧拥有明显的优势——这一点，在四色定理被证明的时候已得到充分证明。换言之，人类处理超大信息的计算技巧仍不能被 AI 覆盖。

当然还有一种可能：在 27 路棋盘上，AI 也完胜人类。假如出现这种情况（尽管笔者私下认为这一情况近期内不大可能出现），这将是具有本体论意义上的大事，所有思想者有必要对人类的本质和未来在彻底非传统的意义上展开重新思考。

简言之，以当前 AI 的水平，如果以阿尔法狗或它的升级版来充任艺术生产者的角色，它的算法能否应付艺术活动中极其复杂、近于无穷的信息（及信息组合）的变量，是非常可疑的。

第三，现有的 AI 艺术无法证明 AI 已获得由学习到创造的智慧。

目前已有一些AI艺术的实践，如抽象绘画、抒情短诗、微型小说等。但这些实践一般地说都局限于“学习”的境地。就是说，AI的编程者利用大数据时代的优势，通过近乎穷尽式地搜罗某一特定艺术类型的作品，在其上总结了某些模式化创作的技巧。所谓AI创作便是根据这些模式的规范，对既有素材进行概率性的组合排列（可能还有较优的拣选逻辑设定）。但此种“创作”方式明显存在着两个难以克服的碍难：一，它有无可能生产长篇叙事作品？很难想象AI能够通过“学习”的方式掌握一篇十万言小说的技巧——这十万言词汇的采撷、因果关系的组合，就概率计算而言，其开放的复杂性程度不知要超过19路围棋多少亿万倍。这一点似乎不是简单乞灵于AI计算能力的进步所能解决的。二，AI如何能够合逻辑地整合新兴的知识与人类感性判断？人类感知世界的方式不断随着外部世界的改变而改变，艺术家总是能够寻找到一些匪夷所思的途径将新知识、新感觉化入艺术创作中，并与以往的人类经验达成一种巧妙的平衡（如20世纪初那些立体主义、形而上画派的作品）。在没有前人经验“学习”的情况下，AI有无可能通过大数据的信息资源的搜集，运用力迫式的计算推导、整合产生“创造性”的作品？笔者个人于此持保留意见，同时认为：纵然有此类作品产生，也是随机性的极小概率事件，需要人类鉴赏家花费极大精力在浩如烟海的AI习作中去找寻。

最后需要指出的是，笔者虽对当前的AI艺术的水平与发展方向表示怀疑，但绝不否认在当代艺术实践中充分融入AI技术的必要性。这是因为：人类大脑与AI技术结合，能够产生怎样的想象力的火花，我们当下还无法预料，而这也许蕴含了极大探索价值的空间；AI的力迫式计算能够产生怎样独特的艺术风景，当前艺术界的探索还处于草创阶段，其实践还很原始、粗糙（需要指出，这一点与我们前述对AI创新力的质疑并不自相矛盾）；在某些艺术领域，如视觉领域，当代AI技术或许已经具备某种直接的应用性，甚至能够帮助人类在历史传统之外开创具有革命性意义图像形式之道。……当然，这些思考属于另一个话题，就不在这里展开。

三

大众文艺问题

中国当代大众文化的观察与反思①

一、文化“五元结构”与大众文化兴起

我们现在谈论的大众文化，其实是从改革开放开始逐渐凸显为一种文化形态。解放初期至改革开放，基本不存在“大众文化”。因为毛泽东同志在延安文艺座谈会上讲，文艺要为大众服务，亦即所有文学艺术要为大众所喜闻乐见，才是好的。就文学经验而言，本来就有一部分文艺是实验性的，本身就不是让大众看明白。但这类文艺在新中国成立以来一直都受到批判，被认为是“脱离群众”“纯形式主义”“小资产阶级趣味”，等等，这实际是以其在大众中的检验度、流行度作为判断文学是非的标准。而当时中国大众的文化水平普遍较低，文盲率高，没有能力和兴趣去看很复杂的文本。尽管最高层可能在文艺的某些方面保留，有意识地保护了一些有意思的“种子”，但整体看来文艺创作就基本等于大众文艺。直至20世纪80年代，大众接受度始终是对文艺的内在评价标准，因此也就并不存在文艺与大众文艺的区分。这一区分是从改革开放前后才开始表现出来的。政治上的改革开放推动了文学艺术上的开放，使得原来的话语体制发生变化，“为广大人民群众所接受”这个不言自明的绝对判断标准受到质疑，从而使如今所说的特定类型的大众文化得以凸显出来。

浙江大学中文系吴秀明教授曾提出当代文学“三元结构”的概念，指的

① 本文曾发表于《中央社会主义学院学报》2019年第5期，发表时有删节。本文系访谈整理而成，整理者为宋鸽、董宇宇。

是精英文学、大众文学、主导文学。有兴趣者可参看他著述的《三元结构的文学——世纪之交的当代文学思潮研究》，春风文艺出版社 1998 年版。笔者在这里做些个人的发挥，认为以文学为典型，20 世纪 80 年代文化大体可能是一种五元结构，即精英启蒙性的、主流意识形态的、民间性的、大众即商业性的和传统文化的。

第一种是启蒙性文学，即认为文学要担负起引导民众的义务。写作者自觉承担起“启蒙者”的角色，并不关心民众接不接受，要求的是大众的跟从，而非顺应大众。其中又可以分出两个主要的派别：一派是强调教育民众，但比较接地气，强调关心民众；另一派就是纯粹精英化，只关心自己想什么，不关心大众想什么。第二种是“主流意识形态话语”。第三种是“民间话语”，现在一般较少提到，但其实很重要。以前民间话语似乎与大众话语吻合，它具有民间文化的根性和大众喜闻乐见的成分，也有被主流意识形态认为是低级、庸俗和需要改造的部分，如神仙鬼怪等迷信。这在现在看来是人类原始思维和原始情感的一种自然流露，但它在很长时间里是被压抑的，是要被原来的大众化文艺所改写的。改革开放以后，这类纯民间的内容，无论好与不好，都开始复归。例如，20 世纪 80 年代前后评书突然兴盛的现象，就和民间文艺的复兴紧密相关。第四种比较复杂，主要是以商业和消费逻辑为引导的那一类大众文艺。这是种一般民众都喜闻乐见的文艺，并不一定排除精英启蒙式或主流意识形态的内容，它可能从内容上都包容，但从性质上讲一定是生产型、消费型的，核心是要卖得出去、易于获得经济效益。第五种是传统文化的复兴。中国主流文化界很长时间内通常认为传统文化是反现代性的，对其主要持批判态度，所以才会有“丑陋的中国人”“中国人何时觉醒”等说法。80 年代出现各种“文明论”，有观点认为中国不能进行改革就是因为五千年传统的包袱太重，但也是从那个时期开始，有部分人认识到传统文化当中很多观念具有西方思想无可取代之处。

大众文化是由于改革开放过程中商业需要的影响，加之产业政策的放宽，以消费为导向的文化形态，才逐渐开始凸显出来，并成为一种主导性力量的。其在 20 世纪 90 年代以后成了无可争议的当代文化主潮。当时很重要的现象就是金庸武侠小说的流行。金庸自己明确说过，大陆只有两个出版社给他付过版权。从 1978 年广东高教出版社第一次内部发行金庸作品，到 1993 年为止，大陆流行的全部武侠小说，包括金庸、梁羽生、古龙等人的作品，大都为盗版，数量巨大。有一个数据，据称 1984 年光金庸小说盗印的册数就达 4000 万。金庸小说早在 20 世纪五六十年代就已出现，但那时生产环境不具备大规模盗印的可能性，在当时社会就无法流行起来。而只有具备商业性的可能性，武侠小说才会如此铺散开来。

大众文化主要是商业性的，但仍涉及其他四个方面，五元之间相互影响。仍以武侠小说为例，盗版武侠小说是自发性的商业活动，有需求才有生产，这个需求就是对古代文化想象性的需要。国人在很长一段时间里是不讲所谓"功夫"的，除了在现代社会"武功再高，一枪撂倒"的客观现实外，也和武侠讲究个人行侠仗义、仗剑走天涯，违反了新中国文化所注重的集体主义精神有关，所以武侠文化曾经受到主流意识形态的压制。那么为何人们自发形成一种对武侠文化的强烈消费欲望，以至于尽管在主流出版界几次清查武侠小说、一些权威告诫人们看武侠小说是一种很不好的习惯的情况下，20 世纪 80 年代的武侠小说仍像春风野草一般生长。这一现象的内在原因，就是武侠小说具有将传统文化武侠化的特点，而传统文化中很多根深蒂固的信念仍然为国人所认同。例如金庸小说以唐诗入剑法，以佛学入武侠，以中医养生之道入武侠，以道家入武侠，等等。又如读《射雕英雄传》会很有意思地发现，原来"降龙十八掌"几乎所有招式都是从《易经》变化而来。这其实是借武侠来展开传统文化的精神想象，用现在的术语来说，就是用武侠来想象人自身精神活动和精神漫游的逍遥姿态。总之，武侠小说的流行，其实是满足了人们对传统文化的需要。

二、尊重大众选择与市场拣选

讨论大众文化，先要明晰"大众"这个目标群体的概念。所谓"大众"是一种社会分层，没有一种群体叫作"大众"，这只是知识分子对一个群体的总称。对社会人群的划分越来越细，对"大众"的划分也越来越具体，"大众"角色都在相对转换。例如对文学教授来讲，数学家就是文学上的大众；对数学家而言，再卓越的文学教授也只是数学科普的对象。加之精神的知识分层越来越细，"大众"的范围也越来越含糊。

这个时代的大众文化很多元。多元既指各种"亚文化"的共存发展，也指当代人特别是青年人对文化的兼容态度，这是时代的进步。例如喜欢看美剧、漫威的年轻人，可以同时喜欢汉服，喜欢爱国题材的纪录片，这毫无矛盾之处，都只是生命的一种姿态。年轻人也不再认为，自己是传统的中国人，就一定要反对西方。

各种亚文化、小众文化，其实是大众文化一种类型化的分层，存在于不同的小圈子、小群体。多元的亚文化与代际变化有关，而代际文化很大程度上与媒介的参与紧密相关，人和媒介关系极其亲密。例如很少看到老年人精于玩手机，因为多数老年人不懂手机的复杂功能。不过随着手机智能化水平的提高及网速增快，这种情况有可能发生改变。原来主要是年轻人玩快手、抖音，现在据说已有一些中老年人沉湎于其中而不能自拔了。

即使同样是青春亚文化，也存在分层，这主要取决于其实践者。笔者从小学五年级开始追评书，后来追小说，后来追动漫，对每个时代大部分年轻人所喜欢的大众文化都不陌生——当然现在有点跟不上趟儿了。例如前些年出现“杀马特”现象，不同地域、不同教育程度的年轻人对其态度和参与完全不同：很多人看来“杀马特”是在潮流之外，但它是三、四线城镇中自以为精英、前卫的一种大众亚文化，这部分人是按照他们所理解的一线城市的大众文化潮流来塑造自我。总体看来，青春亚文化的内在逻辑与主流意识形态的对抗并不强，反而有时是非大众、反大众的，但又会按照大众文化的“英雄”来塑造自己，对大众文化的顺从多过对抗。

在某种场景下，大众会想象自己的文化英雄，并形成一种社会合力，对其进行复制。其中当然会有商业运作因素，但这不是绝对保证。大众的选择带有一定随机性，对特定时代文化英雄的选择未必能选优，但一旦拣选出来，就能起到大众文化符号的加成作用，这种加成作用有长有短、有高有低。郭敬明的作品是值得分析的文化产业个案。他的小说很差，笔者只看过《幻城》。差不多用半个小时就能看完。但笔者一直在追踪他的“现象”，因为其电影在商业上的成败很有代表性，鲜明地体现了大众文化不确定性的特征。郭敬明对大众文化终端的嗅觉相当敏锐，他的能力在于敏锐捕捉到大众喜欢的东西，对庸俗进行打磨抛光镀金，当成精品来制作。但这与真正的精品无关，只是能被更多人买得起，形成商业效应。他缺乏深度和原创性，最终无力持续性引领大众文化，已经过时。

商业文化、大众文化只能生产，很难预判、预设，其重要特质是代际性。代际已变而文化消费长存的现象很少，绝大多数的大众文化英雄只需几年就随代际变化被淘汰。只有真正精神强度层面的超级巨星才能创造形势，起到十年、二十年乃至更久的引领作用，但像迈克尔·杰克逊这样的人物，全世界只有寥寥几位。近年一种代际变化就是对身体的消费性、肉欲化明显增强，比如流行讲“颜值”，周杰伦在台上被要求唱《学猫叫》。而张国荣成为经典的文化符号，则关乎男性性征的多元性，与内在的大众文化也有关系。大众文化的代际变化虽快，仍能观测到某些现象的兴衰。例如重要的大众文化现象——动漫，其高潮期大概是在2000年前后，在2010年前后开始没落，当前青年一代看漫威的多了，看动漫的少了。但我们对此只能是回顾式，回过头恍然想到某些文化生产已过气，但在当时很难说清它为何会过气，这就是代际文化有时难以捉摸的特点。

时代会有何种文化，需要何种文化，不可预料和人为主导。并不是说，计划出需要何种文化，这个文化就肯定很好，就肯定流行。大众文化是大众自主选择亦即“用脚投票”的过程，大众和商业的拣选力不容轻估。管理者和知识分子，尤其从事文化研究的知识分子，最好谦虚地多思考大众为何这样想，而不是规定大众要去想什么。例如《战狼2》上映时，人们都认为不太可能打破同时期《美人鱼》三十多亿的票房，但它在没有大肆宣传的情况下，票房达到五十多亿。这与民族主义感情有关，很核心的东西就是民族自豪感。说得宏观一些，与中国人“走出去”“一带一路”的发展需要有关，它实质上满足了中国人长期以来对于去往海外具有安全保障的想象。类似作品还有《流浪地球》，这些电影并非完全靠政府引导，而是在根本上具有观众基础。

随着大众媒介的凸显，参与大众文化的门槛越来越低，互动性越来越强，这是大众媒介的基本特点。大量的大众媒介生产了大众文化，而大众媒介之所以被称为“大众”，本质上是消费性，通过与商业转化紧密相关的“流量”实现其目的。商业文化的核心是经济法则，在此基础上的标准是体系中所有个体都平等。“流量为王”也是这一道理，一篇文章尽管质量远不如只有少数人看懂的学术研究，但大众文化看的是它有多少阅读量、圈了多少粉丝。

大众文化虽是消费性文化，但前提是要满足文化应该具备的基本样式，而后再按商业原则进行检查，不能本末倒置。从商业消费的本质讲，有其残酷、暴力和短视性的一面。如果完全按照商业逻辑，抹杀文化的特殊样式，会损害大众文化发展的根基，甚至导致精神扁平化。这也是笔者坚决反对把大众文化作为完全的主导文化的原因，研究者对大众文化好坏之处都要观察和思考。突出的反面例子就是体育文化中的中国男足。中国足球发展不起来，原因之一就是商业因素过强，根基已坏而难以重建。20世纪90年代国足最初商业化时，一个水平不高的球员都能拿到两百万甚至五百万年薪，这在当时是极高的、有炒作因素的商业价格。这项运动不再遵循其内在规律，忽略了商业化所应具备的能力和刚性要求，直接按照简单的商业属性、供需关系来运作，使得中国男足难以良性发展起来。其他领域再冷门的方向都能偶然出现火花，而男足在“举国体制”之下仍令人失望。

大众文化产业很多方面都存在资本的肆无忌惮，商业膨胀所展现的狂妄和狭隘使人震惊。例如，阿里影业有位管理者放言，编剧已不重要，可以用人工智能来生产；在鲁迅百年纪念会上，某位商业老总认为，对鲁迅也要用“流量”来检查。如果对文化的观察是用这种愚蠢的单调曲线来表述，大众文化成为简单的买卖关系，那是多么荒唐和悲哀。尤其要警惕金融资本，它的好处是能够集聚资本，但某种意义上是最坏的东西。它是发达资本主义国家对下游国家进行收割的武器，20世纪90年代以来在我国的表现颇具邪恶性，在西方国家也逐渐成为值得怀疑的力量。实体经济介入大众生产，做得再差都能留下东西，对社会不会没有意义；但金融资本的力量足以把建筑都符号化，最后变成空的东西。在大众文化发展中，必须有外在机制对商业力量进行驾控。

三、大众文化与主流意识形态、精英文化的关系

大众文化与主流意识形态的关系是常见的话题、论题。相对“官方文化”，笔者更倾向使用“主流意识形态”这一概念。主流意识形态是比较稳定的思想结构，它本身没有情感；而官方文化是一种态度，是有情感的。一个国家的主流意识形态与大众文化，二者本质不同，虽有交集，但各有立场。笔者倾向于不要高估两者的对立，但是也不要高估二者的融合。很多时候必须承认，主流意识形态和大众文化难以相互转换，例如国家大剧院上演的许多剧目就只能在国家大剧院演，大众的接受程度是很低的。但我们不能因此否认国家大剧院上演它们的必要。但主流意识形态和大众文化也可以合作，主流意识形态的影视作品颇多佳作，如电视剧《亮剑》《潜伏》《悬崖》，就承载了大众很容易接受的主流意识形态。

主流意识形态也注重商业性。例如特别推崇《战狼2》这类既有好的主流意识形态属性，也具备消费性的作品。除了绝学传承、国之重器等方面，通常情况下既要讲投入也要讲回报。这是过去所不能讲的，但如今全国上下都持这种意见，这就是消费性、商业性的充分体现。强调“以市场为导向”，商业性即属于主流意识形态中的一个环节。真正的大众化，应该尊重市场的拣选。但我国大众文化的商业化程度与美、日等国仍有差距，还不是真正在商业文化中遵循市场与商业原则来完成大众文化生产和检验。背后的因素很复杂，除了涉及非法资金处理，有些则是由于政府补贴支持文化产业，而一些人图谋政府补贴去生产。如杭州曾大力补贴支持动漫产业，要求获得补贴的动漫必须能在省级以上电视台播出，有些动漫制造方粗制滥造，然后想方设法求得播出，电视台何时播出却很难检查，通过这样一番“套路”，利用政府的好心来圈钱。

另一方面，不能简单地顺从大众或过于大众化，要具备某种坚持。例如电影《建军大业》中有太多年轻偶像，欧豪把叶挺将军的形象塑造得像“古惑仔”，笔者能理解叶挺家人对此有意见。这并非因为观点保守，而是《建国大业》作为献礼片，其内在逻辑应该与它的分量相一致。主流意识形态在大众文化产品中应该坚持立场和很多底线，尤其是政治信仰，对这方面加强管理。例如价值虚无主义问题。一些“民国粉”盲目推崇蒋介石。称赞他坚持抗战是没问题的，但过度美化其人格方面，还要吹捧讴歌其军事能力就过分了。有很多令人肃然起敬的题材和作品值得做。例如真正从事洋务运动、为祖国作贡献的人物，民国时期的西南联大，等等。尤需指出的是，有很多可歌可泣的爱国华侨事迹值得文化推广，但主流意识形态对华侨的歌颂一直不够。

很多人讨论，对待大众文化，应该倾向于让它自然生长？还是保持一定的引导性？本质上笔者是一个市场决定论者，更赞成靠市场来拣选，鼓励创造，政府不做过多干涉，但在某些方面适当管控，有必要鼓励与引导技术储备。大众文化是以消费刺激为主导、以满足读者欲望为目标，对其管理和引导是必然的，除非很激进的人，一般而言人们都会认同这一点。人的原始欲望从某种意义上说即色情和暴力，是最具消费性的，通常各国大众文化中都会允许其存在，但要有所限定。这种限定意味着一种态度，即消费型内容要在法的尺度允许范围内。对于纯粹市场博弈或开放式的东西，笔者明确持反对态度。它们也只存在于想象中，没有在任何一种类型的社会里真实存在过。例如西方的“政治正确”，比我们要刚性得多，西方即使再色情、再堕落的大众出版物，都不敢去讴歌反人类的内容。

管理和引导的关键在于如何操作，这是很复杂的“公说公有理，婆说婆有理”的问题。要明确大的原则判断，而后允许适当的弹性制度。文艺管理者总是担心出问题，或者过于在意民间某种“左”的批评意见，其实不用过于紧张。有关部门可以根据现实状况，建立三五年的预判，制定大的管理政策框架，在保持某些刚性原则的同时，及时进行调整，不能一旦制定就长期执行。这一点在当前有迫切提上议程的必要。因为文化与它所处的时代紧密相连，而当前整个世界范围内社会与文化的变动都处在大动荡时代，与二三十年前的情况有着很大不同，在有大量现象无法看清道明的情况下，暂时不要制定过多“原则”为好。

精英文化和大众文化的共存、发展和繁荣，本质上讲需要各自完成所承担的任务。第一，精英文化要做一些基础性工作，展现出精神向上升腾的一面，有时要对大众文化保持批判意识。消费是大众文化的本质特性，只在商业效益领域里打滚，这个文化就没有上升的动力，所以必须有一种力量往上提升。对一个民族而言，精英文化的批判性、对大众的引导越强，而且并非在卖弄姿态，这种文化状态便越是健康的。反之，如果精英完全以大众作为判断标准，这个民族的庸俗可想而知。第二，必须对精英文化保持批判性反省，因为它最大的弱点在于容易脱离现实，低估大众，忽视大众的疾苦和希求。除了数学、物理等自然科学专业领域，要注意不能完全不接地气，自说自话，不经大众检验而盲目“提升”，引到一些完全无意义的领域去。第三，还有部分精英容易和大众接轨，但可能会过分地介入大众文化。有些人可能遭到大众资本的诱惑与收买。对此我们是需要加以警惕的。

四、“大时代”的大众文化展望

未来中国大众文化的创造涉及很多方面，需专业人员夯实大众文化的事业基础。本文略谈受众最广泛的电影产业。大众艺术的发达与票房多少无关，中国电影真正百花齐放的局面，不仅是一年有几部“大片”，而更多是拍出很扎实的类型片。

大片仍然很重要，它是各种新的视觉技术的融合，也涉及电影产业对所有类型元素进行综合生产的能力，中国的大片仍较单薄。陈旭光提出构建“重工业电影”，某种程度上也有这层意思，即要把具有更强技术性，能代表中国整个制造业属性的因素融合到电影生产中来。笔者认为这很有必要，大多数人也都同意。但大片有两个问题，一是数量有限，二是有风险。例如一部大片投资三个亿，因为要和院线拆账，院线要分到一半以上，再加上宣发都要一个多亿，所以至少要卖到八个亿才能赚到钱。但这样的电影每年没有几部。

考察一个国家的大众文化是不是发达，有一个很刚性的指标是：其类型化的大众艺术或者说类型片是否足够发达。类型片中有几个重要的区块，即医疗片、法律片和侦探片等。这三种类型片的背后，显露出现代性的社会精神的日常化和大众化问题，而且这三个领域都与生活相关，又最富有戏剧性。欧美、日韩的影视作品也存在糟糕的东西，但必须承认其类型片非常成熟，有很多精品能将专业性很强的知识转化为大众可以欣赏玩味的内容。比如同样是急诊室题材的作品，欧美、日韩的影视呈现可以让专业医生认同和佩服。以中国现有的市场，一部片子只要拍得好，票房达到一亿到三亿并不难。但很大的问题是影片类型较单一，生产核心类型片的基础较薄弱，而且不管拍什么职业题材，往往主要是谈恋爱。最关键之处在于，大众文化相关从业人员的素质直接影响到文化产品的质量，而国内的编剧不愿下功夫。以医疗片为例，编剧对医疗行业、医生特殊的技术职能、医生所经受的辛苦和精神痛苦、复杂的医患关系、医院体系建设等专业性内容，缺乏深入考察，缺乏体认和代入感。这需要国家有意识地进行一定引导。

当前国内类型片相对较好、最叫卖的是喜剧片。只要是搞笑的，一般不会“扑街”。当然也有不太成功的，比如开心麻花的《驴得水》，其失败可能因为缺乏沈腾、马丽等几位“票房保证”，但事实上它有某种内在的伪批判性，即似乎在反思国民精神，却是有意制造出人性的阴暗面来进行这种反思，不够自然。一般地说，中国喜剧即使内容再差，比如《澳门风云》一类，票房也不低，甚至能达到十多亿。这说明，大众对完全无厘头、不需要思考的这类内容，接受度较高，而艺术要求并不高，看着“爽”就行。即使如此，国内编剧往往仍然没有创作出更多更丰富的作品，这需要创作者们加以自我反省。

我们正处在一个“大时代”，相比邓小平提出改革开放时对未来的预判，当前世界和中国的社会形态都发生了结构性变化，所面临的本质问题也不同于之前的时代，需要在这种情况下思考文化生产问题。第一，人口作为绝对第一位的生产性元素，中国人口结构发生了核心变化，1978 年时中国人口过多，当下却要预见到今后人口减少的情况。回看 20 世纪 80 年代初，中国社会一些突出问题的核心就是人口过盛，处于青年暴涨期，容纳不下那么多就业人口，因此产生各种特定的社会困难。中国人口从 2017 年出现拐点，老龄化问题恐怕要到 2070 年左右才能根本缓解。第二，从原来吃不饱到能吃饱，到开始要吃好，这种变化使中国面临几千年未有的情况，即中国人必须走出去。中国地大物博，在农耕时代即使完全封闭，也能自给自足，但如果国民要求吃好，就必须走出去。而走出去就要面临如何与其他国家、民族交往的问题，其间关系相当复杂。第三，也许在未来一二十年内，世界科学技术会经历一场大洗牌，那就是人工智能的应用。几次工业革命的核心都是能源问题，第一次工业革命用煤，第二次工业革命用油，第三次工业革命可能将人类从长期对能源的依赖中摆脱出来，几乎整个工业体系可能都要改写。尽管业界现在对人工智能太过乐观，而它在未来发展中很可能遇到某些看得见却越不过的瓶颈，这些都未可知，但从整体上判断，世界范围内整个工业体制将发生深刻变化。

大众文化不可预判，如果一定要展望其未来，就需回顾过去的文化生产，发现某些潜在规律。笔者观察到主要有三个方面的因素：第一，大众文化发展不大可能脱离经济规律。比如现在流行“网红”，某个中戏的网红在巅峰时有两千万的签约费，但如果将经济规律、供需关系、消费偏好等几条原则摆出来看，在当时就能预料到其必将没落。第二，大众文化流行什么与整个时代风尚有关。比如耽美亚文化的流行，与早期日本动漫兴起时对中国大众文化的影响有关，如今这一亚文化以更多元的样式发展，动漫的传播起到推波助澜的作用。特别对年轻人来说，他们倾向于去往“我这样做是酷的”方向，在 15—25 岁所接触的主流意识形态和前沿流行风尚、时代文化标志，会影响到这一群体的亚文化发展趋势。第三，要考虑到民族文化的偏向。比如欧美的文化产品偏视觉系，故事内容经常经不起推敲，但如果画面不精美，大众就很容易反感；而中国和日本的近似之处在于都注重叙事，喜欢超长篇叙事。日本的动漫，如《火影忍者》，画面再崩，但故事性很强，就能继续下去。中国的网络文学动辄几千章，但读者就是喜欢长篇，以至有些作者连载开篇时必须说明，本小说已写完提纲并有相当数量的成稿，以此吸引读者。这就是笔者对某些西方后现代理论，如所谓非文字阅读、零散化阅读等保持距离的原因，这些理论预言放到中国的大众文化环境中，基本都是失灵的。综合以上三点元素，对中国大众文化中很多现象发展的预断仍是有迹可循的。

最后必须说明，笔者这里的议论都是随口漫谈。其中不免随意、不够严谨，有些随想不一定准确，还可能冒犯了人。敬请各位读者批评指正。

网络时代的文学生产[①]

“文学生产”原本不是什么新鲜的概念。我国文艺学界一向强调，人类所有的精神活动（自然包括艺术活动）总是受到具体的生产力条件、经济基础制约，因此，用“生产”这个概念来界定人类精神活动的基本特性，也就是强调精神活动的各种形态总可以规约成为物质生产的某种特殊形式。

但尽管如此，在绝大多数的场合，“文学生产”基本上是一种修辞性的说法。一般人都认识到，文学活动毕竟是个人的技艺，无论从哪个角度说，都很难将文学“生产活动”与一般的物质生产等同起来，因此，人们又强调：文学创作是一种“特殊的精神生产”。所谓文学的“生产”其实就是“创造”的意思。

但本文中谈论的“生产”则是就“生产”字面上本义而言的。

随着网络媒介的不断发展，网络已日益成为传播文学作品的主要平台之一。而随着文学写作与网络传媒之间关系的不断发展成熟，无处不在、无孔不入的商业力量借助网络传播控制文学写作的手段亦愈趋于成熟。按照笔者的观点，到今天，网络文学的商业化趋势已经相当明显。这种商业化趋势和以前的文学商业化有着根本的不同。借助网络传媒平台，商业生产使得其物质化的生产逻辑内化为网络作家的写作逻辑。在过去，无论商业资本的力量多么强大，作家在写作的过程中是自由的——至少从逻辑上说它还是一项个人化的自由事业；而当今，借助网络，资本可以随时随地监控作家的写作状况。这种随时随地的监控诱使、迫使作家将自己的写作与商业生产紧密结合在一起，将商业生产的逻辑内化为写作的逻辑。商业力量对作家个人意志的

① 本文曾发表于《江苏社会科学》2009 年第 4 期。

监控、影响从来没能达到像对网络写手这样细微入神的地步。从这一点来说，我们认为今天网络媒介中的各种文学活动已越来越成为整个社会商业生产中的一个有机环节，文学写作也变得越来越像是一种“生产活动”。

一、一种生产活动

网络文学写作之所以越来越成为一种“生产活动”，这和当前各商业文学网站所明确秉持的文学基本观念紧密相关。借助网络媒介，商业力量已自发形成了一种具有大众对抗精英意味的、与传统观念颇有距离的文学观念。

在传统的观念中，文学创造是社会中一小部分精英分子的事业——所谓民间文学也必须经过精英分子的拣选才能进入文学殿堂。但在当前，几乎所有的商业性文学网站都竭力鼓吹：在网络时代，文学乃是大众的自由事业，根本不必经过什么精英分子的拣选。任何人都有权利从事文学创作，网络就是他们发表个人作品的自由场地。这也是网络天然超越其他传播媒介的功能所在。

在传统的观念中，文学创造首先是一种特殊的精神创造，其次才与养家糊口等现实生活要求有关。但对商业文学网站来说，“独特精神创造”之类绝不在其考察的范围之中，它们只关心：一部作品是否能够吸引读者的眼球（换言之，即是否能激起最大数量读者加入所谓的“Web2. 0”写作进程当中来），而且这种吸引力是否又能最终折算成为商业收益。如果能够，即使像天蚕土豆、我吃西红柿[①]等人也可以成为“白金作家”；如果不能，网站便不会对之投以半分热情的关注。

在这商业力量贯彻其意志于文学写作的进程中，当前流行的“Web2. 0”写作方式起到了无可估量的作用。商业力量借助网络这个高效率的信息反馈系统，通过当前流行的“Web2. 0”写作方式，终于将商业追求内化为写作的一种自然冲动，将它塑造成了与作者一起操控笔杆的另一只手。

何谓“Web2. 0”写作呢？它指的是，在“Web”（互联网）上的创作，作

---

① 这几位都是知名的“网络作家”。天蚕土豆的代表作是《斗破苍穹》；我吃西红柿的代表作是《星辰变》等。——收入本文集时，此处略有修改。原文作：

这些作品因为满足了某些所谓特定的大众趣味，在各网站的优秀书目推荐榜上，都名列前茅。但这些作品模式化的痕迹很重，从故事情节到人物性格几乎都千篇一律，更没有什么文采可言。平心而论，这几位作家的文学造诣是十分平庸的。

者始终有两个，一个自然是网络写手，另一个是不断与写手互动沟通的读者。[①]

在以往的诸种媒介形式中，读者的信息反馈一般来说总是滞后的，还受到其他多种客观条件的限制。但在网络时代，由于网络媒介全民性、即时性等功能特点，读者终于摆脱了以往单纯的消极消费者的角色，直接介入到了创作的环节中。在网络中，他们能够在第一时间看到作者发布的新作并发表个人意见；作者也能够毫无隔阻地在第一时间见到读者对已有作品的评价以及对未来作品的预期。在这种及时的互动中，读者的鼓励、建议不但能予以创作者极大的精神慰藉，有时还能带来很有价值的创意，甚至帮助他们决定故事情节的最终构架形态。随着这种读写之间交流的深入，读者在文本构成中扮演的角色变得越来越重要，很多时候，他们在联合作用中构成了另一个创作主体。这便是“Web2. 0”中“2. 0”的含义所在。

“Web2. 0”写作并非注定是一种商业化的文学生产方式，但在今天这个商业社会中，商业力量却特别自然地将这种写作模式塑造成了一种极具商业生产意味的文学写作模式。

就大而论，商业力量对商业化文学写作模式的塑造是从两方面入手的。

一个是比较直接的方面，就是让读者个体通过网络与作者发生点对点的关系。像当前许多文学网站都有这样的服务项目：当作者对情节架构产生困惑时，他便可以设计一些由读者投票的问题，请读者投票帮助他决定情节的走向。许多小说都会相随着一个煞有介事的问题：你喜欢本书有____个女主角？A. 一个；B. 两个；C. 三个；D. 三个以上。当然，网站中类似

---

① 自2018年以后，网络信息生产据说已经进入Web3. 0时代。这个概念牵涉颇多网络技术问题，我们在此不能详细讨论。但就写作而言，与Web2. 0相比，Web3. 0多出的一维可理解为互联网通过搜索引擎介入习作所产生的效应。由于人工智能、大数据等技术的进步，在Web3. 0时代，互联网通过其超连接的搜索功能，可以针对用户的互动，即时搜索相关信息，筛选过滤，精确投放。同时，Web3. 0将实现不同终端的兼容，从PC互联网到WAP手机，PDA，机顶盒，专用终端，不只应用在互联网这一单一终端上（而Web2. 0只能通过PC终端应用在互联网这一单一的平台上）。而通过这种信息筛选和多媒介融合，网络个体的参与意识被进一步放大，作者与读者的边界更加模糊，文本的开放性与不确定性进一步增强。

但此种方式是否是足够理想的艺术生产，由此是否就能够催生折射时代精神的伟大艺术作品，则需要进一步观察。笔者自我反省，当年对Web2. 0的生产效应就估计过于乐观了一些。目前的网络文学，似乎也没有因Web3. 0技术的普及就出现了一些令人振奋的变革或新动向。但需要指出的是，不管我们对其抱什么样的态度，Web3. 0时代已经到来。不久以后，Web4. 0、Web5. 0兴许也将接踵而至。Web必将因其物质存在形态，影响、改造人的精神方式，因此，审视、反思、批判其相关问题，是我们研究者无可避讳的历史使命。

“作品讨论区”之类的板块可能会发挥一些更为积极的作用。在这类板块中，读者可以就作品提出全方位的意见，作者则作出相应的回应。有时，读者的建议不但能弥补原创中的疏漏，还能提升作品的整体境界（当然，相反的例子也不少）。当作者与读者处于一种长期性的积极的对话状态的时候，读者自可被视作一个未签名的作者了。这也是“Web2.0”写作比较简单的一种表现方式。

另一个是比较隐蔽的方面，但却是商业力量塑造文学写作模式真正深刻的一个方面：商业力量通过对文学价值评价尺度的改造，确立了一套从文学消费的终端——读者入手，完全以商业收益为终极标准的文学评价体系。通过这套评价系统，网络商业文学形成了一个自成系统的文学生产网络。在这系统中，文学产品就和其他商品一样，形成了完整的生产→销售→消费的产业链条，并且，最终由市场反应亦即消费端形成了一只看不见的手，反过来决定生产环节的各产业要素。读者就这样变成了作者。

当然，这种设想在具体执行过程中自有其难度。因为每一个读者都有其个人的兴趣偏好，而网络媒介再发达，它也不可能将每一个读者的意见都传达到作者耳中并形成有效互动。这就需要一些权宜之计，要形成一些尽可能为所有消费者都承认的、尽可能包容各种类型消费者意见的集合性的“大读者”的意见。如何形成这种具有公信力的大读者意见呢？商业网站通过几年来的努力，已形成一些建立在聚合读者意见基础上的文学价值评价的方法。

其一，网站设立了“点击榜”等排行榜来显示一般读者对文学作品的偏好程度。读者对某作品的任意一次点击都被视为是对该作品的一次有效投票。在各文学网站发展的早期，它几乎都是最重要的一个评价指标。

此种评价方式的优点是明显的，它可以比较客观地表现一般读者的关注对象，使人们了解当前社会中读者的一般消费偏好。但其缺点也是很明显的：精确度不高，其数据容易被人操控。因此，随着其他更为精确、有效的评价方法的兴起，“点击榜”的光芒便日渐黯淡了。不过，直到今天，在各文学网站，它仍不失为一个评价指标。

在一些较大的文学网站，还有“全本回顾榜”“热门评论”等评估指标来测试一般读者对于作品的喜好偏向。

其二，各文学网站都将重心投向了目标群体，也就是付费看网络小说的人群。这是商业网站的核心利益所在，因此，他们也发明了多种评价方法，试图尽可能客观地标示出作品在读者中的实际影响力。这其中，“推荐榜”“收藏榜”“月票榜”等检测手段一般被认为是比较有效的。

在当前的各原创网站，付费会员在消费了一定金额后，他会得到以下一些权益：一天拥有若干张推荐票来推荐自己喜欢的作品；能在网站上拥有一个收藏夹，收藏若干部作品；可以每月将月票投给自己最喜欢的作品。推荐榜能够检测一部作品受欢迎的广泛程度，月票榜能够检测一部作品究竟拥有多少忠实的拥趸，而收藏榜能够检测一部作品受欢迎的时间长度（推荐榜与月票榜对检测更新中的作品较为有效）。

除了上述的一般效果评价外，不少网站还根据消费特点对目标群体进行了进一步的细化分类，从而试图将读者对创作的信息反馈更好地落到实处。像起点中文网（我国当前最大的商业文学网站）在总的作品排行榜中就细分出了“玄幻奇幻榜”“武侠仙侠榜”“都市言情榜”“历史军事榜”“游戏竞技榜”“科幻灵异榜”等。

在各种排行榜上名列前茅的作品能够获得诸多的利益：其作品可以占据网站首页醒目的位置，网站有时还会给予不菲的奖励；在正式出版的时候，这些作品也容易获得更为优渥的条件。

其三，各网站都重视培育新的目标群体，它们设计多种方案，让新的作家、作品尽快进入消费者的视野。像起点的“新书周榜”和“新人周榜”就是很有代表性的例子：“新书周榜”所列的是在起点发表过作品的作者的新作排名，“新人周榜”所列的则是从未在起点发表过作品的作者的新作排名。这样的排名榜既有助于有实力的新人新作在浩如烟海的网络作品中脱颖而出，也能及时检测出读者趣味、偏好的变化。

其四，各网站自己会主动推出一些推荐书目，像起点的“三江阁”、“强推榜”、“封推榜”（顾名思义，即在网页上出现推荐书目的封面、内容简介等，一般一期只有两部作品，是起点文学网站最高的推荐形式）、“女频”（顾名思义，是一个专门向女性作者与女性读者倾斜的排行榜）列示的便是起点的文学编辑推荐的各种网络“优秀作品”。这些推荐书目是网站编辑根据自己对市场的理解来列出的，虽然不同编辑的眼力、趣味各有差异，但服从市场意志是他们的共性。市场当然并没有什么固定不变的意志内容，在任何时候利益的最大化便是其至高的意志。从这个意义上说，这些网站的推荐栏目其实也就起到了“把关人”的作用，它们所表现的信息，仍是消费者方面意图反馈的信息。

商业文学网站各种具体的文学价值评估办法还可以列出许多，但要义都无非是尽可能客观、准确、及时地反映读者的意见。而这种评价体系的建立，读者便成为网络写作中一位无时不在的匿名作者，一个相对于所有创作主体而言的“大他者”。而对创作主体来说，不管个人的意愿倾向如何，只要他试图借助商业网络媒介发布其作品，试图在网络写作中有所作为，他就必须与这位由各种商业评价体系汇聚而成的匿名的集体作者互动，且在很大程度上需要服从它的意志。

对于真正具有创作能力的作者来说，抗拒那种“Web2.0”写作中过于直接粗陋的商业元素的影响还是比较容易的。读写互动中的读者意见不可能改变他对世界的基本认识。但通过价值评价系统形成的读者是真正具有决定性的。商业网站通过一系列貌似客观但实质是基于商业逻辑法则的文学评价体系，将文学作品变成了纯粹的商业消费品，还敦促文学读者默认自己成为单纯的商品消费者。只要这样的读者进入到“Web2.0”写作模式中，只要写作者身处在商业网络文学的大环境中，他们便很难让自己的创作游离“生产”的逻辑了。

二、同质化倾向

既然写作者已如此地服膺于商业的逻辑，那么当前网络文学文本从形式到内容与商业诉求契节相符便是自然的事情了。当前网络作品虽然数量众多，但这些作品在形式上、内容上却存在着惊人的共通性：形式上的连载体形式、超长篇文本形式、互文性；内容上的传奇性、非道德性；等等。这些共通性正是在文学商业产业化背景中消费者与生产者共同缔造的结果。

首先值得注意的是连载体形式。几乎没有一部网络小说不是以连载体形式出现的。为什么网络小说总是连载体而不是一次成形的？连载体每段一个扣子在文本阅读上比较吸引人其实只是表面现象，更深层的意义在于，它在文学产品的生产过程中为生产者、消费者双方各自提供了一种利益上的先天形式保障。对作者来说，发表固定的一节文字就可以得到一定的收益，如果作品不受欢迎他可以在连载的过程中选择放弃或做大幅度调整，这就不容易出现原来比较常见的作者所有心血付之东流的情况。而对于消费者来说，在连载体这种形式中，他可以通过网络媒介及时将自己的意见传达给生产者一端，使得自己的意志在文本构造中得到充分体现。在当前的网络小说中，最热火的小说不一定是最优秀的，但一定是连载更新最快或最有保证的，如唐家三少、静官[①]等人的作品都是如此。在这种情况下，生产者与消费者之间达到了充分互动的积极状态。

超长篇文本是网络小说又一个重要的形式特征。在当前的网络小说中，50 万字的篇幅差不多仅相当于中篇小说的规模了，超过百万字的鸿篇巨制简直比比皆是，像《江山美人志》等作品的字数更远远超过五百万字。大部分新上传的小说，不管作者才力是否相济，在开篇一般都要摆出极大的规模，似乎不过百万字情节就不能进入正题的样子。超长篇文本流行一时，固然与大众的阅读习惯有关，但这也是商业力量作用的结果。因为连载体的文本需要有一个比较长的时间也就是说比较庞大的文本结构才能吸引更多读者的关注（通俗地说，即是所谓“积聚人气”）。一部小说如果精致而短小，虽可能会吸引小部分趣味比较雅致的读者的赞赏，但它会在更多的读者注意到之前便离开大众的视野。因为一般的读者不会对一个已完成的作品有多大的互动热情。

所谓互文性指的就是在一个文本中直接引用其他类型文本的内容或独特的形式构造。随着网络的普及和当代大众文化的爆炸性发展，互文性日益成为网络小说一个重要的文本属性。当前的消费者，很少固定喜爱某一种特定的娱乐方式。网络写手如果在创作中重视小说文本与其他流行大众文化间的融汇，比如引入日本动漫、电子游戏中的某些特殊形式内容，便很容易得到部分读者的热烈追捧。就像网游小说，虽然通常看起来像是某一款游戏的文字说明版或是个人心得体会的故事版，对不玩游戏的人来说绝无吸引力，也几乎没有什么文学性描写可言，但对那些执着的游戏玩家来说，却成了一个很好的交流感情、心得的平台。这种纯粹消费性的类型小说，居然成了当前网络文坛最流行的小说类型之一。其实不光是网游小说，绝大部分的网络小说类型都常常直接引用动漫、电影、电视剧、游戏、其他流行小说，甚至体

---

① 唐家三少是著名网络小说写手，代表作有《光之子》《惟我独仙》《冰火魔厨》等，最多时曾一天更新 3 万字，据称年收入已达百万元人民币以上。静官是网络热门小说《兽血沸腾》的作者。

育报道、时政报道、研究性论文等不同文本的形式和内容。

从内容上看，网络小说的故事情节一般来说都具有很强的传奇色彩。检索各大网站，排名在前的小说在类别上大体只属于奇幻[①]、玄幻[②]、魔法[③]、仙侠[④]、架空历史军事[⑤]、都市言情[⑥]、网游、武侠、竞技[⑦]等几种有限的类型。这些类型的故事大多致力于表现一种现实中不可能存在的个人生活的幸福和完满。事情被弄到了这样的田地：如果不为主角添上一些灵魂转世或天赋异禀的奇遇，许多网络作家已无法讲述一个平实的故事，更不用提让他们表现什么冷静谛视现实、直视现实人生冷漠和残酷的勇气了。大众文艺耽于幻想是普遍的现象，但像网络文学这样沉迷于幻想以至于在传奇幻想之外再也不愿睁眼看其他任何的东西，却比较少见。但这也证明了商业力量对于网络小说的潜在控制力，因为这种刻意营造其乐融融的幻想性氛围与现代消费社会的奇观化文化逻辑是异常吻合的："奇观使有生命的人屈从于它的意志到这样的程度，以至于经济把人完全置于其统治之下。因为奇观就是自行发展的经济王国——既是支持物的生产的忠实反映、也是生产者歪曲的对象化。"[⑧]

网络小说还有一个值得重视的文类特征是非道德性。许多网络小说的重要内容便是宣扬丛林法则，非议道德的必要性和有效性。涉猎非道德性问题容易突破禁忌性话题，有些小说借此制造商业看点，这是容易理解的。但不少网络小说涉及此问题时却显然不是着意于此，像《商业三国》《1911 新中华》《二鬼子汉奸李富贵》《汉献帝新传》等作品宣扬非道德性的观念就颇有从根柢上反省中国传统文化的意味。这些作品都有各自较成体系的世界观，

① 奇幻小说是由英国人托尔金开创的一种幻想类型小说。最有名的代表作是《魔戒》，是西方当前幻想小说的主流。

② 玄幻小说是 20 世纪 90 年代后期受奇幻小说影响在中国形成的一种幻想型小说，主要特点是在奇幻小说中大量融入了武侠小说的元素，在中国网络小说中具有绝对的主流地位。

③ 魔法小说主要由融合玄幻小说与魔法类电子游戏元素形成。

④ 仙侠小说主要由融合玄幻小说、中国神话传说与仙侠类电子游戏元素形成。

⑤ 架空历史军事小说主要由融合玄幻小说与历史军事小说（如《三国演义》）元素形成。这种小说往往强调故事发生在一个与我们现实世界不相干的平行时空中。

⑥ 和一般的言情小说不一样，网络都市言情小说极端强调故事的幻想性特征，有不少小说还标榜所谓的"YY（'意淫'的网上通用缩略语）"属性。

⑦ 竞技小说主要由融合玄幻小说、日本竞技类动漫元素（如《灌篮高手》）形成。

⑧ ［法］居伊·德波：《奇观社会》，吴琼译，载吴琼编《视觉文化的奇观》，中国人民大学出版社 2005 年版，第 63 页。

如要仔细评论，当然得区别对待。但我们在此要指出的是，这些作品乐于谈论非道德的问题，并受到大量拥趸的追捧，归根结底，也是折射了商业社会的文化逻辑。当生产者与消费者在商业利益的驱动下共同生产文本的时候，在一种本能上，他们会认同商业社会的弱肉强食的生存逻辑。当这种认同转化为对身处的社会环境中强大的道德约束力的一种怨恨情结时，他们便很自然地在作品中宣扬非道德主题了。自然，还有更多的写手是打着“非道德”的旗号来大肆宣扬色情、暴力的内容。这类等而下之的情况在这里就无须特别讨论了。

如果从文学产业化的角度看，网络文学的一些特性，如神话性、线性结构、大团圆结局、成长小说的故事模式等，也都折射了商业生产的逻辑，这里限于篇幅，就不一一加以讨论了。

需要指出的是，中国的文化产业界已充分认识到了网络文学的这种商业本质属性。已有不少文化产业经营者从中国整个文化产业链条的建设上来构造它和电子游戏、电视连续剧、动画等文化产业之间的互动关系。他们不但看重网络文学本身的经营效益，更试图将网络文学建设成电子游戏、电视连续剧等文化核心产业的文学脚本的天然资源库。

在世界各国，电子游戏、电视连续剧、动画（也许还可以加上电影与漫画）都是最重要的文化产业形式，这几个行业的文化产品占据了整个文化产业最大的销售份额。以日本为例，它的电子游戏及其周边产品的年销售额早就突破了2万亿日元，它的动漫业（及其周边）在21世纪初也跃居为国内的第二大支柱产业，销售额超过了汽车业与木材业的总和。美国这几个文化产业的发达程度还要远远高于日本。国内的文化产业界也充分认识到了这一点，几年来极大地加强了对这几个产业的投入力度。但随着我国文化产业规模的扩大，对文化产品开发的深入程度与精致程度的要求也大大提高。在经过了原始积累阶段后，我国的文化产业发展在当前已遭遇瓶颈。这其中一个突出的问题就是“无米下锅”：许多生产商握有足够的资金，却找不到合适的艺术作品进行商业开发。我国当前电视台新推出的连续剧、动画片虽然不少，但庸俗的、低层次重复的作品却是太多了——但这也是可以理解的，不能指望生产商临时找到的写手能够编写出多么有奇思妙想的文学脚本。

于是，人们自然将眼光投向了网络文学。

如前所论，网络文学故事内容上强烈的传奇色彩，形式上超长篇的文本架构，都和电子游戏、电视连续剧、动画等文化产品的消费属性异常吻合。更重要的是，网络文学原创作品实在是过于丰富了。以当前中国最大的文学网站起点为例，到今天它推出与介绍的网络原创作品已多达 37 万余种（截止到 2009 年 3 月）。如果将起点、17K、逐浪、幻剑书盟、榕树下等几十个国内知名原创文学网和各种同人（即出于相似爱好而形成的群体）网站中流传的文本总合起来，最保守地估计，现今在各网站流通的原创作品不会少于 80 万种。排除掉大量不成熟的试作与一些格调情操过于低劣的作品，按照笔者个人所见并以较严格的标准估量，网络文学中仍会有大约百分之一的作品不失通俗小说精品的资格。成材率虽然较低，但考虑到那巨大的基数，优秀的网络文学作品的绝对数量其实并不少。另外，有些作品尽管本身的艺术价值可能不高，但它们在故事架构、世界观设计方面的创意却相当适合于改编为电子游戏、动漫。曾在 17K 文学网站热门连载的《巫颂》就是一个很好的例子。

对于我国的文化产业界来说，网络文学还有另一层重要意义：不论评论界如何臧否，网络原创文学的阅读事实上已成为时下最重要的文学消费形式之一。仍以起点中文网为例，其排名最前的几部小说《随波逐流之一代军师》《佣兵天下》《小兵传奇》《复活之战斗在第三帝国》《江山美人志》等为例，点击的次数都已超过了千万次，而其排名前 400 名的作品点击量也都在百万次以上。显而易见，以这些作品为基础改编的各种文化产品天然拥有一个庞大的潜在消费群体。

在当前，网络文学与主流文化产业合作的成功案例已有不少：改编自《诛仙》的游戏异常走红（电视剧正在拍摄中），《鬼吹灯》电影正在筹拍中（据说有关方面为购求版权开出了 500 万元人民币的天价），《终身制职业》已被改编成电视剧；另外，其他还有一些著名网络小说如《兽血沸腾》《紫川》《临兵斗者皆陈列于前》《飘邈之旅》《佣兵天下》《亵渎》等也依照各种方式被改编成了其他多种衍生文化产品尤其是电子游戏。可以想见，随着中国文化产业的不断发展，这一类事例将会越来越多直至不再成为新闻。

自然，与此相应的，网络文学与商业战车的捆绑关系也将越来越紧密。

三、商业力量的辩证效应

应该怎样来看待这种与商业力量紧密捆绑的文学现象呢?

有不少学者援引国际新流行的消费文化理论、媒介理论以及叙事学等理论，从本体论上积极肯定网络文学的价值意义。按照他们的说法，人类在经历了口头传播时代、书写时代、印刷时代之后，已进入了网络传播时代。网络媒介的传播能力、表现能力、综合其他媒介的能力，是以往任何一种文学传播所依托的媒介形式所不能比拟的，因此，依托网络媒介的这些功能，网络文学有可能构造出一种全新意义上的文学文本。肯定论者倾向于认为网络媒介将制造出新的审美惯例，其对于文学的影响作用是“必然的，不可逆转的，甚或是合理的”，网络时代的写作首先“在技术媒介层面上应该尽可能多地利用电子数码技术优势，凸显网络写作特色，增加网上写作的多媒体表达和超文本链接”等。[①]

按照笔者个人的意见，这些肯定派的意见可能没有说中问题的要害。他们或许在一个相对封闭的、纯文学的语境中来谈论网络文学的发展问题，但现实的问题却是：我们生活在一个商业化的社会中且注定无法逃离。从这个角度说，离开商业力量谈论网络文学的本体属性是没有意义的。根本无法想象，在当前网络的评价系统中，各种所谓的网络“超文本”[②] 或其他什么多媒体写作会取代现有的文学形式而成为一种普遍阅读的文学文本。事实也是如此，如果说在网络文学勃兴之初，单纯坚持文学理想的文学网站与同人网还不失为网络文学的一道亮丽风景线，那么当商业力量大规模介入文学网站

① 欧阳友权：《网络文学本体论》，中国文联出版社2004年版，第321页。

② “超文本”云云是一个较为高蹈的学院派的文学概念。由于许多网络文学研究者对这个概念过于推崇，在此需要对它略加解释。笔者认为闵艳芸对之的一个界定较为清晰明了。她认为网络文学超文本有两种形态：“①非线性链接的文学超文本，也称多向文学文本。它的基本特点是在作品内部或章节结尾设置超文本节点，提供不同的阅读路径，供读者在阅读时选择，不同的阅读选择会产生不同的结局。②互动文学超文本……互动小说是一种由作者和读者共同完成的文学形式，往往开始通过文字描述一种场景或环境，阅读者以小说中角色扮演的身份输入不同的命令，由此展开故事情节，一个完整的文本的实现必须借助点击者的能动选择。”（闵艳芸：《超文本：数码时代文学文本的变异》，中国人民大学文艺学方向2006年硕士毕业论文，第7页。）

的建设之后，目的单纯的文学网站能够长期坚持且发生影响的，便为数极少了，更不用说许多网站的坚持原就是为了等待商业力量的招安。

当前网络文学值得肯定的方面，并不在对文学根本形式的影响与改造上，而在于那些确实的成绩上。

除了前面已经提到的那些作品，《指南录》《风起紫罗峡》《战国逆风记》《骑士的战争》《顺明》《新宋》《1851 之远东风云》《锦衣天下》《商贾人生》《神州狂澜》《帝国狂澜》《明》《日落太平洋》《大汉骑军》《楚氏春秋》《大清帝国》《隋末逐鹿记》《中流击楫》《活在乱世》《北唐》《大宋金手指》《黄沙百战穿金甲》《官路风流》等都是比较优秀的通俗小说。它们以传奇类题材为主，构思宏大奇特，有完整的世界观的描写，有时也能探寻人性的微妙并有鲜明的性格塑造。虽然，按照严格的艺术标准来看，它们还有一些瑕疵，但较之 20 世纪一些通俗文学大家如张恨水、金庸、司马翎、古龙等人的作品，在整体艺术水平上它们已经不遑多让。而其他一些热门小说如《灾星》《魔法变》《宋风》《小兵传奇》《道儒仙缘》《重生之官路商途》等，虽然在艺术上比较粗糙，但不可否认也有一定的可读性，至少不比以前的一些所谓通俗小说名家（如琼瑶、梁羽生、倪匡等）差。

商业力量对网络文学的负面影响也是很明显的。

从网络文学发展的根本机制看，当前各种所谓的评价机制已有扼杀文学想象力的嫌疑。不少资深的网络读者还能够记起，在网络文学刚刚兴起的时代，网络文坛确实出现过一种百花齐放的景象。如老猪、燕垒生、小椴、说不得大师、孙晓、慕容春雪、今何在、痞子蔡、江南、泥人等一批作家，或学习西方奇幻小说风格，或模仿日本作家田中芳树的笔调，或沿用传统武侠笔致，或试图综合各种传奇小说的情调，一时间为读者呈现了许多从未思及的小说文体或表现手法。但到今天，网络小说令人耳目一新的创意设想已经越来越少了。这绝不是一个简单的创作井喷期终将归于平淡的问题。从深层次来分析，是网络各种评价体制诱使各位创作者的想象空间及表现方式趋于模式化、单一化（简单地说，就是“麦当劳化”）。这种单调的奇幻、玄幻、架空历史军事、都市言情题材横行文坛的情况，即使对商业力量本身来说，也不是什么可喜的事情。

商业模式对文学自身创作机制的破坏更是突出。当前的商业文学网站推出的各种所谓排行榜，只是将作者当作了一个简单的码字机器，一味鼓励作者用光怪陆离的情节刺激读者的感官，一味鼓励作者每天按时以庞大的更新数量来吸引读者的眼球，但这种机制根本不顾及情节本身必要的起伏与作者本身的情绪涨落。我们经常看到，在商业法则的驱动下，一些作者会无意识地将作品抻长而破坏原来较合理的结构；而在所谓的更新大战中，① 更有许多作者忙于在情节中填充字数而忘记了原初的写作本旨。

当然，如果我们将眼光放得长远一些，当前网络文学出现的种种问题并非完全不可容忍。网络媒介兴起不过是二十来年的事情，在中国，商业力量与网络媒介、网络文学较深层次的融合，也还不到10年的时间。因此，我们未尝不能想象，随着商业文学网站的进一步成熟，它可能进一步完善其评价机制，克服其现存的种种弱点。

问题并不在各种技术的层面，而在商业、网络、文学结合的本质层面。将话题回到本文所讨论的中心话题上来，我们试图通过中国网络文学发展的现实说明：今天网络媒介中的各种文学活动已越来越成为整个社会商业生产中的一个有机环节；网络媒介本身虽然是中性的，但它作为一个传播平台特别有利于商业力量由内及外的控制文学的整体活动。因此，我们可以推想当网络成为文学的生产及文学传播的主力平台之后可能会发生什么样的情形。我们都知道马克思的著名论述：

> 同一种劳动可以是生产劳动，也可以是非生产劳动。
>
> 密尔顿创作《失乐园》得到5镑，他是非生产劳动者。相反，为书商提供工厂式劳动的作家，则是生产劳动者。密尔顿出于同春蚕吐丝一样的必要而创作《失乐园》，那是他的天性的能动的表现。后来，他把作品卖了5镑。但是，在书商指示下编写书籍（例如政治经济学大纲）的莱比锡的一位无产者作家却是生产劳动者，因为他的产品从一开始就从属于资本，只是为了增加资本的价值才完成的。②

---

① 这是连载体对作者创作相当不良的一种功能性的制约因素。在网络时代又失去了“版面限制”等因素，这不良的影响面就更被放大了。在当前的网络文学评价体系中，一本书如果不是每天更新或更新的不多，就很容易“沉”入近乎无限的书海中，于是就被评价机制判断为一部“失败之作”了。当前大部分网络写手已接受这种游戏规则了。

② ［德］马克思：《剩余价值理论》（第一册），《马克思恩格斯全集》（第26卷第1册），人民出版社1972年版，第432页。

但是如果当那一天来临，一切精神活动都被有意无意地规约成了一种生产活动，当弥尔顿在写作时也无可躲避地需要在“Web2.0”写作模式中与读者互动并征求他们在主题、选词、押韵方面的意见，真正的文学创作就被终结了，所谓的文学生产就成了和家电生产、种植水果一样的事情，充其量是与广告、电子游戏与新闻传播相类似的较为低端的形式。这虽然不是文学发展的必然，却是一种可能。

这也是网络时代批评家在审视网络文学活动时，必须施以批判性眼光的根据所在。

被低估的力量

——略谈网络文学在文化产业链中的价值及其缺陷①

自20世纪末以来，网络文学②渐渐崛起为一股新兴的文艺力量。最初，依托网络而生、依托网络而传播的真正意义上的网络原创文学作品不过《第一次亲密的接触》《悟空传》等寥寥数部，到今天，网络文学俨然已成为一种阅读的时尚。以当前中国最大的文学网站起点为例，到今天它推出与介绍的网络原创作品已多达数百万余种（2007年1月止是9万余种）。

由此，依托网络这一媒介而不断发展且日益成势的文学形态逐渐进入学者的研究视野。本文旨在分析其在文化产业链中的存在价值和缺陷。

一

如前所述，网络文学在短短十余年间就拥有了一个庞大的创作群体和受众群体，这一现象引起了人们的注意。已有学者从传统文学学科的视野来考

① 本文曾部分发表在《人民日报》2007年1月5日第8版“文艺纵横”栏目，题为《网络文学：不可忽视的力量》，引起过一些反响。后来曾试图在该文基础上扩写一篇更大规模，兼及网络文学学理和产业性问题的论文，但写了一个潦草的初稿后，兴趣有所转变（因为身处的学术体制及环境，笔者的学术重心从大众文艺转向了经典作品），后来仅取其中“Web2.0”一节写了一篇讨论文章就搁下了。2017年，本文收入《边缘的批评——左翼文化与大众文学论稿》（陈奇佳著，人民出版社2017年版）时，曾做了一些修订与补充。但到今天，情形又发生了重大变化，这些修订显得意义不大。因此，这次重新辑录时，又对文章做了一些订正：a. 恢复2007年版的一些论述，以作为网络文学发展史与研究史的见证；b. 为本文增添了一个附表，记录了笔者20多年来网文阅读的一些心得，供网络文学研究者、爱好者参考。

② 本文所谈论的网络文学，指的是首发于网络，主要通过网络传播赢得受众的文学创作，不包括那些依靠传统媒体出版后再转成电子文本形式在网络上流传的作品。

察这种新兴的文学现象，概括起来不外乎是积极肯定和消极贬否两种态度。

肯定的一方多是援引国际新流行的消费文化理论、媒介理论以及叙事学等理论，从网络文学创作与网络媒介本体论上的联系讨论网络文学的价值意义。①

否定一方主要指责的是，网络文学表现的题材太过狭窄，基本上写的都是传奇故事，很少直接反映现实生活的作品；同时，网络文学作品品味低下，几乎无艺术含量可言。针对网络文学的这种现实情况，陶东风教授甚至不无激愤地批评说，以玄幻小说为代表的网络小说的流行，标志着中国文学“已经进入装神弄鬼时代”。他指出，当前网络小说大体建立在“一种完全魔术化、非道德化了、技术化了的想象世界的方式”② 的基础上。在这种想象中，“我们可以看到绚烂斑驳的色彩，匪夷所思的魔术，变化多端的机玄，但是唯独看不到心灵和情感”③，实质上，这种想象“是以犬儒主义和虚无主义为内核的一种想象力的畸形发挥，是人类的创造能量在现实中不可能得到实现、同时也没有正确的价值观引导的情况下的一种疯疯癫癫状态”④。

从表面上看，无论是肯定网络文学或否定网络文学一方，都有各自充足的论据和理由。但如果我们再深入考察，则可以注意到当前肯定网络文学的一方的现实论据往往是比较薄弱的。他们大多强调传播介质对于文学创作尤其是形式技法方面的影响，但传播介质如何在本体上影响并决定文学的创造与生产，学界尚无定论。这里我们且不论形式技法是否能代表文学创造的主体方面的问题，至少以较为成熟的各传媒时代的文学文本来分析，人们尚不能断言传播方式的变革就能彻底改变文学创造的实质。另外，肯定网络文学的论者们所援引的各种所谓能够代表文学发展方向的网络原创文本，绝大多数只是一些在小圈子里流行的游戏之作或是些过时的作品。很少有人能够根据中国网络文学发展的实际情况对网络文学的真正价值意义作出切中肯綮的评断。事实上，网络媒介毕竟只是一种新兴的传媒形式，它会对文学创作带来怎样的影响，网络文学对于传统文学又会有怎样的冲击性意义，恐怕要经过一个很长的创作实践过程才能看得清楚。

---

① 相关讨论可参见本书中的《网络时代的文学生产》一文。
② 陶东风：《中国文学已经进入装神弄鬼的时代?》，《当代文坛》2006 年第 5 期。
③ 陶东风：《中国文学已经进入装神弄鬼的时代?》，《当代文坛》2006 年第 5 期。
④ 陶东风：《中国文学已经进入装神弄鬼的时代?》，《当代文坛》2006 年第 5 期。

然而这是否意味着网络文学就注定全无可取了呢？我们认为问题还需要具体的分析。

即使以较严格的艺术批评的角度来谈论网络文学，我们也可以看到，通过几年来的发展，网络文学已积聚了一批优秀的原创作品。较早期有代表性的作品，本书中的《网络时代的文学生产》一文已有讨论。整体情况，可参见本文后附“附表：网络文学代表作家、代表作品简表”。

当然，仅仅从艺术批评的角度来谈问题，视野不免囿于传统。我们认为，如果从我国当前文化产业建设的角度来看网络文学，则更容易清楚地认识到其现实的价值意义。

二

传统的文学创作，尤其是印刷时代以来的文学创作（生产），从本质上说，是一种个人的事业。外力有时虽能对创作者施加极大的影响，但无论如何，创作毕竟是个人的事件，一个作品从构思到创作到完成，创作者不可能与外界有过多的交流，没有这个必要也没有这个可能。在这过程中，读者对作品的影响力几乎可以忽略不计。读者一般都在作品问世已久后才能接触到它，他们的意见只有极少数才能反馈到作者处，这些意见被作者接受并能在作品修订中体现的更犹如凤毛麟角。而在网络文学中，作者（生产者）与读者（消费者）的这种关系模式却发生了根本性的变化。

在网络文学的诞生之初，痞子蔡、慕容春雪、今何在等人无非是将其写完的作品以网络为媒介向大众传播。除了传播介质的不同，还不容易看出它和传统的文学形式有什么根本不同。但进入到21世纪，随着网络文学创作日趋繁荣，一种所谓“Web2.0”的文学创作方式逐渐取代了传统个人化的写作方式而成为主流。所谓“Web2.0”主要强调的是，在“Web”（环球网）上的创作，作者始终有两个，一个自然是网络写手，另一个却是不断与写手互动沟通的读者：这便是“2.0”的含义所在。

当商业元素介入后，读者在创作过程中的积极地位就更显得不可逆转。网络写手如果希望自己的作品能为自己赢得更多的利益，他就需要非常重视点击率和推荐票数。点击率指的是读者对一部作品点击阅读次数的统计，一般地来说，点击率越高的作品，影响就越大，为自己、为网站带来的收益也越大。相对来说，推荐票数是一种更有权威性的读者互动反应。在当前的各原创网站，付费会员在消费了一定金额后，会得到若干张月推荐票，他们可将这些月推荐票投给自己最喜爱的作品。月推荐名列前茅的作品，其作品可以占据网站首页醒目的位置，网站有时还会给予不菲的奖励。在正式出版的时候，这些作品也容易获得更为优渥的报酬。在这种商业元素的压力下，作者的行文布局更要时时顾及读者（至少是主要读者群）的感受与意见。举一个有代表性的例子：当前网络写手在处理低潮、压抑性部分情节的时候，常常会要附笔说明，声明自己的主角绝不会死亡或结局一定是大团圆的。这应了歌德老人的一句名言："大众经常侈谈悲剧，但他们见到真正的悲剧场面早就把头转过去了。"这种处理方式是否影响了文学创作的质量暂且不论，网络文本中读者与作者共同书写文本的性质在此却比较充分地显现了出来。

正是这种读者与作者共同书写文本的特性，再加上当前社会商业元素无孔不入的刺激性影响，网络文学的写作在根性上极大地疏离了传统文学个人创作的本质，而接受了产业社会的生产性的逻辑。在这种逻辑中，文学的创作已类同于商品的生产，文学的阅读则类同于商品的消费，文学的创作与阅读的关系也就几乎成了商品生产、流通环节中的各种关系。现实就是如此，当前我国网络文学的各种特性，如连载体形式、超长篇文本形式、互文性、幻想性、非道德性等，实际上都已深深打上了这种文学商业生产的烙印。网络文学的其他一些特性，如神话性、线性结构、大团圆结局、成长小说的故事模式等，同样折射了商业生产的逻辑。当前网络作品虽然数量众多，但这些作品在形式、内容上却存在着惊人的共通性。在我们看来，这种共通性正是在文学商业产业化背景中消费者与生产者共同缔造的结果。

虽然从最终的文本呈现形式来看，网络文学与一般的文学形式并无太大的区别——至少我们目前还很难想象所谓的网络"超文本"① 会取代现有的文学形式而成为一种普遍阅读的文学文本。但这只是问题的一个方面。

三

进入 21 世纪后，中国文化产业已逐渐成为国民经济中一个重要组成部

① 即那些专门致力于利用网络媒介特殊功能来发挥作者、读者互动效应的文本构造。

分。经过了原始积累阶段后，我国的文化产业发展在当前已遭遇一个发展中的瓶颈阶段。这其中一个突出的问题就是“没有米下锅”：许多生产商握有足够的资金，却找不到合适的艺术作品进行商业开发。我国当前电视台新推出的连续剧、动画片虽然不少，但庸俗的、低层次重复的作品却是太多了——但这也是可以理解的，不能指望生产商临时找到的写手能够编写出有多么奇思妙想的文学脚本。①

正是从这个角度说，当前的网络文学实可承担起文化产业链基础的角色，成为电子游戏、电视连续剧、动漫等各文化创意产业天然的文学脚本资源库。

首先，网络文学庞大的作品数量是它一个不容忽视的特点。自 20 世纪末诞生以来，网络文学已催生了大量的文本。最保守地估计，现今在各网站流通的原创作品不会少于 10 万种。尽管网络文学泥沙俱下，多为劣作，但排除掉大量不成熟的试作与一些格调情操过于低劣的作品，以较严格的标准估量，网络文学中仍大约会有百分之一的作品不失通俗小说精品的资格。由此，考虑到那巨大的基数，优秀网络文学作品的绝对数量其实并不少。按照笔者个人的看法，当今网文作家中，笔力文采赶得上 20 世纪那些通俗文学大家如张恨水、还珠楼主、程小青、金庸（不考虑他后来对自己小说精致修订的情况）、司马翎、古龙、温瑞安、黄易等的，并不在少数。② 还有一些作家虽然文采稍逊（或情节过于生造、不合逻辑），但想象力丰富（或对世界的见解认识独到），其情节架构或文字表现，亦有可取之处。较详细的讨论，可参见本文附表《网络文学代表作家、代表作品简表》。当然，这个附表主要是基于本人个人的阅读经验，也参考了友人们的部分意见，相对于网文作家群这个庞大群体，所枚举者难免挂一漏万，这真是无可奈何的事情了。亟待方家批评指正。需要指出的是，因为附表所枚举的代表作家均基于个人判断，便未列

① 这一段文字写于 2007 年。时隔十年后，我们会发现：文化产业低端供给的产能过剩状况，依然十分严峻，甚至可以说是更严峻了，因为网络文学的改编也大量集中在了低端供给的层面。这与笔者昔年的鼓吹恰恰是背道而驰的。但这就是商业力量介入文艺界的现实，我们无法漠视它，只能尝试着去改变它。

② 这个判断写于 2017 年。回顾起来，笔者现在认为这个判断过于乐观了。至少就金庸而言，他的小说形式结构变化创新手段的丰富性、对主题深度开掘的自觉意识，还是后来者难以企及的。当年笔者在写下上述判断时，心中想到的是更俗、志鸟村、荆柯守、猫腻、齐橙、七月新番等，认为这些作家单纯从文字表现能力而言，已足以与前辈并驾齐驱。但根据这些年的发展情况，这些作家如要突破既有框架，避免自我重复，较好平衡艺术与商业的关系，也不是一件容易的事情。或许对爱潜水的乌贼、榴弹怕水等少数几位，我们还可抱一定的期望。

示那些个人持保留意见的网文“大神”了。

其次，在当前，以金庸小说为脚本的电子游戏、电视连续剧已多到不可胜数，令各开发商赚得盆满钵满。其实，各种优秀的网络小说也完全有这种潜质。它们故事内容上强烈的传奇色彩，形式上超长篇的文本架构，都和电子游戏、电视连续剧、动画等文化产品的消费属性异常吻合。我们的文化产业界实在没有理由漠视网络文坛这个文学脚本的天然资源库。

此外，对于我国的文化产业界来说，网络文学还有另一层重要意义：不论评论界如何臧否，网络原创文学的阅读事实上已成为时下最重要的文学消费形式之一。如果将起点、幻剑书盟、爬爬、榕树下等几十个国内知名原创文学网和各种同人（即出于相似爱好而形成的群体）网站的固定读者总合起来，会是一个惊人的数字。也就是说，以这些作品为基础改编的各种文化产品在较短时间内就可以赢得一个较大的消费群体。

虽然在客观上网络文学已产生了不小的影响，但从根本上说，它还是一股自发的力量。它的整个创作传播的过程，到目前为止，基本上以商业利益为驱导。在宣扬社会主义精神文明，宣传和谐社会的精神内容方面，网络文学一般来说是比较缺乏主动性和积极性的。概要地说，当前网络文学创作中有几个方面的缺陷尤其值得引起我们的关注。

一个是思想内容方面。其一，不少网络作品格调不高，着意于描写个人欲望简单满足的庸俗内容，有些作品还肆无忌惮地鼓吹男权中心论。正因为如此，所谓的“YY（‘意淫’的网上通用缩略语）小说”在当下网络文学中大行其道。其二，网络文学中有不少宣扬爱国主义精神、弘扬民族优秀传统文化、深入比较中西传统文化制度优劣的优秀作品。但同时，很多作品也表现出了大汉族主义或狭隘民族主义的倾向，如《数字生命》《神州狂澜》《商业三国》等优秀作品在这方面都未能免俗。这是需要警惕的。其三，网络文学相对缺乏强烈社会责任感和人文担当意识的作品。网络文学表现的题材比较狭窄，基本上写的都是传奇故事，很少直接反映现实生活的作品。此外，还有不少网络小说不够尊重女性。

另一个是形式上的问题，尤其突出的是大部分优秀网络小说普遍有冗长与拖沓的弊病。许多网络作家是血气方刚的青年，虽然有着很好人文基础和充沛的想象力，但毕竟缺乏足够的写作经验。这使得他们在构建一个庞大的想象世界的时候，不懂得运用一些较有效率的文学技巧，往往在开篇之时穷极其妍，但在故事情节真正展开之时却显得难以为继了。像《猛虎王朝》描写一位英雄征服大陆的故事，但用于他刚出道的第一场会战的篇幅就达数十万字。这就让人很难想象作者还要用多少字来描写这位英雄的未来事迹了。其实，这种形式上的不均衡或篇幅上的冗长并不是什么不可改易的缺点，只要有关方面加以及时的善意的点破，网络文学这方面的缺陷是可能得到一些改变的。——当然，网文过于冗长的弊病更多可能是受制于商业力量的困扰：如果一个作品已经拥有一个庞大的受众群体，它的结束就意味着这个受众群的丧失。作者再开新书是有风险的，不如将故事抻长那样具有收益的保障。

当然，前面谈到的只是问题的一个方面。作为一股新兴的文学力量，当前的网络创作尽管存在着一些严重的缺陷，但它也包蕴着一些新的突破性的元素。这值得引起人们的注意。

网络文学所带来的新的突破体现在什么方面呢？有论者认为，网络文学的意义在于形式创新，应该把网络文学看作文学创作与各种新媒介手段的结合而产生的一种新的文学形式。但由于当下的网络文学尚无法提供有说服力的文本，网络文学对于传统文学形式上突破的真正的价值意义，恐怕还要经过一个相当长时间阶段才能看得清楚。就当前而言，我们认为，网络文学的突破性意义主要体现在其现实价值的一面。直截了当地说，网络文学在我国当前的文化产业建设中有着一定的价值地位。

我国新近制定的《国家“十一五”时期文化发展规划纲要》也充分强调了动漫业、游戏业和网络文化产品的重要性。“纲要”指出，我国文化产业建设的一个重要内容便是“积极发展以数字化生产、网络化传播为主要特征的数字内容产业。加快发展民族动漫产业，大幅度提高国产动漫产品的数量和质量。积极发展网络文化产业，鼓励扶持民族原创的、健康向上的网络文化产品的创作和研发，拓展民族网络文化发展空间”。

网络文学乃是网络文化产业的重要组成部分，这自不待言。同时，在我国当前的文化产业建设中，它还可以承担起文化产业链基础的角色，成为电子游戏、电视连续剧、动漫等产业文学脚本的提供者。这是网络文学在文化产业方面最具意义的一个方面，超过其自身的商业价值。

网络文学这种在文化产业的实用价值近年来已引起了某些方面的注意：《佣兵天下》的电子游戏版权早被买断，改编自著名网络小说《诛仙》的电视剧正在筹拍中……不过，就网络文学资源的丰富性来说，人们当前对之的利用简直是微不足道的。网络文学的力量完全被低估了。一方面，是电子游戏、电视连续剧、动画这些最强势的文化产业无合适的文学脚本可用；另一方面，是网络文学大量有原创性意义的作品被闲置。事实上，当前中国网络文学还完全停留在单纯依靠点击率赚钱的单纯文本消费时代。

这便是我国当前文化产业发展中的一个怪现象。衷心希望这是一个发展阶段中的怪现象，也衷心希望文化产业界的人士注意到民间大众中的原创性力量。

附表：网络文学代表作家、代表作品简表

说明：

①本表是笔者基于个人阅读经验的总结。笔者从 1999 年开始阅读网络小说，2001 年后渐成习惯，时有记录。但早年几个重要的网络小说读书笔记已散佚，本表的相关记录多集中于 2007 年后。

②笔者对表中列举作家作品的评价标准基于以下几点：文笔传情达意的程度，情节构造的合理性，悬念设置的奇特性，世界观的开阔程度及自洽程度，故事的原创性，话题内容的丰富性和细节描写的精致，另外也考虑作品在网络文学发展过程中的影响力。

本表未选入某些知名而文学成就乏善可陈的作家作品。还有一些著名的网文作家如泥人、momoho、忘怀等，在意识形态、价值追求上，与普世的伦理道德有时会有不小的扞格，因此也未列入。

③本表按音序排列，在“作品与发布时间”中，在主要作品后附作品首次发布的年份。有些作品年代久远，考据不易，括号中的时间表述暂模糊，待明确。

④曹睿潼参与了简表制作。此外，笔者还与冯峰、张芷然、黄诗雨等友人有所讨论，吸纳了他们的部分意见。

作者	作品与发布时间	简评
A		
阿明利	主要作品有《中夏之变·大夏篇》、《魔戒》同人系列等（大抵在2007年前）	较早的具有一定基督教文化色彩的散文作家
黯然销魂	主要作品有《娱乐王朝》（2004）等，其他作品还有《星际间谍》《新喜剧之王》《诸天十道》《运气》《超级玩家》《谍变》等	较早的间谍文类写手，情节发展短促、紧张，在破局时有突转之笔。但后来似乎有些缺少进步。《诸天十道》已经有些为杀戮而杀戮
爱潜水的乌贼	主要作品有《奥术神座》（2013）、《诡秘之主》（2018）等，其他作品还有《灭运图录》《一世之尊》《武道宗师》《长夜余火》等	见证了网络作家自身超越发展的轨迹。早期的《奥术神座》已相当不俗。《诡秘之主》带动了西幻风的盛行
安溪柚	主要作品有《崛起军工》（2017）等	军工业题材的代表作家之一，但情节设计、叙事一般
奥尔良烤鲟鱼堡	主要作品有《重燃》（2017）等，其他作品还有《文理双修》《重生之大涅磐》《星河贵族》等	擅长重生题材。《星河贵族》是一部有高达风的星际争霸小说。文笔不算很好
阿越	主要作品有《新宋》（2004）等	早期优秀的穿越历史小说作家，也引领了后来的某些网红小说写作套路：偏爱宋朝文化制度、抄袭后世诗文等
暗魔师	主要作品有《星际士兵异界游》（2006）等	《星际士兵异界游》是较早的科技世界穿越进入魔法世界的小说。《紫心传说》延续类似风格，生物改造人的想象。文笔进步不大
阿三瘦马	主要作品有《被上苍诅咒的天才》（2009）等	早期带有现实风格的作家。有一定的影响。《被上苍诅咒的天才》后来还有修改版，但今天来看已经一般
安化军	主要作品有《一世富贵》（2015）等，其他作品还有《风雨大宋》等	擅长宋代文化背景小说，种田文类型，描写较细腻、耐心
B		
白竹猪	主要作品有《汉生指南》（2008）等，其他作品还有《新中国近代史》等	《汉生指南》是早期较优秀的重生东汉末年的小说。文笔好，时有调侃与反讽

续表

作者	作品与发布时间	简评
宝石猫	主要作品有《重生之我的书记人生》(2010)等，其他作品还有《魔葫》《无上崛起》等	有较强的宏大故事把握能力，能够驾驭多种风格的类型小说
不信天上掉馅饼	主要作品有《重生之衙内》(2009)等，其他作品还有《绝对权力》《官家》《大魔神》《大豪门》《刑警荣耀》等	《重生之衙内》是官场文，有一定影响
步非烟	主要作品有《华音流韶》(2002)等，其他作品还有《武林客栈》《玫瑰帝国》《天舞纪》等	长于写武侠小说，有古龙的风格
白雨涵	主要作品有《大龙挂了》(2018)等	《大龙挂了》是相当优秀西幻风格的小说，开篇令人惊艳，结尾潦草
步枪	主要作品有《大国战隼》(2019)等	对于空军装备的描写有一定技术内涵，是这类题材的代表性作品之一
爸爸无敌	主要作品有《我在西北开加油站》(2019)等	较少见的以民族地区民族团结为题材的网络小说，有较强的环保意识
冰临神下	主要作品有《星谍世家》(2021)等	叙事颇老到。故事设定有吸引力
不问苍生问鬼神	主要作品有《大器宗》(2013)等	小说出现的名物意象多可视为科学的转喻形式，有一定代表性，叙事尚沉着
	C	
辰东	主要作品有《神墓》(2006)等，其他作品还有《长生界》《不死不灭》《遮天》《完美世界》等	《神墓》问世时，庞大的故事背景设计震动了当时的读者群体。但此后辰东的描写能力似乎进展不大
苍天白鹤	主要作品有《武神》(2009)等	情节设计颇为单一，多是较单纯的升级打怪模式。但叙事节奏控制尚可，也能满足一般读者的YY想象
赤虎	主要作品有《商业三国》(2004)等，其他作品还有《五胡烽火录》《秘界》《妖魔人生》《宋时明月》《春秋小领主》《兴宋》《破灭天道》等	早期优秀的穿越历史小说作家，试图以商业的模式改造中华文明的基本结构。有一定的影响
吹牛者	主要作品有《临高启明》(2009)等	著名的具有“可操作性”的穿越小说。群穿。文笔与故事一般

续表

作者	作品与发布时间	简评
草席	主要作品有《医师》（2012）等，其他作品还有《天下寻妖》《怒刀》《医师1879》《笔下的另一个世界》《大唐医王》等	较早的医疗类小说家。《医师1879》有一些较过硬的医学史知识介绍
沧月	主要作品有《听雪楼》（1994）、《星空战记》（2001）等	开始多写武侠小说，后转向玄幻小说的写作。受到游戏、动漫等影响较大。（如《听雪楼·曼珠沙华》参考《生化危机》）对苗疆文化有一定了解
吃瓜子群众	主要作品有《超凡大卫》（2019）等	风格类似苍天白鹤
成微澜	主要作品有《谍踪》（2019）等	优秀的谍战小说，推理精密，可惜未完成
晨沧	主要作品有《九品仙路》（2020）等	《九品仙路》和婆罗众生相的《太丘之上》等一样，是近年来家族修仙流小说中较有代表性的作品之一。这类小说的特征就是专心扩张家族势力、寻宝，而大众文学中的恋爱主题在其中变得不重要
晨星LL	主要作品有《学霸的黑科技系统》（2018）等	对前沿科技有一定了解
Cuslaa	主要作品有《宰执天下》（2010）等	《宰执天下》是较优秀的北宋穿越文之一
D		
Dome（杜小米）	主要作品有《世界之灰》《赛巴斯提安》等（大抵在2007年前）	早期重要的耽美小说家，基督教研究者
丹丘	主要作品有《1908远东狂人》（2009）等	《1908远东狂人》以安庆起义为起点，试图改变中华民国史，是较早的优秀民国穿越文
多一半	主要作品有《唐朝好男人》（2006）等	《唐朝好男人》的文笔较诙谐，开创了顾家好男人一路穿越的种田文的写作套路

续表

作者	作品与发布时间	简评
淡墨青衫	主要作品有《新中华再起》（2008）等，其他作品还有《大魏王侯》《大明1617》《锦衣为王》《回到明朝当太子》《跃马回明》《调教大明》《大汉龙腾》《清明上河图》《逆流天下》等	较早的架空历史和穿越历史写手，文笔均有可观，但变化不多。基本形成一种“腹黑、杀伐果决”的写作风格
豆子惹的祸	主要作品有《升邪》（2013）等，其他作品还有《神经天下》《小仙有毒》《搬山》《活色生枭（妖星高照）》	有武侠风的仙侠小说作家。一段时间里颇引领风潮，推崇少年意气
第十个名字	主要作品有《重生潜入梦》（2014）等，其他作品还有《南宋不咳嗽》《梦醒细无声》《大宋有毒》等	《重生潜入梦》是当时颇令人惊艳的重生小说，对20世纪70年代的北京市井描写引人入胜。开篇的故事老练，但其后的发展，包括主角入狱等，有些出人意料
deathstate	主要作品有《蔚蓝徽章》（2009）、《道门入侵》（2017）等，其他作品还有《青帝》《红怜宝鉴》《灰烬之燃》等	写作华丽多变，风格硬朗，有一定表现力。世界观的构造与想象较宏大（虽有直接借用游戏设定的部分），融合东方神话思维，有自己的见解
打眼	主要作品有《黄金瞳》（2010）等，其他作品还有《天才相师》《宝鉴》等	《黄金瞳》是较早的寻宝文，曾经引领了一类型写作的风气。有一定的相关知识经验
断刃天涯	主要作品有《特工之回到清朝》（2005）等，其他作品还有《横行》《玩物人生》《宦海风月》《帝国崛起》《重生之搏浪大时代》等	《特工之回到清朝》是较早的穿越太平天国时代的历史小说。作者对历史有一定的了解。后来写作较少变化发展
点精灵	主要作品有《我为纣王之傲啸封神》（2008）等，其他作品还有《魔界的女婿》等	《我为纣王之傲啸封神》穿越纣王和封神演义。故事设定较少见
大力金刚掌	主要作品有《茅山后裔》（2006）等	较少的茅山道士和风水文
大罗罗	主要作品有《奸雄天下》（2015）等，其他作品还有《游戏民国》《铁血大民国》《崛起之第三帝国》《天下豪商》《抢救大明朝》等	有较成体系的世界观，对近代史掌故有一定了解。但较多自我重复

续表

作者	作品与发布时间	简评
东风西浸	主要作品有《中流击楫》（2007）等	较早以晋末变乱、五胡乱华为题材的小说。重考据。在当时有一定的特色。未完成
可蕊	作品有《都市妖奇谈》等	较早的日漫风的妖怪小说。有一定的代表意义
丁墨	主要作品有《我的美少年将军》（2005）《他来了，请闭眼》（2013）等	长于探案类甜文言情，对商战、科幻等也有所涉猎
刀一耕	主要作品有《完美人生》（2015）等，其他作品还有《匹夫仗剑大河东去》《前浪》等	作者擅长都市穿越娱乐文，对流行文艺有较深入的了解
E		
耳根	主要作品有《仙逆》（2009）等，其他作品还有《一念永恒》《三寸人间》等	仙侠小说的重要代表作家之一，但文笔一般
二目	主要作品有《放开那个女巫》（2016）等，其他作品还有《天道方程式》等	西幻风格的领主争霸文。作者的叙事较老练
二子从周	主要作品有《苏厨》（2018）等	《苏厨》是较优秀的北宋穿越文之一
F		
府天	主要作品有《朱门风流》（2009）等，其他作品还有《凌云志异》《盛唐风月》《明朝谋生手册》《乘龙佳婿》《千钧》《冠盖满京华》《高太尉新传》等	较早的女性写手。擅长历史穿越文和架空历史文。有较完整的世界观，亦长于大家族内部权斗描写
锋锐	主要作品有《复活之战斗在第三帝国》（2005）等	网络最早以第三帝国为题材的穿越小说之一。影响深远。作者对第三帝国历史、军史有一定了解，也有一定戏说成分
风似刀	主要作品有《大汉骑军》（2008）等	像是《汉献帝新传》的同人文，文风硬朗，是早期优秀的架空历史文，可惜未完成
ftp1976	主要作品有《微酸学园 ABC》（2003）等	较早的日漫风格的校园轻小说

续表

作者	作品与发布时间	简评
方想	主要作品有《师士传说》（2006）等，其他作品还有《卡徒》《五行天》《龙城》《星风》等	《师士传说》是较早的机甲类题材的网络小说。深受高达的影响。对后来同类题材有一定影响。方想的作品有感情，开篇布置宏大
愤怒的香蕉	主要作品有《隐杀》（2007）、《赘婿》（2011）等	因为影视公司的宣传，《赘婿》已经成为最有名的网络小说之一。该小说开篇布局诚有惊艳之处，但此后也不免限于争霸、国战之类。《隐杀》也是该作者的优秀作品之一
泛东流	主要作品有《法相仙途》（2010）等	《法相仙途》是稍晚于《凡人修仙传》的优秀仙侠文
风卷红旗	主要作品有《永不解密》（2015）等	《永不解密》是一个重生的故事，故事设定特异，风格诙谐。有影响
放下屠刀留你全尸	主要作品有《非洲帝国》（2008）等	较早的以南非华人生活为题材的小说。可惜未完成
烽火戏诸侯	主要作品有《雪中悍刀行》（2012）等，其他作品还有《剑来》《陈二狗的妖孽人生》等	著名网络作家，各种推荐榜上常客。《雪中悍刀行》之类架空的武侠文，开头的描写似有发力过猛之嫌
风的印迹	主要作品有《封印》（2004）等	《封印》是较早的西幻风格作品，三观正确
斧头帮帮主	主要作品有《日落太平洋》（2008）等	较早的以美国为背景的穿越小说
匪我思存	主要作品有《寂寞空庭春欲晚》（2005）等	喜欢走先甜蜜后悲情的故事路线，文风较成熟
扶华	主要作品有《向师祖献上咸鱼》（2019）等	风格比较跳脱，常写各种不同种族（非人类）的主角，文风较幽默
凤箫声动	主要作品有《归藏剑仙》（2017）等	较优秀的仙侠小说之一
飞花逐叶	主要作品有《锦衣血途》（2019）等	架空穿越文。作者对人心底色有一定洞察和批判意识
风消逝	主要作品有《武极宗师》（2017）等	武侠风作品，有可读性

续表

作者	作品与发布时间	简评
G		
格子里的夜晚	主要作品有《数字生命》（2005）等，其他作品还有《天钧》《修仙科学院》《数字风暴》《时光之心》《野性之心》等	《数字生命》是最早的讨论人工智能生存的网文之一。尽管能看出日本动画和西方相似题材小说的影响，在中国仍有较强的代表性。可惜作者已英年早逝
更俗	主要作品有《重生之官路商途》（2008）、《枭臣》（2010）等，其他作品还有《楚臣》《山河英雄志》《神之血裔》《中州乱世录》《官商》《大荒蛮神》《踏天无痕》等	最优秀的网文作家之一，《重生之官路商途》较早预言了国家的稀土战略、环保等问题（小说连载时国家尚未出台相关政策）。《枭臣》是较好的架空历史文。后转入仙侠文写作
高月	主要作品有《天下》（2010）等，其他作品还有《大唐万户侯》《皇族》《天下枭雄》《寒门枭士》《大宋超级学霸》等	优秀的穿越历史文作者。起笔时较平凡，但书写至历史权力斗争的邃密处，笔力雄健、气魄宏大
管平潮	主要作品有《仙路烟尘》（出版名《仙剑问情》）（2004）等，其他作品还有《仙剑奇侠传》《九州牧云录》等	较早的优秀仙侠文作家
鬼狼	主要作品有《筚路蓝缕》（2006）等	外太空开拓题材作品
古剑锋	主要作品有《星际游轮》（2009）等	较早的星际题材作者，有一些《太空牛仔》（或类似日本、西方作品）的风格。后来变化发展不大
庚新	主要作品有《刑徒》（2009）等，其他作品还有《恶汉》《篡唐》《曹贼》《宋时行》《悍戚》《最后一个巫师》等	穿越文写手，入手的题材往往较特殊，有一定新意
给您添蘑菇啦	主要作品有《超级电力强国》（2015）等	《超级电力强国》是最好的电力行业作品，虽然该作后半部分期有些失控
顾大石	主要作品有《最强黑客》（2011）等	《最强黑客》是较早触及人工智能、网络生存的作品。似受到过《数字生命》的影响
高森	主要作品有《召唤千军》（2008）等	有强烈动画风格的作者，风格阔大。但叙事的程式较单一

续表

作者	作品与发布时间	简评
鬼雨	主要作品有《道缘儒仙》（2004）等	《道缘儒仙》是较早的仙侠文，融儒家思想于仙侠修行中
顾漫	主要作品有《何以笙箫默》（2003）等	风格轻松，因为影视改编而广为人知。基本保持同一风格写作
顾西爵	主要作品有《最美遇见你》（2014）等	风格轻松，用语比较生活化
滚开	主要作品有《神秘之旅》（2013）等，其他作品还有《剑道真解》《巫师世界》《十方武圣》等	以巫师流小说成名，描写较细致，想象力充沛
蛊真人	主要作品有《蛊真人》（2012）等，其他作品还有《无限血核》等	小说颇阴暗。但某些话题，如人造替身获得独立意识与本体的矛盾冲突等，有一定先锋性，似受到西方同类题材通俗作品（如电影《全面回忆》等）的影响
国王陛下	主要作品有《盗梦宗师》（2012）等，其他作品还有《从前有座灵剑山》《崩坏星河》等	叙事风格有特点，跳脱、不按常规出牌
公子不歌	主要作品有《重生完美时代》（2016）等	重生都市校园文，关于学生创业的想象较接地气，有情怀
光暗之心	主要作品有《我是勤行第一人》（2019）等	优秀的美食小说。将抑郁症设定为故事的情节要素，是其叙事特色之一
鬼雨	主要作品有《仙藏》（2017）等	叙事较平直，文笔较轻松活泼
H		
河边草	主要作品有《将血》（2008）等，其他作品还有《北雄》等	架空历史文。风格硬朗，铁血
河流之汪	主要作品有《柯学验尸官》（2020）等	有一定代表性的日漫同人小说
红花下的草草	主要作品有《我的身体有神兽》（2006）等	《我的身体有神兽》是少见的以星际怪兽为题材的星际争霸文

续表

作者	作品与发布时间	简评
海红鲸	主要作品有《宋末商贾》(2005) 等	风格类似于《商业三国》之类。主要弘扬商业文明的理念
华表	主要作品有《龙骑战机》(2012) 等	《龙骑战机》将现代的战机技术和西幻龙骑想象融合，有一定创意
虎笼山人	主要作品有《抗日保安团》(2014) 等	较优秀的抗战文之一
混天吃饭	主要作品有《活在乱世》(2009) 等	较早的以晋末乱世为题材的作品
华东之雄	主要作品有《巴比伦帝国》(2013) 等，其他作品还有《雄霸南亚》《红色苏联》《第三帝国》《鹰扬美利坚》等	《巴比伦帝国》是穿越至外国展开历险的小说。对外国政治、历史的描写有一定特色
黑天魔神	主要作品有《末世狩猎者》(2006) 等，其他作品还有《末世猎杀者》等	《末世狩猎者》《末世猎杀者》都是较有代表性的末世文，作者对人类极限状况、底线生存的描写较有特色。作者是较少的末世文写手。风格较冷酷，能够展示末世景象
海底漫步者	主要作品有《在下壶中仙》(2021) 等	《在下壶中仙》是带有强烈日漫风的优秀作品，文笔轻松幽默
蝴蝶蓝	主要作品有《全职高手》(2011) 等	见证了 IP 改编的社会影响力
海晏	主要作品有《琅琊榜》等	女频中较少的风格宏大的作品，因为影视宣传而广为人知
会做菜的猫	主要作品有《美食供应商》(2016) 等，其他作品还有《酒店供应商》《别小看这只宠物》等	《美食供应商》是最优秀的美食文之一。作品中的美味佳肴虽然无可操作性，但也能表现作者的美食精神和理想
何事公	主要作品有《重生之大科学家》(2011) 等，其他作品还有《校草制霸录》《挥钺》等	《重生之大科学家》是最优秀的穿越民国文之一，有情怀，对 20 世纪初期科学史有一定理解，对 20 世纪初东北防疫的描写尤为难能可贵
和光万物	主要作品有《大国工程》(2018) 等	写作受到《工业霸主》等的影响

续表

作者	作品与发布时间	简评
核动力战列舰	主要作品有《归向》（2018）等，其他作品还有《位面小蝴蝶》《无穷重阻》	《归向》风格硬朗，想象诡异，网文中难得的文体写作
活儿该	主要作品有《从姑获鸟开始》（2018）	系统文，武侠风，有较强烈现实主义内涵
会说话的肘子	主要作品有《大王饶命》（2017）等，其他作品还有《第一序列》《夜的命名术》等	以《大王饶命》成名。《夜的命名术》有无限流风格，颇诡异
J		
荆轲守	主要作品有《风起紫罗峡》（2004）、《人道天堂》（2008）等，其他作品还有《最后的地球战神》《青帝》《战国逆风记》《天谴之心》《易鼎》《纯阳》《盗天仙途》《赝太子》等	最优秀的网络作家之一。作者有明确的“东方道庭——东方神学”的设想。但是《天谴之心》后的作品较有同质化的倾向，以游戏背景代替故事设计
酒徒	主要作品有《明》（2003）、《指南录》（2006）等，其他作品还有《秦》《家园（隋乱）》《开国功贼》《乱世宏图》《男儿行》《烽烟尽处》《盛唐风云》《大汉光武》《关河未冷》等	最优秀的网文作家之一。《指南录》《明》较早展现了深厚的家国情怀，有很好的社会影响
江南	主要作品有《此间的少年》（2000）等，其他作品还有《九州缥缈录》《上海堡垒》《龙族》等	最早的优秀网文小说作家。其自由的写作风格影响了一代人
静官	主要作品有《兽血沸腾》（2007）等，其他作品还有《食色无双》等	《兽血沸腾》是较早融合《兽人》游戏设定的作品之一
键盘的灰	主要作品有《重生之机甲时代》（2007）等	《重生之机甲时代》是较早的机甲文。明显看出高达系列（如《turn A》等）的影响
孑与2	主要作品有《明天下》（2019）等，其他作品还有《唐砖》《大宋的智慧》等	知名穿越历史文作者。《明天下》是其优秀之作

续表

作者	作品与发布时间	简评
紧那罗在唱歌	主要作品有《扩张之路》（2013）等，其他作品还有《恶魔果实能力者》《1908之钢铁雄心》等	穿越前朝，抄袭后世文学名著奠定第一桶金，是不少超越重生文的写作套路。《扩张之路》走的是抄袭西方文艺经典创意路子
戒念	主要作品有《宋风》（2006）等	《宋风》是较早的穿越北宋风。风格亲切，有较好的社会影响
京流云	主要作品有《汉献帝新传》（2006）等	《汉献帝新传》是较早的穿越东汉末年文。有一定的影响
减肥专家	主要作品有《问镜》（2010）等，其他作品还有《星辰之主》《幽冥仙途》	《问镜》是较早的通过镜像拷问自我进而修仙的作品
净无痕	主要作品有《伏天氏》（2018）等	较有代表性的东方玄幻作家。《伏天氏》是其代表作，但情节也有简单化趋向
今何在	主要作品有《悟空传》（2000）等，其他作品还有《天下无双》《九州·羽传说》《九州·海上牧云记》《西游日记》等	最早的知名网络作家之一。《悟空传》受《大话西游》的影响较大
金寻者	主要作品有《血盏花》（2007）、《大唐行镖》（2004）等	有代表性的网络武侠小说作家
君子以泽	主要作品有《月上重火》（2009）等	小说情节较曲折，早期作品包含宗教元素，受到西幻的影响较大，个人风格明显
九夜茴	主要作品有《匆匆那年》（2009）等	长于青春校园小说，《匆匆那年》因为影视改编广为人知
九悟	主要作品有《重生之世家子弟》（2011）等，其他作品还有《奋斗在红楼》《恰我少年时》《明帝国的崛起》等	《重生之世家子弟》是跟风《重生之官路商途》较好的作品。当然也有问题
寂寞剑客	主要作品有《驻马太行侧》（2010）等	《驻马太行侧》对淞沪抗战的描写较生动
贱宗首席弟子	主要作品有《大魏宫廷》（2015）等，其他作品还有《战国大司马》《妻乃上将军》《赵氏虎子》等	知名网络作家。主要写作架空历史文，但叙事颇平淡，某些情节设计也不合理

续表

作者	作品与发布时间	简评
金龙鱼	主要作品有《惊雷逐鹿》（2006）等，其他作品还有《黑暗领域之王中王》等	最早的架空武侠作家，文风华丽繁复有表现力。近似于台湾武侠作家云中岳
姬叉	主要作品有《娱乐春秋》（2017?）等	知名网文作家。对娱乐界尤其韩国娱乐界内幕有一定了解
剑如蛟	主要作品有《玄清卫》（2020）等	较好的架空历史小说，糅入了仙侠元素。可归入“锦衣卫”类型题材
K		
刻羽	主要作品有《超魔构筑师》（2016）等	《超魔构筑师》开篇气魄宏大，想象瑰丽。受到游戏架构的影响，与庄毕凡有相近处，但更摆脱了游戏本身的色彩
柯山梦	主要作品有《晚明》（2012）等	难得的双穿文，近年来较有影响的晚明文
开荒	主要作品有《八荒诛魔录》（2008）、《妖女哪里逃》（2020）等	有一定影响的玄幻小说作家。在写作过程中文笔有进步
L		
老猪	主要作品有《紫川》（2001前），其他作品还有《斗铠》《我家的大明郡主》等	《紫川》是最早的优秀网文代表之一。作者融汇日本文化（如《灌篮高手》《银河英雄传说》）中的许多元素，对一个时代的大众写作、阅读产生了影响
陆双鹤	主要作品有《骑士风云录》（2002）等	《骑士风云录》是最早的架空文之一，有一定影响
老螃蟹	主要作品有《暗夜行者》（2009）等，其他作品还有《五岳独尊》《大魔都》等	《暗夜行者》是最早的西幻文之一。对所谓多维宇宙如“晶壁”之类概念的提出有影响
老茅	主要作品有《明血》（2009）等	较早的历史穿越文作者之一
录军参事	主要作品有《我的老婆是军阀》（2011）等，其他作品还有《我的帝国无双》《重生之官道》《红色权力》等	较有名的官场文，穿越重生文作者。情节构设较绵密

续表

作者	作品与发布时间	简评
老白牛	主要作品有《明末边军一小兵》（2010）等，其他作品还有《续南明》《回到明朝做千户》等	较有代表性的明末文写手。“拯救大明朝”日益成为话题
流潋紫	主要作品有《后宫·甄嬛传》（2006）等	后宫文代表作者之一，长于宫斗描写。《甄嬛传》和《如懿传》因为影视宣传影响较大
流浪的蛤蟆	主要作品有《天鹏纵横》（2003）等，其他作品还有《天地战魂》《母皇》《恶魔岛》《天问》《仙葫》《一剑飞仙》《一剑斩破九重天》等	网文游戏化的代表作家之一。风格硬朗，开篇行文雄奇。但结尾均成问题。《天鹏纵横》开启了网文付费阅读的先河
浪子刀	主要作品有《核武皇帝》（2012）等，其他作品还有《红旗》《天下首富》《上帝实习生》	浪子刀有较完整的世界观。尤其弘扬荀子“隆礼重贤”的思想，令人瞩目
洛水	主要作品有《白狐天下》（2005）等，其他作品还有《知北游》《刺客猎人》《山海八荒录》等	人物刻画鲜明，情感丰富，代表了早期网络文学创作的叙事模式
零下九十度（斯文猫叔）	主要作品有《植物制卡师传奇》（2012）等，其他作品还有《蛮尊》《超神建模师》《诛天图》《黑暗主宰》《最强基因》《超神制卡师》《代码零九》	《植物制卡师传奇》化用了《植物大战僵尸》的若干设定，但叙事尚可，不令人厌倦
柳一条	主要作品有《牧唐》（2008）等，其他作品还有《大唐纨绔》《最弱功德系统》《唐时月》	较早的历史穿越文作家之一
柳岸花又明	主要作品有《我真没想重生啊》（2019）等	文笔诙谐，有较强的叙事掌握力
罗森	主要作品有《风姿物语》（1997）等	创作类型较丰富，有较强的影响力
榴弹怕水	主要作品有《覆汉》（2018）、《绍宋》（2019）等	近年来涌现出的最出色的网文作家之一，有较强的写作能力和悠远的家国情怀
蓝晶	主要作品有《魔法学徒》（2002）等	最早的有影响的魔法类小说

续表

作者	作品与发布时间	简评
老鹰吃小鸡	主要作品有《万族之劫》（2020）等，其他作品还有《重生之财源滚滚》	《万族之劫》创造了“写比看快”的奇迹。开篇设定有趣，推崇少年意气
岭南仨人	主要作品有《纳米崛起》（2021）	将超忆症设定为故事的起因，是其叙事特色之一。越来越多的网络小说将精神分裂症及其他精神类疾病当作自我的本然，并以此作为故事情节架构的元素之一，这是当前网络小说写作的一个特点。这种创作风尚具体时间起源不能确定，雾外江山、国王陛下等是较早涉及这一题材的写手，大致在2015年前后成为潮流
M		
马伯庸	主要作品有《诺亚的烦恼》（2007前）、《从〈机器猫〉看阶级斗争的残酷本质》（2001前）、《冷酷仙境与世界尽头——葫芦兄弟人物赏析》（2003前），其他作品还有《风起陇西》《帝国最后的荣耀——大明1592抗日援朝》《龙与地下铁》《长安十二时辰》等	最早的网文代表作家，影响深远
猫腻	主要作品有《庆余年》（2007），其他作品还有《映秀十年事》《朱雀记》《间客》《将夜》《择天记》《大道朝天》等	优秀的网文作家。《庆余年》使他一举成名
沐铁	主要作品有《刑名师爷》（2007），其他作品还有《纳妾记》《三眼法医》《暗灵法医》《宋医》《大唐小郎中》《刑名小师爷》等	早期重要的推理侦探网文作家。《纳妾记》穿越结合现代法医知识，有看点。后多自我重复
猛虎	主要作品有《猛虎王朝》（2003或之前）	早期重要的架空历史小说家
明寐	主要作品有《异人傲世录》（2001）等	《异人傲世录》是早期重要的穿越异世界小说。有一定影响
芈黍离	主要作品有《汉世祖》（2019）等	较优秀的五代穿越文

续表

作者	作品与发布时间	简评
猛子	主要作品有《大汉帝国风云录》(2005)，其他作品还有《大宋帝国风云录》《大隋帝国风云》《北风嘶朔马》《战隋》等	《大汉帝国风云录》是早期重要的穿越历史小说，风格硬朗
墨武	主要作品有《江山美色》(2008)，其他作品还有《武林高手在校园》《歃血》《极限警戒》等	《武林高手在校园》风格诙谐。杂糅动漫、都市、武侠、校园风格等类型
冰风皇帝	主要作品有《强兵》(2008)，其他作品还有《大汉之帝国再起》等	文笔犀利，杀伐果断
猫跳	主要作品有《锦医卫》(2013)等	《锦医卫》是较好的穿越历史小说之一
莫水	主要作品有《巅峰黑客》(2006)，其他作品还有《巅峰赌徒》等	《巅峰黑客》是早期重要的人工智能小说
墨宝非宝	主要作品有《蜜汁炖鱿鱼》(2014)等	言情代表作家之一，作品风格较为清新，写作套路较多变化
卖报小郎君	主要作品有《我的姐姐是大明星》(2017)，其他作品还有《九州经》《原来我是妖二代》《大奉打更人》等	重要的网络文学作家。《我的姐姐是大明星》和《大奉打更人》风格诙谐，但也容易引发争议
鸣奇	主要作品有《天下安康》(2019)	穿越架空的隋末文，有一定特色
N		
南海十四郎	主要作品有《汉鼎》(2008)，其他作品还有《篡逆》《恶唐》《江山如此多枭》等	有较多的化名（马甲），重要的穿越历史小说作家，受《江山如此多娇》（泥人）等影响较大
宁致远	主要作品有《楚氏春秋（天下）》(2005)	《楚氏春秋》是较早的优秀架空小说
尼罗	主要作品有《无心法师》(2011)等	优秀的民国文作家
纳尔逊勋爵（缺月梧桐）	主要作品有《1851之远东风云》(2009前)，其他作品有《1871之神圣冲击》《缺月梧桐》等	对于太平天国等历史事件有个人独到见解

续表

作者	作品与发布时间	简评
南派三叔	主要作品有《盗墓笔记》（2006），其他作品还有《藏海花》《沙海》等	因为 IP 改编获得巨大声誉。也可以说因其作品的改编而改变了网文生态
逆苍天	主要作品有《十方天士》（2010），其他作品还有《无极魔道》《大魔王》《万域之王》《盖世》等	风格偏于黑暗，多杀伐场景
奶瓶战斗机	主要作品有《民国文匪》（2020），其他作品还有《法兰西之狐》《大明1630》《1855 美国大亨》等	文笔好，有见解，但情节较平直
P		
普祥真人	主要作品有《督军》（2017 前），其他作品还有《七品封疆》《青云仙路》《锦衣笑傲行》《津门风云》《范进的平凡生活》等	《督军》开篇描写富有津味内涵，有特色
蒲苏	主要作品有《穿越从泰坦尼克号开始》（2012）	穿越美国，改变世界。对 20 世纪美国社会有一定了解
痞子蔡	主要作品有《第一次的亲密接触》（1998）等	中国网络文学的开山作品之一，影响深远
Q		
青玉狮子	主要作品有《乱清》（2013），其他作品还有《晋砺》《苍天岂容误苍生》等	《乱清》是最好的穿越晚清文之一，气魄宏大。但到后期较拖沓
齐橙	主要作品有《工业霸主》（2011），其他作品还有《材料帝国》《江东突击营》《大明地师》《大国重工》《砺剑繁华》《何日请长缨》等	《工业霸主》开创了一种写作风格，工业题材从此成为主流性的网文类型。自此，行业知识逐渐成为网络类型写作的情节支撑之一
七十二编	主要作品有《冒牌大英雄》（2007），其他作品还有《裁决》《天行战记》等	较早的有代表性的网文作家
晴川	主要作品有《韦帅望的江湖》（2005）等	较早的武侠风格网文作家

续表

作者	作品与发布时间	简评
青山铁杉	主要作品有《大英公务员》（2020），其他作品还有《大晋太宰》《我的美利坚》等	《大晋太宰》对西晋末年描写有特点
曲封	主要作品有《重任》（2013 前），其他作品还有《铁路往事》《重活之漫漫人生路》《铁路子弟》《政道风云》《我是衙内》等	写作题材多集中于铁路事业，相关的描写很有特点，有历史感
七星玉衡	主要作品有《仙山》（2012）等	《仙山》想象雄奇，文笔细致
全金属弹壳	主要作品有《黄金渔场》（2015）等	较重要的种田文作家，《黄金渔场》风格轻松活泼，对于环保、世界的生态物种描写有意义
轻泉流响	主要作品有《不科学御兽》（2021）等	《不科学御兽》有日漫风格，轻松活泼。在网文写作进程中，作者的进步是明显的
七月新番	主要作品有《秦吏》（2018），其他作品还有《春秋我为王》《战国明月》《汉阙》《新书》等	近来最优秀的网文历史作家之一，考据细密。《秦吏》开篇令人惊艳
千回转	主要作品有《重生日本当厨神》（2016）等	较优秀的美食小说作家
千年静守	主要作品有《超级电子帝国》（2014），其他作品有《动力之王》等	现实工业题材的作家
情何以甚	主要作品有《赤心巡天》（2019）等	较优秀的西幻文作家
祁连冰雪	主要作品有《浴火重生西路军》（2012）等	较早对西路军的英勇事迹做了描写，生动感人
	R	
人间五月天	主要作品有《永恒的征途》（2007）	想象奇特，有较宏大的设定。在早期网络小说创作具有特色
瑞根	主要作品有《江山美人志》（2002）其他作品还有《魔运苍茫》《弄潮》《魔师》《数风流人物》等	较早的优秀历史架空作家，后转向玄幻、西幻、官场小说

续表

作者	作品与发布时间	简评
如水意	主要作品有《佣兵的战争》（2013），其他作品还有《间谍的战争》《火力法则》《末日之最终战争》等	“战争”系列想象宏大，对当前世界的地下运作规则描写颇耐读，像是中国版的007故事
饶雪漫	主要作品有《左耳》（2006）等	长于写青春疼痛小说和女生成长话题，在早期这一风格的作家中有代表性
S		
说不得大师	主要作品有《佣兵天下》（2001）等	较早的西幻风格作家。气魄较大，价值观有正面引导作用
随波追流	主要作品有《随波逐流之一代军师》（2005）等	优秀的架空小说作家，《随波逐流之一代军师》曾在人民文学出版社实体出版
圣者晨雷	主要作品有《神洲狂澜》（2003），其他作品还有《叛徒》《剑道》《大宋金手指》《挽天倾》《龙魂武士》《技压群芳》《明末风暴》《盛唐夜唱》等	最早的架空历史作家之一，富有感情，价值观有正面引导作用
石章鱼	主要作品有《医道官途》（2009），其他作品还有《三宫六院七十二妃》《医冠禽兽》《医统江山》《替天行盗》《天降我才必有用》《骨舟记》《大运通天》等	早期有影响的网文作家，风格多变。也是较早的医道文写手，不过多半基于空想，并无现实可行性
神圣智狼	主要作品有《食仙》（2010），其他作品还有《天国降临》《卑鄙在汉末》《古神养育者》《神座崛起》等	夹杂科技、仙侠、西幻风格的作家，文笔老练诙谐，有可读性
手枪	主要作品有《天魔神谭》（2001左右）等	最早的网文作家之一。开创了“幻兽”等的情节设定风格。怀疑他的这种风格是否受到《宠物小精灵》等的影响
撒冷	主要作品有《天擎》（2007），其他作品还有《迷途》《苍老的少年》《星语者》《YY之王（龙）》《诸神的黄昏》《无忧王》等	较早的人工智能题材作家，风格冷峻，有怀疑主义的倾向。开篇好，但结尾一般，较潦草、随意

续表

作者	作品与发布时间	简评
三戒大师	主要作品有《官居一品》（2009），其他作品还有《权柄》《一品江山》《长乐歌》《小阁老》等	较好的古代官场文作家
闪烁	主要作品有《巨浪》（2009前）等，其他作品还有《新明史》《杀破千军》《星际强兵》《帝国争霸》等	较有代表性的军事文学作家。写作风格硬朗，怀疑受到宋宜昌《燃烧的岛群》等的影响
蛇吞鲸（骨刺）	主要作品有《不朽金身》（2007）等	较早的仙侠文（《不朽金身》）作家
石三	主要作品有《仙绝》（2011），其他作品还有《肉食者聂让》《欲成仙》《饲神》《仙界走私大鳄》《方士的炼金攻略》等	较早的仙侠文作家，想象华丽多变，但叙事套路有固化倾向
上山打老虎额	主要作品有《明朝好丈夫》（2012），其他作品还有《娇妻如云》《士子风流》《公子风流》《唐朝小官人》等	写作多以唐、明历史为背景，有一定影响
说梦者	主要作品有《许仙志》（2010前）等	《许仙志》是较早有影响的仙侠文
三三二一	主要作品有《明星检察官》（2015）等	《明星检察官》以韩国的检察制度为题材，较罕见
慎独行	主要作品有《城堡之心》（2011）等	《城堡之心》有强烈的游戏背景，系统文
思铭	主要作品有《商贾人生》（2003）	较早以商业文明为思考对象的小说
晒死的蚂蚁	主要作品有《魔法变》（2006）等	较早以西方魔法为主题的小说
司史	主要作品有《欺世盗国》（2017）	《欺世盗国》是优秀的历史穿越小说，难得的精品之作
苏小暖	作品有《邪王追妻》《神医凰后》	在现代精英女性穿越到古代废柴身上逆袭的套路中，《邪王追妻》影响较大
书海沧生	作品有《十年一品温如言》《昭奚旧草》	长于写苦情戏份和悲情故事

续表

作者	作品与发布时间	简评
术小城	主要作品有《我只想当一个安静的学霸》（2018）	较优秀的科技文
随风轻去	主要作品有《大明官》（2013）	明中叶（成化年间）题材作品，作者对明中叶职官制度有相当了解，文笔轻松幽默
十方	主要作品有《伴郎》（2006）等	短篇却有完整的矛盾冲突和结构，语言和场景平易但叙事流畅
树岚	主要作品有《钢铁、蒸汽与火焰》（2016）等	作品起笔不凡，类似《诡秘之主》。西幻
	T	
天使奥斯卡	主要作品有《1911 新中华》（2006），其他作品还有《宋时归》《篡清》《天命神话》等	较早的优秀穿越晚清文
踏雪真人	主要作品有《仗剑高歌》（2011），其他作品还有《横行霸道》《霸皇纪》《刺客之王》等	很有个人风格的网文作家，受游戏影响大，风格硬朗、诙谐，适合漫改。但多自我重复，情节类同
天下霸唱	主要作品有《鬼吹灯》系列（2006），其他作品还有《谜踪之国》系列、《天坑》系列、《四神斗三妖》系列等	《鬼吹灯》事实上是最有影响的盗墓类小说，但 IP 改编远落后于南派三叔，致使近年来声名不显
唐家三少	主要作品有《冰火魔厨》（2006），其他作品还有《光之子》《惟我独仙》《空速星痕》《生肖守护神》《琴帝》《斗罗大陆》《酒神》《神印王座》等	较早的以西幻题材为主的作家，有时又融合仙侠、游戏、科幻、动漫、美食、艺术的元素。影响很大，是第一个加入作协的网文作家，有引领地位
跳舞	主要作品有《猎国》（2009），其他作品还有《轻剑风流》《欲望中的都市》《嬉皮笑脸》《变脸武士》《至尊无赖》《邪气凛然》《恶魔法则》《天王》《天骄无双》《天启之门》《稳住别浪》等	有影响的网文作家，风格轻松，不讲究情节的缜密
特别白	主要作品有《恶明》（2007），其他作品还有《少年武僧在异界》《顺明》《锦衣当国》等	以明代，尤其以中晚明为主题的网络小说家。其《锦衣当国》等是较早的以锦衣卫为题材的小说。从中可以看出民间对国家暴力机器认知情感的变化轨迹

续表

作者	作品与发布时间	简评
蚕室废人	主要作品有《北唐》（2008 前）等	《北唐》是较早以五代十国为题材的小说，可惜未完成
吞吞史莱姆（沙包包）	主要作品有《异界之机关大师》（2013）等	机械类小说，显示了当代小说家的技术迷恋情结
桐华	主要作品有《步步惊心》（2005）等	较早的具有代表性的言情作家，《步步惊心》是早期清穿文代表之一
天衣有风	主要作品有《凤囚凰》（2008）等	《凤囚凰》是较优秀的穿越历史小说，但作者此后没有很出色的作品
天下归元	主要作品有《扶摇皇后》（2010）等	长于写大女主的宫廷爽文与女帝主角，风格较大气
藤萍	主要作品有《吉祥纹莲花楼》（2006）等	武侠言情小说的代表作家之一，武侠有古意
天风黑月	主要作品有《大恶魔》（2013），其他作品还有《不可思议的生物》《狩猎者——唐》《咆哮风云志》	故事写作可能受《暗黑精灵》等游戏设定的影响。叙事老到，有较强的可读性
W		
雾外江山	主要作品有《仙傲》（2010），其他作品还有《大道独行》《神剑永恒》《皇道》《太乙》等	《仙傲》是最优秀的仙侠类作品之一。气魄宏大，想象奇瑰，有个人的世界观，也有一定的现代哲学思想基础。但此后较重复自我
wanglong	主要作品有《蒙山军》（2013），其他作品还有《复兴之路》《荣飞的梦幻人生》等	《蒙山军》是较优秀的网文作品，对中国近代史问题有一定表现
无语中	主要作品有《二鬼子汉奸李富贵》（曲线救国）（2003）等	较早的晚清题材作品，曾以实体书出版，在当时有一定影响
忘语	主要作品有《凡人修仙传》（2007），其他作品还有《魔天记》《玄界之门》《大梦主》等	《凡人修仙传》写作时间长，气魄宏大，引领了仙侠文的潮流
勿用	主要作品有《临兵斗者皆阵列在前》（1999 或之前），其他作品还有《夜血凤凰》《青衣法王》等	《临兵斗者皆阵列在前》是最早的仙侠、巫道文，将中国神话融入小说情节中，一些术语后来被广泛沿用

续表

作者	作品与发布时间	简评
误道者	主要作品有《玄浑道章》(2019)，其他作品还有《异世盗皇》《大道争锋》	《玄浑道章》是最优质的仙侠文之一，第一、二卷很出色，有思想。但缺乏感情描写，这也许是作品不够流行的主要原因之一
五彩贝壳	主要作品有《航空梦》(2015)，其他作品还有《万物风云》《我的明末之旅》《神级工业主》《医药巨头》《军工重器》等	风格多变，对商战、历史、西幻、工业等均有触及
无罪	主要作品有《通天之路》(2011)，其他作品还有《罗浮》《仙魔变》《檀修》等	有特色的仙侠文，有一定西幻内容。情节较单调
王梓钧	主要作品有《重生野性时代》(2018)，其他作品还有《梦幻香江》《梦回大明春》《朕》等	较优秀的娱乐文作家，考据、史料细密
我的长枪依在	主要作品有《五代河山风月》(2021)等	较优秀的五代穿越文
维拉德列	主要作品有《重生苏联》(2016左右)等	对苏联历史有一定了解
梧桐疏影	主要作品有《隋末逐鹿记》(2007)，其他作品还有《夺明》《闯天台》	较早的历史穿越文作家
无物	主要作品有《尸虐》(2011左右)等	风格特殊。有一定特色
望平安	主要作品有《唐朝好医生》(2010)等	较早有代表性的医道文作者，对中医有一定了解
宛若新衣	主要作品有《游戏王朝》(2007)等	《游戏王朝》是较早重要的游戏文
无限生机	主要作品有《魔法师莱恩传》(2008)	有较完整的魔法世界描写
武猎	主要作品有《葬元》(2019)	较少以元代背景为题材的小说，文笔较好
万木春	主要作品有《重走未来路》(2016)等	作者对中国电子游戏发展史有很好的了解。作品叙事较老练
X		
小桥老树	主要作品有《侯卫东官场笔记》(原名“官路风流”)(2008)、《黄沙百战穿金甲》(2006)等	《官路风流》和《黄沙百战穿金甲》均可列入最优秀的网文小说之列

续表

作者	作品与发布时间	简评
小椴	主要作品有《青丝井的传说》（2002），其他作品还有《杯雪》《刺》等	较早的有代表性的网文作家。多短篇，有温瑞安风
萧潜	主要作品有《飘邈之旅》（2003）等	《飘邈之旅》是最早的仙侠文，复活了《封神演义》小说风格（即以热闹的斗宝场景吸引读者）的作品之一，有很重要的影响，可惜未完成
新月	主要作品有《泰坦苍穹下》（2007 前）	较早的西幻小说，笔力雄健，暗黑风
西风紧	主要作品有《平安传》（2012），其他作品还有《奉天承运》《乌纱》《天可汗》《十国千娇》《大明乌纱》《大明春色》等	有一定特色的历史小说写手
血红	主要作品有《巫颂》（2008），其他作品还有《龙战星野》《升龙道》《邪龙道》《偷天》《光明纪元》《巫神纪》《开天录》等	《巫颂》是很有特点的巫道文，融合中国神话、西方神话、现代科技等
虾写	主要作品有《王牌》（2013）《千宋》（2010）等	《王牌》文笔轻松幽默，有一定影响
徐公子胜治	主要作品有《灵山》（2008），其他作品还有《天枢》《惊门》《太上章》《欢想世界》等	文笔较好。主要在中国现实、神话世界展开想象，架构故事情节。颇多涉及风水、医道等
星空漫游者	主要作品有《世纪帝国》（2011 左右）	作者有较宏大的世界观，对权力问题有较深入的思考
翔炎	主要作品有《一睡万年》（2011），其他作品还有《武当传人在异界》《法爷永远是你大爷》等	较早有影响的穿越文写手。有末世文风格
夏言冰	主要作品有《大宋之天子门生》（2008），其他作品还有《全职医圣》《金色年代之我的 1988》等	《大宋之天子门生》是较早的穿越北宋文之一，描写尚细致。穿越者成为大宋忠臣而未角逐天下。这也是宋穿文的一个特点之一

续表

作者	作品与发布时间	简评
西方蜘蛛	主要作品有《血火河山》（2006）其他作品还有《血荐中华》《血沃轩辕》《刺刀1937》《大独裁者报告》《国魂》《强明》等	该写手的创作以民国历史为主，有影响
寻青藤	主要作品有《谍影风云》（2018）等	《谍影风云》开创了谍战小说的一个潮流，有很好影响
习惯步行	主要作品有《灾星》（2006前）	较早的现实主义题材重生文，主人公重生而为纪检官员
玄雨	主要作品有《小兵传奇》（2002）等	《小兵传奇》是以小人物（屌丝）为主的小说，开创了一种叙事潮流
萧鼎	主要作品有《诛仙》（2003）等	《诛仙》是较早的仙侠文，也是最早IP化的作品
辛夷坞	主要作品有《原来你还在这里》（2006）、《致我们终将逝去的青春》（2007）等	很多作品都是上半部青春校园，下半部职场的写作模式。结局往往出人意料（好人常没有好报）
袖侧	主要作品有《篡位将军的白月光》（2019）等	近年来较出名的言情小说作家，但结局常因人设崩坏而备受吐槽
西子情	主要作品有《纨绔世子妃》（2012）等	穿越架空历史小说的代表性作家之一，《纨绔世子妃》最后反转出人意料
玄色	主要作品有《哑舍》（2011）等	常写与历史文物相关的小说。有一定的历史知识储备
骁骑校	主要作品有《铁器时代》（2007），其他作品还有《国士无双》《橙红年代》《好人平安》《匹夫的逆袭》等	《铁器时代》《橙红年代》均有一定的历史批判意识，与纳尔逊勋爵有相近处
西贝猫	主要作品有《终焉的骑士》（2011），其他作品还有《幽暗主宰》《失落的王权》《异世之炼魔术士》等	《终焉的骑士》是一部西幻风格的骑士小说
新海月1	主要作品有《神圣罗马帝国》（2019），其他作品还有《地中海霸主之路》等	较早的以西方历史为题材的穿越架空文。另一位相似作家是陈瑞（其代表作是《古希腊之地中海霸主》）

续表

作者	作品与发布时间	简评
蟹的心	主要作品有《扶风歌》（2013）等	较好的东晋穿越文，可惜未完成。较秋霜红蜜《东晋小军将》、指云笑天道1《东晋北府一丘八》等为优秀。近年来穿越东晋颇成时尚
	Y	
雁九	主要作品有《重生于康熙末年》（2008）等	《重生于康熙末年》是很优秀的红楼同人文
豫西山人	主要作品有《重生之红星传奇》（2009），其他作品还有《重生之将星传奇》《官话》等	《重生之红星传奇》是较早的革命战争题材小说，作者对军史有相当深入的了解
烟雨江南	主要作品有《狩魔手记》（2009）、《永夜君王》（2014），其他作品还有《亵渎》《尘缘》《罪恶之城》《天阿降临》等	《狩魔笔记》《永夜君王》较有激情，有一定诗意
燕垒生	主要作品有《天行健》（2002）等	《天行健》有一定的暗黑倾向，对人性之恶有深入的思考。有影响力
俞今	主要作品有《裸兰》（2002之前）等	《裸兰》是较早的西幻风格作品
月关	主要作品有《回到明朝当王爷》（2007）、《步步生莲》（2009），其他作品还有《锦衣夜行》《醉枕江山》《夜天子》等	《回到明朝当王爷》《步步生莲》是较早的明代背景小说
月之子	主要作品有《黑客传说》（2007前）（无法找到更详细的信息）	较早的黑客小说
一行白鹭上青天	主要作品有《巫师之旅》（2014），其他作品还有《蛊惑魔王》《格兰自然学院》等	巫师流小说，对此类型小说创作有一定影响
要离刺荆轲	主要作品有《在西汉的悠闲生活》（2011）、《我要做皇帝》（2014）等。其他作品还有《我要做门阀》《大宋帝王》《我真不是魔神》等	大部分作品以西汉初为背景，种田文风格。有一定影响力
夜凉若水	主要作品有《地下王朝》（2010前），其他作品还有《星域》《能源走私商》《全职妖道》等	《地下王朝》受到《魔法门之英雄无敌》的影响，有一定代表性

续表

作者	作品与发布时间	简评
衣冠正伦	主要作品有《汉祚高门》（2017），其他作品还有《冠冕唐皇》等	《汉祚高门》描写东晋风流，有一定代表性
玉爪俊	主要作品有《新蜀山传》（2008）等	《新蜀山传》是《蜀山剑侠传》的同人文，有一定特点
野生 QQ	主要作品有《航海霸业之古帝国的崛起》（2007）	《航海霸业之古帝国的崛起》是较早的以航海为题材的小说
夜摩	主要作品有《骑士的战争》（2003前）等	最早西幻风格的小说家之一
叶非夜	主要作品有《时光和你都很美》（2018）等	现代言情文的代表作家之一，文风比较活泼，文笔一般
一路烦花	主要作品有《夫人你马甲掉了》（2019）等	言情爽文的代表作家之一，主角人设令读者舒爽，但人设、情节单一
夜北	主要作品有《凤鸾九霄》（2019）等	多写架空历史女尊文，类似升级流，并常使用玄幻元素
摇摇－欲坠	主要作品有《我的大明新帝国》（2018）等	以“周游”为视角的无尽穿越文。作者有较强的叙事能力，能够掌握多种类型的情节架构
又是十三	主要作品有《乱世铜炉》（2003）等	较早的风水小说
远瞳	主要作品有《异常生物见闻录》（2014），其他作品有《黎明之剑》等	《异常生物见闻录》是日漫风格的吐槽文，轻松诙谐
	Z	
贼道三痴	主要作品有《上品寒士》（2009）、《雅骚》（2012），其他作品还有《灞陵雪》《皇家娱乐指南》《清客》《丹朱》	《上品寒士》是最好的东晋风流小说之一。作者文笔好，有一定历史情怀，可惜早逝
志鸟村	主要作品有《超级能源帝国》（2011）、《重生之神级学霸》（2015），其他作品还有《时空走私》《未来图书馆》《唯我独法》《大医凌然》等	作者题材多变，有较强的学院派风格。《大医凌然》的后期有些拖沓
卓牧闲	主要作品有《超级警监》（2015）、《越南1954》（2015），其他作品还有《韩警官》《朝阳警事》等	擅长警察题材，后完全转向现实主义风格，可读性不如早期

续表

作者	作品与发布时间	简评
自在	主要作品有《异侠》（2002），其他作品还有《洪荒》等	《异侠》是早期的架空小说
撞破南墙	主要作品有《帝国狂澜》（女驯）（2006），其他作品还有《刺客魔传》等	作者擅长情节小说，强调情节环环相扣，类似于司马翎风格。在早期的网文小说中有一定代表性
斩空	主要作品有《仙路钱程》（2005前）、《高衙内新传》等	《仙路钱程》是较早有架空意味的仙侠小说，明显受到《悟空传》等的影响。故事设定则推崇商业、货币的交换精神
庄毕凡	主要作品有《异界全职业大师》（2009），其他作品还有《末法王座》《诸天纪》等	以游戏为故事背景的小说，叙事老练
醉虎	主要作品有《黑铁之堡》（2013）等	《黑铁之堡》为其代表作，有一定影响
曾鄫	主要作品有《华夏立国传》（2007），其他作品还有《帝国的荣耀》《重生于世纪之初》《红楼之山海志》《信息时代之光》《大唐之后是大明》等	《华夏立国传》是早期较优秀的穿越历史小说，文笔雄健，世界观较完整。但此后的小说叙事显急躁，未能超越自我
紫钗恨	主要作品有《长风》（2004）等	网文著名写手，有一定影响
周硕	主要作品有《帝国重器》（帝国玩具）（2015），其他作品有《电子重生》《重生之只争朝夕》等	情节描写有一定技术内涵
知秋	主要作品有《历史的尘埃》（2004）等	早期著名作家
贼眉鼠眼	主要作品有《大明王侯》（2010）等	以明代题材为主，有一定的影响
中天紫薇大帝	主要作品有《修仙从沙漠开始》（2019）等	小说的特点是以沙漠为起家的根据地。当前家族修仙的代表小说之一
真愚老人	主要作品有《秘巫之主》（2018）等	系统、巫术流小说。世界观描写较庞大、细致
郑重骑士	主要作品有《猎妖高校》（2016）等	可算作广义上的《哈里·波特》同人文，融入了不少中国元素

这里有黄金

——有关我国民间文艺问题的感言①

很长一段时间里，我们对待民间文艺的态度其实是有双重标准的。在理论上，我们早就认识到了民间文艺问题的重要性。尤其近些年来，“民间文艺乃是人类的文艺活动最重要的活力源泉之一”等观点更在思想学术界达成了共识——当前学界能达成这样普遍共识的观念实在不多。但在另一个方面，在各种具体的实践活动中，我们的思想学术界在看待民间文艺时往往运用的又是另外一套标准，也就是根深蒂固的以精英理论为中心的标准。举一个很实际的例子说，当我们以“民间性格”等评论一部作品时，其中包含真正的价值评判往往就不是什么恭维之词。这种话头真正包含的意思常常是：作品还不够凝练、优雅，在形式上太过粗粝等，只因为是以民间文艺的标准要求之，故还能够勉强夸赞几句……近年来，有研究者频频提出“如何走出民间文艺研究困境”的问题（北京大学中文系民间文学教研室曾就这问题组织过专门的研讨会，可以参考有关的报道与介绍）。造成这个问题有多方面的原因，但上述的理论与实际脱节的情况则应是其中的一个重要因素。如果在深层意念上把“民间文艺”看成只是低层次的东西，是文人创作可有可无的补充，并且又不对各种民间文艺现象作深入细致的分析，那么，民间文艺研究“陷入困境”似乎就是一个很自然的现象了。

作为一位一直关注民间文艺问题研究的业余人士，笔者对现有的民间文艺研究不景气的状况深感诧异。情况不应如此。只要我们的思想者和研究者

① 文章初稿于2002年底，曾收入《边缘的批评——左翼文艺与大众文艺论稿》（人民出版社2017年版）。辑入本书时做了较大内容增补。

以一种比较严肃实证的态度进入到民间文艺的领域，就应当发现，在民间文艺中到处有未开垦的处女地，时时能够拾捡到蕴藉丰富的金块。关于这个问题，笔者有几点感想。

第一，应当注意对已有的民间文艺资料做深入的甚至是穷尽式的分析研究。

从1920年成立“北京大学歌谣研究会”起，80余年来我国现代民间文艺研究一个最重要的工作方向就是收集整理各种民间文艺资料。在新中国成立后，这方面的工作在有关政府部门的组织推动下，更是取得了很高的成就。举一个例子说，到20世纪60年代初，我国文艺部门收集到的各种地方戏的剧目就达5万多个（根据赵寻《让戏曲更好地为人民服务》文中的说法，《人民日报》1962年9月23日第5版）。如果加上对各种曲艺项目如鼓书、快板、相声、评书等还有各地民间故事的文字整理，再加上对各少数民族民间曲艺节目的汇集整理，我们现有的民间文艺的资料之丰富、之全面，其反映历史发展轨迹之深广，均可谓惊人。单从绝对的数量说，我们所拥有的民间文艺资料宝库，完全称得上举世无匹。可是，就这样的一座宝库，多少年来却一直沉睡着，很少有专门的研究者自觉地以现代观念进行创新性的再诠释。

那么，这是不是意味着民间文艺作品注定是境界低陋，乏善可陈，除了充当某种旁证性的史料之外，再无更进一步的价值？笔者认为，在对我们的资料库中的作品进行全面的分析解读之前，任何类似的前提假设都不是科学的，甚至可以说是不负责任的。诚然，民间文艺作品由于其创作形态的特殊性（创作者文化水准的平均指数偏低，发表时又没有经过筛选），在很多时候它们不可避免地比较粗糙。然而只要耐心寻找，就不难有收获。就像是传统京剧剧目中，除了大量的如《李广催贡》《黑风帕》之类缺乏艺术深度的作品外，毕竟还有《梵王宫》《一匹布》《一两漆》《小上坟》这样一些可称为“精品”的剧目。就笔者个人所见，比较有代表性的还有湖北的楚剧。从湖北省戏剧工作室编印的几本关于楚剧的《湖北地方戏曲丛刊》看，应当承认，以今天的观念评论，楚剧中大部分作品只有民俗学上的研究意义。但是，非常令人惊异的，它却拥有《郭丁香》这样一部杰出的连台本戏。这部剧作在叙事结构上完全颠覆了中国传统戏剧“金童玉女”大团圆的模式，深刻揭示了旧伦理体系中夫妻间不平等关系给男女双方造成的人性上的伤害，且全局充满了一种命运意识笼罩下的悲怆感。尽管在许多方面《郭丁香》也还有一些民间文艺作品常见的弱点，但从大端处说，它是具有原创意义的。民间文艺中称得上杰作的作品实际上有很多。早在20世纪60年代，老舍先生就褒扬王少堂先生的扬州评话《武松》为“通俗史诗”，王朝闻先生也曾撰长文对《武松》的美学价值进行过分析。但几十年过去了，我们的研究却似乎停留在原来的基础上。而对扬州评话的其他一些杰作，比如王少堂的《宋江》、康重华的“三国”，文艺理论界就从未重视过。但事实上，《宋江》一书对于中国传统伦理观念中“友伦”这一维的描写，已达到了很深层次的存在体验的深度；康氏“三国”的人物刻画，比如说对诸葛亮的市民化处理，是别具机趣的。这种对民间文艺杰作缺乏关爱的情况，不能不说是令人遗憾的。

自然，我们强调对既有资料的分析和研究、强调对其中杰作的发挥与阐扬，绝不意味着对新材料的挖掘与整理可以有所忽视，也绝不意味着对现有的各种研究方法和成就有丝毫的贬损之意。这是自不待言的。

第二，对民间文艺的研究要注意结合新的理论方法。

民间文艺只是一个总的称谓而已。其内部形态之多，彼此之间性质差异之大，远超出常人的想象。研究一门专门的民间文艺项目，常常需要对其特殊的技法有所会心后才可能入门。但尽管如此，就此而满足于一些特殊技法的描述和现象材料的收集整理仍然是不够的。研究者理当在一个较为开阔的视界内，将专门的民间文艺问题与某种有着较强普适性的理论观念结合起来思考，使得所研究的问题自然具有更深广的内涵。这里可以举傅谨先生的《草根的力量——台州戏班的田野调查与研究》为例对此点加以解说。《草根的力量——台州戏班的田野调查与研究》是近年来国内理论方法与严谨个案调查结合得比较好的一部关于民间文艺问题的研究专著。尽管它是以浙江省台州地区的地方戏的演出与组织形式作为研究对象，但由于作者自觉地运用了有关叙事学、文化学的观念对问题加以观照，使得这部书折射出了更为深刻的人文关怀。比如，此书通过对台州路头戏中“赋子”与“肉子”性质功能的定量分析，其实在一定程度上也就对整个民间戏剧的内在叙事构成方式同时做了揭示。这样说当然并不意味着《草根的力量——台州戏班的田野调查与研究》的所有观点都是无可争议的，在此我们只是强调指出，在民间文艺问题的研究中理当透射出新的思想观念与方法。这是使民间文艺研究具有活力、具有广阔前景的关键所在。

以更大的学术视野来观照，我国民间文学实是一个无尽的人类学诗学宝库，其中包含的内容，需要当代学者调度口头诗学、神话学、文化人类学等理论作重新诠释。比如著名的四大民间传说，像孟姜女何以能够哭倒长城、梁祝故事包含的变形原型、白蛇故事中动物的人性化以及小青形象的源流变化、牛郎织女故事包含的天人感应思想及其源流变化等，似乎均尚未得到深入思考。而这些故事的内核要素，与世界各大文明传说中的核心要素（或者说，已得到西方人类学界充分阐释的故事原型）有着明显差异。但我国学界一般还是以比较传统的观念看到这类问题，以为这些都是未经专门训练、少有认真自我审视能力的民间思维的某种精神任意性的结果。它们可能不乏原创性，因此也具有启发意义，但归根结底，是“素材”，是真正精神产品的下脚料，需要精英分子的整理、升华。而事实上，根据现代学术观念，这些“素材”可能更加包蕴了一个民族、一种文化特有的精神奥秘。

第三，需要重视 IP 改编问题。

在新的媒介条件下，民间文艺可能焕发出新的生命活力，与其他艺术形态积极互动，成为艺术市场的重要组成部分。一段时间里，很多人认为，随着现代传播媒介的弥散和城市化进程的加速度，民间文艺会退出艺术生产市场的主体部分，主要变成博物馆展示的东西。当代艺术市场终究是属于工业文化和工业化文化传媒的。但从 21 世纪以来的文化产业实践来看，这种预测可能是过于保守和悲观了。至少在中国这样的文化大国里，由于我们自身文化底蕴的丰厚，由于市场幅展的广阔，也由于文化界对中华文化的自觉持守，民间文艺完全可能成为文化生产领域多元力量的构成分子。

我们因此要讨论民间文艺的 IP 改编问题。之所以在这里引用 IP（Intellectual Property）的概念，主要是为了行文的便利：在此只涉及文化市场的运作，不涉及其他更复杂的文化保护、教育、研究等领域的话题。论及民间文艺 IP 改编，必然需要谈到两个方面的问题：一是民间文艺与其他文艺形式积极融汇，为文艺产品制造注入新的活力；二是民间文艺充分吸收现代文化产品构造的新经验、创意及其他可借鉴因子，催生新的产品形式。在这两个方面，德云社都做出了可贵的探索。像张云雷的《探清水河》、郭德纲的《杂谈地方戏》、高峰的《学外语》等，都是这方面很有代表性的例证。德云社的工作并非都是成功典范，但它之于民间文艺立场的绝对坚持（如郭德纲对相声“说学逗唱”中“唱”只能是太平歌词近乎偏执的强调等），极具现实启迪意义。它证明了民间文艺的现代生命活力。这也可能是郭德纲关于“票房是检验相声唯一好坏标准”论断虽具有争议（事实上确可争议），却引发听（观）众极大认同的根源：因为他以纯粹民间曲艺的形式证明了民间文艺自身具有的市场竞争力。这也就证明了民间文艺在现代工业文化体制中的生命力。而那些所谓的“主流相声”无法针对这一问题强力发声，就只能被边缘化。

第四，需要重视民间文艺数据库的建设。

我国民间文艺的构成极其庞大，问题来源线索非常复杂。民间文艺的内容（与形式构造）至少可能涉及以下几个方面的问题：来自经典；与经典互动，反哺于经典；自身就是经典的来源；其起源不明；各自完全独立起源的汉族与少数民族文艺；汉族民间文艺受到少数民族文艺的影响；少数民族文艺受到过汉族经典或民间文艺影响；当代存留的民间文艺既继承了传统，又自觉不自觉地受到当代意识形态的改造（这一点在新中国成立以来各地的民间文艺整理中尤其显得突出）；现代流行的某些所谓民间故事可能是知识分子为启蒙民众编写的新故事；① 现代民间故事有可能融合了外国神话、童话等。就一个较为复杂的民间文艺形态来说，常常都包含着上述这些问题线索，绝非个人或个别研究团体能够独立完成。因此在现代条件下，有必要根据不同问题、主题线索，建设中国的民间文艺数据库，这才可能使得我们的研究精密化，也为我们讲好中国故事、讲准中国故事、发展包容性的中国故事提供必要的基础条件。这个数据库也将为语言文字、人类学、神话学、历史学、图像学、精神分析等跨学科研究提供极其重要的资料准备。

当然，言说至此，笔者需要承认，上述几点包含着异常艰巨的精神劳作问题。在瀚如烟海的民间文艺的资料中，筚路蓝缕，披沙沥金，这需要研究者以怎样的耐心、热情、勇气投入于其中！可以想见，一个人穷毕生的精力也只能触及其中有限的材料。这是需要奉献精神的。在一个凡事讲究功利的社会里，对研究者提出这样的要求，似乎是过于迂阔了。然而，这当真是一个迂阔的问题吗？

每当笔者对此类问题有所感想的时候，情不自禁地，总要想起德意志民族意识觉醒的那个时代。18 世纪末 19 世纪初，德意志民族经历了一个伟大的

---

① 比如现代流行的牛郎织女故事的一个版本（即“牛郎披上老牛的皮，追赶王母娘娘，快赶上时，王母娘娘拔下发簪，划出了银河，至此夫妻相隔两岸”的叙说），笔者怀疑是晚出的，并且有可能受到西方神话（赫拉故事）的影响。

民族意识觉醒的时代。在这个时代里，一大批文化巨人如康德、歌德、席勒、赫尔德、费希特等，都自觉地投身到了德意志民族性格的塑造中。而这其中，歌德、席勒、赫尔德和一大批浪漫主义思想家，就特别重视在民间文艺中汲取养分。他们的努力取得了明显的成绩。在这种思潮的影响下，他们在资料整理上产生了《格林童话选》《尼伯龙根之歌》《魔笛》等传世名作，还产生了如《浮士德》《东西诗集》等创作上的巨制。这种民间文艺的研究，其巨大的意义绝不仅仅在于提升了民族的自豪感与自信心，更重要的是，恰如雅各布·格林在某处已隐约透露过的那样，它使得整个德意志民族洞觉到了其民族遗产中那些与现代文明、自由、道德观念相契的成分。将中国与德国当时的民族处境作简单的类比是并不恰当的。但对中国而言，如果我们希望我们的民族取得真正意义上的伟大民族复兴，如果我们期望见到这棵曾经苍翠的大树重新抽发出新嫩的枝条，那么，我们就有责任使得它扎根于此的大地重新输送给它以丰厚的养料。这才是我们从德国民族意识觉醒时代中最可学习的精神实质。也从这个意义上说，我们的民间文艺注定不是包袱而是财富。它蕴藉如此深厚而又开阔，值得我们各方面的思想工作者以几代人的心志，对它进行长久的开掘。——距离最初写下这段文字，已经 20 多年过去了，笔者再度反问自我内心，非常确定地知道自己对民间文艺这种爱与理解的心境从来没有发生变化。

后　记

本书的完成，感谢肖远、孙甜鸽、钟金鸣、廖亦奇、郭佳、徐阳等合作者的辛劳。杨伦、杨馨宁、曹睿潼等帮助编辑、校对了书稿，特致谢忱。

文集的部分成果已发表在《人民日报》《江苏社会科学》《江苏行政学院学报》《东岳论丛》《电影艺术》《中外文化与文论》《中国社会主义学院学报》《艺术学研究》《中国社会科学报》等学术期刊上，感谢李舫、沈利华、李静、谭政、王源、匡宇、单小曦、董宇宇、宋鸽、秦兴华等学兄的支持与帮助。这里需要特别感谢沈利华兄。没有他长期以来的敦促与支持，我不会在相关话题上走得这么远。

本文集受到中国人民大学科学研究基金重大项目（中央高校基本科研业务费专项资金资助）“新时期欧美戏剧理论译介与影响研究（1980—2019）”（项目编号 2021030015）的资助。本书即是结项成果之一。

陈奇佳

2022 年 7 月